德意志之名

德国国名国号及其汉译研究

林纯洁　著

WUHAN UNIVERSITY PRESS
武汉大学出版社

图书在版编目(CIP)数据

德意志之名:德国国名国号及其汉译研究/林纯洁著.—武汉:武汉大学出版社,2022.2(2025.10 重印)
ISBN 978-7-307-22451-3

Ⅰ.德…　Ⅱ.林…　Ⅲ.①国家—名称—研究—德国　②国号—研究—德国　③德语—翻译—研究　Ⅳ.①D751.625　②H335.9

中国版本图书馆 CIP 数据核字(2021)第 140473 号

责任编辑:邓　喆　　　责任校对:李孟潇　　　版式设计:韩闻锦

出版发行:**武汉大学出版社**　(430072　武昌　珞珈山)
(电子邮箱:cbs22@whu.edu.cn　网址:www.wdp.com.cn)
印刷:武汉精一佳印刷有限公司
开本:720×1000　1/16　印张:13.5　字数:192 千字　插页:6
版次:2022 年 2 月第 1 版　2025 年 10 月第 4 次印刷
ISBN 978-7-307-22451-3　定价:69.00 元

林纯洁

1983年生，湖北江陵人，北京大学历史学博士，华中科技大学外国语学院德语系副教授、硕士生导师，《德意志研究》主编，中国德国史研究会理事。主要研究方向为德国史、纹章学和中西文化交流史，曾前往德国图宾根大学、波恩大学和瑞士伯尔尼大学等高校访学。近年主持国社科基金青年项目、后期重点项目和教育部人文社科项目等各类项目10余项，在《德国研究》《世界宗教研究》《世界哲学》《国际日耳曼学年鉴》等学术期刊上发表论文40余篇；著有《马丁·路德天职观研究》《马丁·路德年谱》《德意志之鹰：纹章中的德国史》《联邦建国：纹章中的瑞士史》等，主编有《欧美纹章文化研究》，译有《马丁·路德桌边谈话录》（合译）等。

GERMANIAE
CHRONICON.

Von des gantzē Teutschlands
aller Teutschen völcker herkommen / Namen/
Händeln/ Guten vnd bösen Thaten/Reden / Räthen/
Kriegen/Sigen/Niderlagen/Stifftungen/Veränderungen der Sitze/
Reich/Länder/Religion/Gesaze/Policei/Spraach/Völcker vñ sitten/
Vor vnnd nach Christi geburt / Von Noe biß auff Carolum V. Ankunfft
vnnd Stifftung der Reich / Bistumb / Fürstenthumb / Herrschafftenn/
Stett/Clöster vnd Stifft. Genealogia vñ geschlecht Register der Potenta
ten vnd Thurniers gnossen. Wie vil lender vnd völcker Germania begreiff /
vnd wie weit jre Grentzen erstrecke/wie offt sie in ander Länder jre sitz ver-
ruckt/wie vil künigreich besetzt/vnd wie vil völcker von jn außgangen/her-
kommen. Auch von der Teutschen walten/alten vnd newen sitten/bräuch-
en vnd policei. Item von Teutschernation geschwellē/gelegenheit/ frucht-
parkeyt vnd eygenschafft. Auß glaubwirdigen angenommen /
Geschichtschreibernn / zů tuck diß blats verzeichenet/ zůsa-
men getragen / Vnnd die Teutschen den Teutschen zů
Teutsch/ sichselbs darin/ als in einem Spiegel
zů ersehen/ fürgestelt.

Durch Sebastian Francken/
zů Wörd.

《日耳曼尼亚：全德国和德意志民族编年史》1538年版封面,来源：Sebastian Franck, *Germaniae. Chronicon von des gantze Teutschenlands,aller Teutschen völcker herkommen*, 1538.

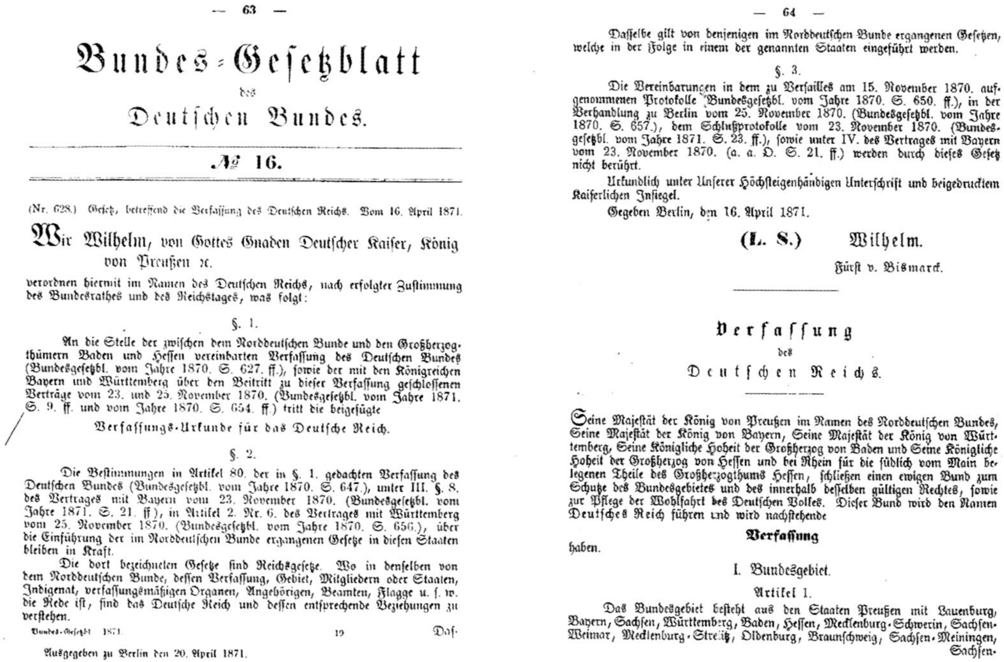

— 63 —

Bundes-Gesetzblatt
des
Deutschen Bundes.

№ 16.

(Nr. 628.) Gesetz, betreffend die Verfassung des Deutschen Reichs. Vom 16. April 1871.

Wir Wilhelm, von Gottes Gnaden Deutscher Kaiser, König von Preußen rc.

verordnen hiermit im Namen des Deutschen Reichs, nach erfolgter Zustimmung des Bundesrathes und des Reichstages, was folgt:

§. 1.

An die Stelle der zwischen dem Norddeutschen Bunde und den Großherzogthümern Baden und Hessen vereinbarten Verfassung des Deutschen Bundes (Bundesgesetzbl. vom Jahre 1870. S. 627. ff.), sowie der mit den Königreichen Bayern und Württemberg über den Beitritt zu dieser Verfassung geschlossenen Verträge vom 23. und 25. November 1870. (Bundesgesetzbl. vom Jahre 1871. S. 9. ff. und vom Jahre 1870. S. 654. ff.) tritt die beigefügte

Verfassungs-Urkunde für das Deutsche Reich.

§. 2.

Die Bestimmungen in Artikel 80. der in §. 1. gedachten Verfassung des Deutschen Bundes (Bundesgesetzbl. vom Jahre 1870. S. 647.), unter III. §. 8. des Vertrages mit Bayern vom 23. November 1870. (Bundesgesetzbl. vom Jahre 1871. S. 21. ff.), in Artikel 2. Nr. 6. des Vertrages mit Württemberg vom 25. November 1870. (Bundesgesetzbl. vom Jahre 1870. S. 656.), über die Einführung der im Norddeutschen Bunde ergangenen Gesetze in diesen Staaten bleiben in Kraft.

Die dort bezeichneten Gesetze sind Reichsgesetze. Wo in denselben von dem Norddeutschen Bunde, dessen Verfassung, Gebiet, Mitgliedern oder Staaten, Indigenat, verfassungsmäßigen Organen, Angehörigen, Beamten, Flagge u. s. w. die Rede ist, sind das Deutsche Reich und dessen entsprechende Beziehungen zu verstehen.

Bundes-Gesetzbl. 1871. 19 Das-

Ausgegeben zu Berlin den 20. April 1871.

— 64 —

Dasselbe gilt von denjenigen im Norddeutschen Bunde ergangenen Gesetzen, welche in der Folge in einem der genannten Staaten eingeführt werden.

§. 3.

Die Vereinbarungen in dem zu Versailles am 15. November 1870. aufgenommenen Protokolle (Bundesgesetzbl. vom Jahre 1870. S. 650. ff.), in der Verhandlung zu Berlin vom 25. November 1870. (Bundesgesetzbl. vom Jahre 1870. S. 657.), dem Schlußprotokolle vom 23. November 1870. (Bundesgesetzbl. vom Jahre 1871. S. 23. ff.), sowie unter IV. des Vertrages mit Bayern vom 23. November 1870. (a. a. O. S. 21. ff.) werden durch dieses Gesetz nicht berührt.

Urkundlich unter Unserer Höchsteigenhändigen Unterschrift und beigedrucktem Kaiserlichen Insiegel.

Gegeben Berlin, den 16. April 1871.

(L. S.) Wilhelm.

Fürst v. Bismarck.

Verfassung
des
Deutschen Reichs.

Seine Majestät der König von Preußen im Namen des Norddeutschen Bundes, Seine Majestät der König von Bayern, Seine Majestät der König von Württemberg, Seine Königliche Hoheit der Großherzog von Baden und Seine Königliche Hoheit der Großherzog von Hessen und bei Rhein für die südlich vom Main belegenen Theile des Großherzogthums Hessen, schließen einen ewigen Bund zum Schutze des Bundesgebietes und des innerhalb desselben gültigen Rechtes, sowie zur Pflege der Wohlfahrt des Deutschen Volkes. Dieser Bund wird den Namen Deutsches Reich führen und wird nachstehende

Verfassung

haben.

I. Bundesgebiet.

Artikel 1.

Das Bundesgebiet besteht aus den Staaten Preußen mit Lauenburg, Bayern, Sachsen, Württemberg, Baden, Hessen, Mecklenburg-Schwerin, Sachsen-Weimar, Mecklenburg-Strelitz, Oldenburg, Braunschweig, Sachsen-Meiningen, Sachsen-

1871年《德意志帝国宪法》刊登于《德意志联邦法律公报》，来源：*Bundes-Gesetzblatt des Deutschen Bundes*, Nr.16,1871, S.63-64.

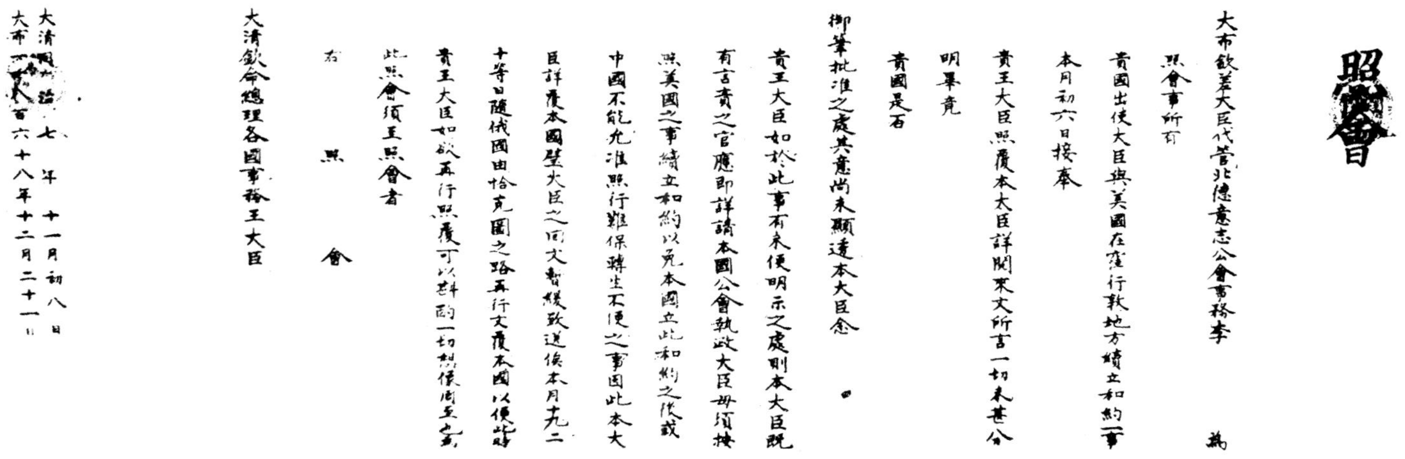

1868年普鲁士驻华公使为续约事宜致清政府照会，来源：张德泽编：《清季各国照会目录》，台北：文海出版社，1974年，第245页。

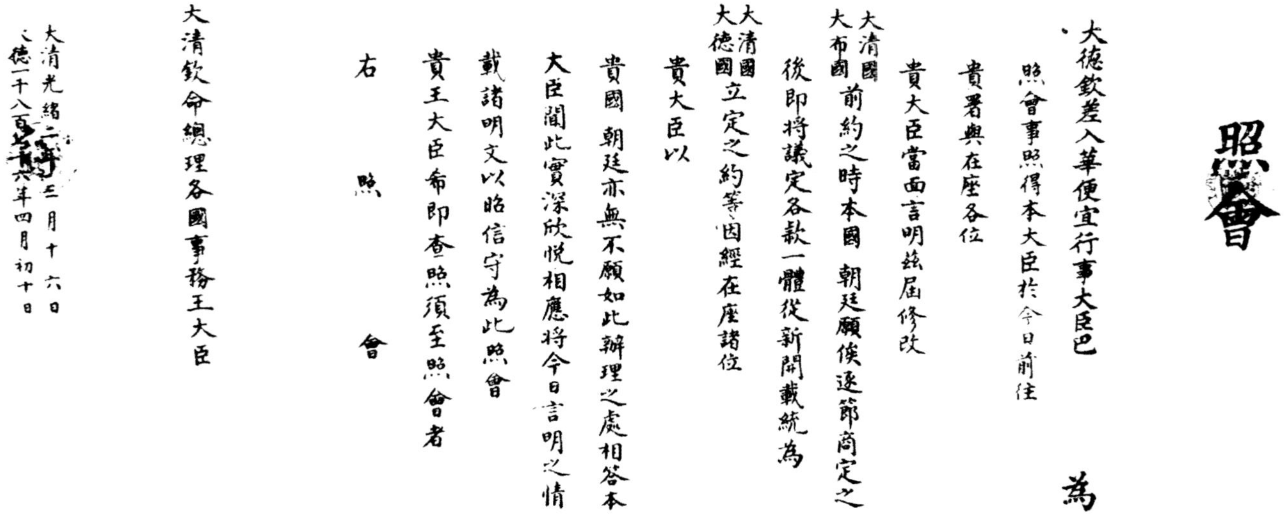

照會

大德欽差入華便宜行事大臣巴　為
照會事照得本大臣於今日前往
貴署與在座各位
貴大臣當面言明茲屆修改
大清國
大布國　前約之時本國　朝廷願俟逐節商定之
後即將議定各款一體從新開載統為
大清國
大德國　立定之約等因經在座諸位
貴大臣以
貴國　朝廷亦無不願如此辦理之處相答本
大臣聞此實深欣悅相應將今日言明之情
載諸明文以昭信守為此照會
貴王大臣希即查照須至照會者
右　　照　　　會
大清欽命總理各國事務王大臣
大清光緒二年三月十六日
大德一千八百七十六年四月初十日

1876年德国驻华公使为修约事宜致清政府照会，来源：张德泽编：《清季各国照会目录》，台北：文海出版社，1974年，第265页。

目　　录

图 表 目 录

导　言

德国位于欧洲中部，是一个联邦制的共和国，国号是“德意志联邦共和国”（Bundesrepublik Deutschland）。这个国号包含了国家结构（联邦）、政体（共和国）和通用国名 Deutschland（德国）。在历史上，“Deutschland”（德国）这一国名形成很晚，直到 16 世纪才固定下来。

中世纪以来德国的国号长期以“罗马帝国”命名。15 世纪后期，德国的国号由“神圣罗马帝国”改为“德意志民族神圣罗马帝国”，其核心概念仍是“罗马帝国”。罗马虽然是地名，但却与德国地理毫无关系，它是作为古罗马帝国理念的体现进入德国国号的，并持续了很长的时间。这个国号中使用了“德意志”（Deutsch）一词，但这主要用于民族的称谓，且是国号的附属成分。

18 世纪时，德国学者布辛（Büsching）就注意到：“德意志帝国（Das teutsche Reich）和地理意义上理解的德国（Teutschland）的范围是不一致的。”①这里的德意志帝国指的是当时的神圣罗马帝国，“德意志帝国”是“德意志民族神圣罗马帝国”的简称。1979 年，德国学者赫尔穆特·贝尔辛认为：“政治上的德国概念（Deutschlandbegriff）直到 1871 年帝国建立后才获得主导地位。”② 1982 年，英国学者拜瑞·多布森（Barrie Dobson）则注意到了“中世纪德国的概念和实体之间的自

---

① Johann Jacob Moser, *Von Deutschland und dessen Staats-Verfassung*, Stuttgart: der Johann Benedict Mezler, 1766, S. 3.

② Helmut Berschin, *Deutschland—ein Name im Wandel: die Deutsche Frage im Spiegel der Sprache*, München: Olzog, 1979, S. 11.

相矛盾"①。他认为："德国历史的核心悖论在于：在1871年霍亨佐伦帝国（Hohenzollern Reich）建立之前，从未有一个政治实体（political unit）以德国（Germany）为名。结果，这种命名上的模糊准确地反映了德国令人困惑的政治现实。"②多布森所理解的政治实体指的是统一的民族国家。1871年以前，1815年至1866年的德意志邦联（Der Deutsche Bund）以Deutsch命名，但它是一个松散的国家同盟；1867年建立的北德意志联邦（Der Norddeutsche Bund）也以Deutsch命名，且已经具备了联邦制的国家形态，但尚未统一，是建立德意志帝国之前一个重要的过渡阶段。直到1871年，德意志帝国（Das Deutsche Reich）成立，"德意志"（Deutsch）才成为一个统一的德国的国号的主要部分。

国内学者也注意到这个问题，如丁建弘认为："对一个长期处于民族融合过程和长期政治分裂过程的德意志兰来说，'国土'和'国家'却是不一致的，而且是相互分离。"③他的解决办法是将1871年以前的Deutschland译为"德意志兰"，他认为："只有到1871年俾斯麦统一德国后，德意志兰才包含了国土和国家相一致的含义，把德意志兰译成'德国'才真正名实相符。"④丁建弘对"德意志兰"和"德国"两个概念进行了区分："'德意志兰'主要指的是土地和祖国，属民族融合范畴，而'德国'却可指政治上的国家形态，属国家政治范畴。"⑤这个区分解决了对德国分裂时期"相互分离"的国土和国家的翻译问题。那么，"德意志"这个译名又是从何而来的呢？

19世纪中期，中国被迫打开国门，从天朝上国变为国际体系的一

---

① Malcolm Pasley (Ed.), *Germany: A Companion to German Studies*, London: Methuen & Co. Ltd., 1982, p. 138.

② Malcolm Pasley (Ed.), *Germany: A Companion to German Studies*, London: Methuen & Co. Ltd., 1982, p. 138.

③ 丁建弘：《德国通史》，上海社会科学院出版社，2002年版，第1页。

④ 丁建弘：《德国通史》，上海社会科学院出版社，2002年版，第1页。

⑤ 丁建弘：《德国通史》，上海社会科学院出版社，2002年版，第1页。

员，在对自身的认知发生变化的同时，对欧美列强也产生了许多新的称呼：英格兰、法兰西、美利坚、德意志、义大利（意大利）等。这些饱含褒义的国名词汇改变了以往对欧美列强国名的简单音译，如嘆咭唎、佛兰西、米利坚、日耳曼、意大里亚等词。这些大国国名中，多是改用与原有词汇发音类似的褒义词，而对德国国名的汉译则更改了语言的来源，由音译自英语的没有特别含义的“日耳曼”改为音译自德语的饱含褒义的“德意志”。在这些褒义国名中，“德意志”在汉语中的字面含义就是“道德、意志”；“德意志国”简称“德国”，也会让人联想至“道德之国”，这个美好的译名让国人在初见这个国名时，便对这个国家增添了好感。

那么，德国从中世纪到现代所采用的国名和国号的起源和含义是什么呢？“德意志”这个译名是如何来的呢？本书就是要回答这两个问题。

第一节　国名与国号

国家形成后，会产生不同的国家名称，主要是国名和国号。国名一般是一国的通用名称，国号则是政权选定的代表政权、彰显政权国家理念的名称。国名是“国家的名字，代表着国家；而国号只是政府为国家所起的官方称号，在特定时期内可以代表国家，但所代表的主要是政府”①。国号一般由国名和代表立国理念或含有政体、国家结构等信息的修辞语构成。德语语境中对国名（Staatsname）和国号（Staatsbezeichnung）也有类似的区分。

国名首先属于一个地理学的范畴。“国名的由来，与历史人物、居民当中的主要民族（部落）及其特征、地理位置或地理环境、物产等

① 陈动：《论国名与国号》，《厦门大学学报》（社会科学版），2006年第3期，第26页。

众多因素有关。国名实际上就是人们对特定地理实体进行人文活动的产物。"①其次，国名的出现必然伴随着政权组织的形成，具有重要的政治意义。国号较之国名，政治意义更强，还涉及该国是否受到国际社会承认等合法性问题。国名和国号作为"国家名称（Der Name eines Staates）在大多数情况下不仅仅是一个单纯的技术性概念，而且同时提供了认同的想象，能显示民众对政治制度的认同度，能表达疏远或赞同"②。

国名和国号有自称、尊称、他称、互称、缩写、简称、别称和通称等多种类别。

自称（Eigenbezeichnung）是一个国家按照本国语言对本国的称呼，"这种正式的国家名称（Der offizielle Staatsname）通常在宪法中用本国文字确定下来。"③如德国自称的国名是"Deutschland"（德国），国号是"Bundesrepublik Deutschland"（德意志联邦共和国）。

尊称（Ehrenname）有两种：一是一个国家在国号前加上褒义的形容词后形成的自称，如纳粹德国在1943年至1945年曾自称"大德意志国"（Großdeutsches Reich），"大"（groß）通过官方命令的形式加进国号中，是国号的一部分；二是外交活动中出于外交礼仪对一个国家表示尊敬的称呼，如1921年中国与德国订立条约时，文件中对德国政府的称呼为"大德意志共和国政府"。④这里的"大"是一种礼仪性尊称，

---

① 陈动：《论国名与国号》，《厦门大学学报》（社会科学版），2006年第3期，第27页。

② Sebastian Ullrich, Mehr als Schall und Rauch, Der Streit um den Namen der ersten deutschen Demokratie 1918-1949, in: Moritz Föllmer, Rüdiger Graf (Hrsg.), *Die „Krise" der Weimarer Republik. Zur Kritik eines Deutungsmusters*. Frankfurt a. M.: Campus Verlag, 2005, S. 187.

③ Manfred W. Hellmann, Das „kommunistische Kürzel BRD". Zur Geschichte des öffentlichen Umgangs mit den Bezeichnungen für die beiden deutschen Staaten, in: Irmhild Barz, Marinanne Schröder (Hrsg.), *Nominationsforschung im Deutschen, Festschrift für Wolfgang Fleischer zum 75. Geburtstag*. Frankfurt a. M.: Lang, 1997, S. 93.

④ 王铁崖编：《中外旧约章汇编》第三册，上海财经大学出版社，2019年版，第159页。

本身并不是国号的一部分。

他称（Fremdbezeichnung）则是其他国家和语言中对一个国家的称呼，与其他国家与该国的交往和对该国的认知有很大的关联，这个称呼主要有两种来源：（1）来自对象国自称的音译或意译，如 Deutschland 在中国被音译为“德意志国”，简称“德国”，在这种情况下，自称变成了他称；（2）来自与对象国自称的含义不相关的名称，通常有特定的历史渊源，如英语等语言中将德国称为“Germany”，来自古罗马人对德国地区的称呼“日耳曼尼亚”（Germania）。

只要不包含贬义，他称一般能转化为自称。当一个国家认可对方语言对自身的称呼后，在使用对方语言时，就会使用对方语言对自身的称呼，甚至外来语会进入本国词汇。如德国历史上，一些君主会使用“日耳曼国王”（König in Germanien）的称号。这些名称中使用最频繁的便是非英语国家对自身英语国名的使用，因为现在英语是世界上使用最广泛的语言之一，德国官方也会经常使用“Germany”一词称呼自己。

互称（Gegenseitige Bezeichnung）是两个特定政权之间的称呼，如一个国家分裂后，两个政权之间的相互称呼，也属于一种他称。如 1949 年，德国分裂为联邦德国和民主德国。如何称呼对方不仅是一个语言问题，也是一个政治问题。联邦德国早期称呼民主德国为“苏占区”（Sowjetzone），民主德国称呼联邦德国为“西德”（Westdeutschland）等，直到 1972 年两个德国互相承认后，才开始使用对方的官方国号。但联邦德国特别反对民主德国使用国号的德语缩写 BRD 来称呼自己。

缩写（Abkürzung/Kürzel）是按照语言习惯提取首字母等新组成的词，便于称呼和书写，如德国的国号“德意志联邦共和国”（Bundesrepublik Deutschland）在德语中被缩写为 BRD，由于这个简称中没有明确写出“Deutschland”一词，在德国分裂时期被联邦德国官方限制使用，因为这涉及对历史上德国的继承权的争夺问题。在 1990 年德国统一后则取消了这种限制。

简称（Kurzbezeichnung）是按照语言习惯对国名或国号进行简化后

的称呼，通常使用全称中的关键信息，便于称呼和书写。当国号中包含国名时，国名是国号中最重要的信息，一般国号可简称为国名。如德国政府发布的指导方针规定，国号“德意志联邦共和国”（Bundesrepublik Deutschland）可简称为“Deutschland”①。德国国号在汉语中一般简称为“联邦德国”。

别称（Inoffizielle Bezeichnung）是国内外对一个国家国号的非官方称呼，这可能是赞美性的、中性的或贬义的。如魏玛共和国时期，德国社会民主党按其政治理想将国家称为“德意志共和国”，右派将国家贬称为“十一月共和国”“犹太共和国”等。又如历史上的“神圣罗马帝国”被称为“第一帝国”，“德意志帝国”被称为“第二帝国”，纳粹德国被称为“第三帝国”。别称甚至拥有比正式国号更高的知名度，如“魏玛共和国”和“第三帝国”，被广泛使用。

通称（Allgemeine Bezeichnung）指非官方称呼中获得普遍认可和使用的名称，如1918年至1933年德国的国号是德意志国（Das Deutsche Reich），通常被称为“魏玛共和国”（Weimarer Republik），这本是希特勒对共和国的贬称，后作为一个学术界和民间都使用的中性称呼，成为一种通称。

第二节　研究综述

国名与国号的形成与演变是一个国家历史和文化中的核心问题之一。目前国内外学术界对德国的国名和国号问题进行了很多研究。

关于德国国名起源和含义的研究有：

1766年，约翰·雅各布·莫泽的《论德国及其国家宪法》一书中简要概述了德国当时“德国”“神圣帝国”“神圣罗马帝国”等不同的

① Richtlinien für die Bezeichnung Deutschlands, der Demarkationslinien innerhalb Deutschlands sowie der Orte innerhalb Deutschlands, *Ministerialblatt für das Land Nordrhein-Westfalen*, Nr. 117, 17. September 1965, S. 1220.

国家名称。① 1838 年，德国著名文学家和语言学家格林兄弟（雅各布·格林和威廉·格林）开始编撰《德语词典》（Deutsches Wörterbuch），1854 年出版第 1 卷。1859 年，威廉·格林去世。1864 年，雅各布·格林去世。德国学者继续编撰《德语词典》，直到 1961 年才完成，后来又进行修订，成为德语的权威词典之一。其中 1860 年第 2 卷收录了 Deutschland②，1897 年的第 4 卷收录了 Germane③ 等词汇，对其起源和演变进行了详尽的介绍。1931 年，法国年鉴学派创始人之一吕西安·费弗尔在《莱茵河》一书中探讨了"Germane"一词的来历。④ 1979 年，德国学者赫尔穆特·贝尔辛的专著《德国，变化中的名字：语言中的德国问题》梳理了"Deutsch"一词在历史上各个阶段的用法和含义。⑤ 2004 年，德国学者亨利·贝克等学者主编出版了论文集《"日耳曼-德意志"等式的历史：语言与名称，历史与制度》⑥，对"日耳曼""德意志"等概念的历史及其与身份认同、民族意识的关联等重要问题进行了广泛研究。2017 年，德国学者迪特·博希迈尔的《何谓德意志？一个民族对自身的追寻》一书深入探究了"Deutsch"一词的起源和含义，分析了与"Deutsch"相关的身份认同和民族性以及大学、哲学、音乐等各个领域的德意志性问题。⑦

---

① Johann Jacob Moser, *Von Deutschland und dessen Staats-Verfassung*, Stuttgart: der Johann Benedict Mezler, 1766.

② *Deutsches Wörterbuch von Jacob Grimm und Wilhelm Grimm*, Band 2, Leipzig: Verlag von S. Hirzel, 1860.

③ *Deutsches Wörterbuch von Jacob Grimm und Wilhelm Grimm*, Band 4, Leipzig: Verlag von S. Hirzel, 1897.

④ 吕西安·费弗尔：《莱茵河》，许明龙译，商务印书馆，2010 年版。

⑤ Helmut Berschin, *Deutschland—ein Name im Wandel: die Deutsche Frage im Spiegel der Sprache*, München: Olzog, 1979.

⑥ Heinrich Beck, etc. (Hrsg.), *Zur Geschichte der Gleichung ,, germanisch-deutsch": Sprache und Namen, Geschichte und Institutionen*, Berlin: Walter de Gruyter, 2004.

⑦ Dieter Borchmeyer, *Was ist Deutsch? Die Suche einer Nation nach sich Selbst*, Berlin: Rowohlt · Berlin Verlag, 2017.

关于德国国号的研究有：

1864 年，英国学者布赖斯的《神圣罗马帝国》主要论述了从罗马帝国到德意志帝国的历史，其中探讨了神圣罗马帝国名称、皇帝尊号的起源及其意义。①该书出版后，经过多次修订已经成为关于神圣罗马帝国的经典著作。1910 年，德国学者查理·佐伊莫的《德意志民族神圣罗马帝国：对帝国称号的研究》研究了神圣罗马帝国时期的国号演变。② 1972 年出版的《历史基本概念：德国社会政治语言历史辞典》收录了 Bund、Reich 和 Republik 等与国号相关的政体词汇，从概念史的角度研究了这些词汇的起源及其在德国相关国号中的含义。③ 1994 年，德国学者迪特里希·布瑟的《神圣帝国、德意志民族、德国：早期高地德语公文文献中国家自称的历史》一文梳理了“神圣帝国”（Hailig Reich）、“德意志民族”（Teutsch Nacion）、“德国”（Tutsche Lande）这三个国名和国号用语的来历。④ 2003 年，德国学者赫尔曼·布策发表论文《第三帝国中的“第三帝国”：民族社会主义意识形态和国家学说中的“第三帝国”概念》，研究了纳粹德国时期的“第三帝国”概念。⑤ 2005 年，德国学者塞巴斯蒂安·乌尔里希的论文《不只是噪音和烟雾：关于德国第一民主政体名称的争议（1918—1949）》论述了 1919 年魏玛共和国立宪过程中关于国号的讨论和争议，还从理论上探讨了国号与

① James Bryce, *The Holy Roman Empire*, London: Macmillan and Co., 1871. 译文参见詹姆斯·布赖斯：《神圣罗马帝国》，孙秉莹等译，商务印书馆，2016 年版。

② Karl Zeumer, *Heiliges römisches Reich deutscher Nation. Eine Studie über den Reichstitel*, Weimar: Hermann Böhlaus Nachfolger, 1910.

③ Otto Brunner, Werner Conze & Reinhart Koselleck (Hrsg.), *Geschichtliche Grundbegriffe: Historisches Lexikon zur politisch-sozialen Sprache in Deutschland*, Band 1-8, Stuttgart: J. G. Gotta'sche Buchhandlung Nachfolger GmbH, 2004.

④ Dietrich Busse, Hailig Reich, Teutsch Nacion, Tutsche Lande: Zur Geschichte kollektiver Selbstbezeichnungen in frühneuhochdeutschen Urkundentexten, in: Dietrich Busse etc. (Hrsg.): *Begriffsgeschichte und Diskursgeschichte. Methodenfragen und Forschungsergebnisse der historischen Semantik*, Opladen: Westdeutscher Verlag, 1994.

⑤ Hermann Butzer, Das ,,Dritte Reich" im Dritten Reich: Der Topos ,,Drittes Reich" in der nationalsozialistischen Ideologie und Staatslehre, *Der Staat*, No. 4, 2003.

国家认同的关联。①

关于联邦德国与民主德国的互称问题，1979年，德国学者赫尔穆特·贝尔辛的专著《德国，变化中的名字：语言中的德国问题》讨论了缩写BRD的争议和用法。② 1997年，德国学者曼弗里德·赫尔曼的论文《“共产主义式的缩写BRD”：两个德国官方交往中称呼的历史》研究了1949年后联邦德国与民主德国相互的称呼问题。③ 1997年，德国学者乌特·罗丁-朗格的专著《“转折”时代对德国的称呼》研究了德国历史的国号，尤其是两个德国时期相互的称呼问题和媒体对两个德国的称呼。④ 2019年，瑞典学者夏洛特·塞勒·布雷纳发表论文《战略命名：德国瑞典关系语境下分裂德国的语言史》，从语言史的角度研究了冷战背景下两个德国互称以及瑞典称呼两个德国的问题。⑤

国内对德国国名国号的研究主要有：

2000年陈航柱的《德语简史》和2005年陈晓春的《德语史概述》都梳理了“Deutsch”一词的来历。⑥ 2009年，蒋劲松的著作《德国代

① Sebastian Ullrich, Mehr als Schall und Rauch, Der Streit um den Namen der ersten deutschen Demokratie 1918-1949, in: Moritz Föllmer, Rüdiger Graf (Hrsg.), *Die ,,Krise" der Weimarer Republik. Zur Kritik eines Deutungsmusters*, Frankfurt a. M.: Campus Verlag, 2005.

② Helmut Berschin, *Deutschland—ein Name im Wandel: die Deutsche Frage im Spiegel der Sprache*, München: Olzog, 1979.

③ Manfred W. Hellmann, Das ,,kommunistische Kürzel BRD". Zur Geschichte des öffentlichen Umgangs mit den Bezeichnungen für die beiden deutschen Staaten, in: Irmhild Barz, Marianne Schröder (Hrsg.), *Nominationsforschung im Deutschen, Festschrift für Wolfgang Fleischer zum* 75. *Geburtstag*, Frankfurt a. M.: Lang, 1997.

④ Ute Röding-Lange, *Bezeichnungen für Deutschland in der Zeit der ,,Wende"*, Würzburg: Königshausen & Neumann, 1997.

⑤ Charlotta Seiler Brylla, Strategische Benennungen: Zur Sprachgeschichte des geteilten Deutschland in einem deutsch-schwedischen Kontext, *LiLi: Zeitschrift für Literaturwissenschaft und Linguistik*, Vol. 49, 2019.

⑥ 陈航柱编著：《德语简史》，外语教学与研究出版社，2000年版。陈晓春编著：《德语史概述》，上海外语教育出版社，2005年版。

议制》从宪法的角度讨论了德国历史上“神圣罗马帝国”等国号的内涵。① 2009 年，刘新利在《德意志民族历史上的民族与宗教》一书中讨论了德国中世纪早期的国号问题。② 2017 年，孟钟捷的论文《什么是“Reich”？——从魏玛初期的国名之争看德国的帝国理念》对魏玛共和国初期的国号争议，尤其是国民议会关于国号的辩论进行了较为详细的论述，并讨论了德国的帝国理念。③与“Germany”相关的研究有：2018 年宇信潇和宫秀华的论文《试析塔西佗〈日耳曼尼亚志〉中的“Germani”》，该文认为“Germani”起源于地理概念“日耳曼尼亚”，建议译为“日耳曼尼亚人”④。

国内外对德国国名国号汉译的研究相对较少，相关的研究有：

1996 年王世英的《联邦与邦联》一文，简要区分了“Bund”的不同含义，论述了“Bund”在不同机构中的不同翻译。⑤ 2009 年王世英的《关于莱茵同盟和莱茵邦联的译名问题》一文区分了 1658 年的莱茵同盟和 1806 年的莱茵邦联。⑥ 2002 年，丁建弘在《德国通史》一书中讨论了德国国名的翻译，区分了“德意志兰”和“德国”两种译名。2008 年，谢贵安的论文《从固守天朝立场到融入世界文明秩序——从西方汉译国名演变看中国人对西方列强的认知过程》研究了欧美列强国名的汉译变迁，其中提及德国的最终译名“‘德意志’和‘德国’具有‘道德’‘美德’‘意志’‘坚韧’‘志向’等意义”。⑦ 2012 年，一

① 蒋劲松：《德国代议制》，第一至三卷，中国社会科学出版社，2009 年版。

② 刘新利：《德意志民族历史上的民族与宗教》，商务印书馆，2009 年版。

③ 孟钟捷：《什么是“Reich”？——从魏玛初期的国名之争看德国的帝国理念》，《历史教学问题》，2017 年第 1 期。

④ 宇信潇、宫秀华：《试析塔西佗〈日耳曼尼亚志〉中的“Germani”》，《古代文明》，2018 年第 4 期。

⑤ 王世英：《联邦与邦联》，《德语学习》，1996 年第 4 期。

⑥ 王世英：《关于莱茵同盟和莱茵邦联的译名问题》，《德语学习》，2009 年第 1 期。

⑦ 谢贵安：《从固守天朝立场到融入世界文明秩序——从西方汉译国名演变看中国人对西方列强的认知过程》，《学习与探索》，2008 年第 1 期，第 229 页。

言的论文《1840年代中国人的德国观——以〈海国图志〉和〈瀛寰志略〉为例》研究了《海国图志》和《瀛寰志略》两部著作对德国地理的认识。① 2014年，韩永福的论文《1840年代中国人对德国的认知》，梳理了16世纪末至19世纪40年代中国人对德国地理的认识及德国地名的汉译。②

总体而言，国内外学术界对德国历史上国名的起源、中世纪和魏玛共和国等时期的国号，以及两个德国的互称等领域进行了较为深入的专门研究，但还缺乏对这个问题整体的历史考察，对“Deutsch”如何翻译为“德意志”以及德国历代国号如何汉译这一过程缺乏研究。本书将在相关原始文献和研究文献的基础上，首先考察德国国名“Germany”和“Deutschland”等词的起源，并梳理从中世纪到20世纪德国国号的演变，以此探究国名和国号演变所反映出的德国特殊历史进程和时代精神。其次，本书将研究汉语世界在与德国等西方国家交往的过程中，翻译和使用德国国名国号的历史。

第三节 文献资料

本书研究的主题主要有两个：一是德国国名与国号的起源、含义；二是德国国名国号的汉译及其接受的历史。

关于德国国名国号的资料文献主要有：

（1）罗马帝国与中世纪时期的文献：关于“日耳曼”这一名称，主要参考罗马帝国时代的著作，如塔西佗的《日耳曼尼亚志》③、恺撒

① 一言：《1840年代中国人的德国观——以〈海国图志〉和〈瀛寰志略〉为例》，《历史档案》，2012年第3期。

② Han Yongfu, Kenntnisse der Chinesen von Deutschland in den 1840er Jahren, in: Mechthild Leutner (Hrsg.), *Preußen, Deutschland und China: Entwicklungslinien und Akteure (1842-1911)*, Berlin: Lit Verlag, 2014.

③ 拉丁语与德语对照版参见 Tacitus, *Germania*, herausgegeben von Manfred Fuhrmann, Stuttgart: Philipp Reclam jun., 2007。中文版参见塔西佗：《日耳曼尼亚志》，马雍、傅正元译，商务印书馆，1959年版。

的《高卢战记》① 等。关于“法兰克”这一名称主要参考《法兰克人史纪》等著作。关于“德国”（Deutschland）这一名称，主要参考德国中世纪的文本，如约在 1077 至 1081 年编撰的《阿诺之歌》②、约于 1150 年编撰的《皇帝编年史》③ 等文献。

（2）德国的多部宪法，如 1849 年的《保罗教堂宪法》（原名《德意志帝国宪法》）④、1870 年的《德意志联邦宪法》⑤、1919 年的《魏玛宪法》（原名《德意志国宪法》）⑥、1949 年的《德意志联邦共和国基本法》⑦ 和 1949 年、1968 年和 1974 年的《德意志民主共和国宪法》⑧ 等。

（3）德国官方记录，如魏玛共和国建立初期，国民议会曾就国号

---

① Gaius Iulius Caesar, *Commentaria De Bello Gallco*, London: L. Hawes, W. Clarke and R. Collins, 1798.

② Max Roediger (Hrsg.), *Das Annolied*, Hannover: Hahnsche Buchhandlung, 1895.

③ Edward Schröder (Hrsg.), *Kaiserchronik eines Regensburger Geistlichen*, Hannover: Hahnsche Buchhandlung, 1895.

④ *Verfassung des deutschen Reichs*, Kördlingen: Verlag der C. P. Beck' schen Buchhandlung, 1849.

⑤ Verfassung des Deutschen Bundes, *Bundes-Gesetzblatt des Norddeutschen Bundes*, Nr. 51, 1870.

⑥ Die Verfassung des Deutschen Reichs. Vom 11. August 1919. *Reichs-Gesetzblatt*, Nr. 152, 1919.

⑦ Grundgesetz für die Bundesrepublik Deutschland vom 23. Mai 1949, *Bundesgesetzblatt*, Nr. 1, 1949.

⑧ Die Verfassung der Deutschen Demokratischen Republik, *Gesetzblatt der Deutschen Demokratischen Republik*, Nr. 1, 8. Oktober 1949; Verfassung der DDR vom 6. April 1968, in: Dieter Grosser, Stephan Bierling und Beate Neuss (Hrsg.), *Deutsche Geschichte in Quellen und Darstellung*, *Band* 11, *Bundesrepublik und DDR* 1969-1990, Stuttgart: Philipp Reclam jun., 1996; Verfassung der DDR in der ergänzten und geänderten Version vom 7. Oktober 1974, in: Dieter Grosser, Stephan Bierling und Beate Neuss (Hrsg.), *Deutsche Geschichte in Quellen und Darstellung*, *Band* 11, *Bundesrepublik und DDR* 1969-1990, Stuttgart: Philipp Reclam jun., 1996.

问题进行过激烈的辩论，收录于《德意志国民议会立宪会议谈判记录》（*Verhandlungen der verfassunggebenden Deutschen Nationalversammlung*）的第 326 卷、第 327 卷和第 336 卷。①联邦德国建立前夕，议会委员会曾组成专门的基本原则问题委员会，讨论了国号等问题，会议记录收录于《议会委员会档案与记录（1948—1949）》（*Der Parlamentarische Rat* 1948-1949：*Akten und Protokolle*）第 5 卷第一部分②。

（4）德国关于如何使用国家名称的官方文件，如联邦德国在 1965 年颁布的《关于称呼德国、德国内部分界线以及德国内部地点的指导方针》③和 1991 年颁布的《对学校教学中使用的教科书和地图涉及德国的表达与对德意志联邦共和国之外的城市和地点称呼的基本规定》④。

关于德国国名国号汉译与接受的资料文献主要有：

（1）对德国国名国号的翻译开始于 17 世纪以来的地理著作，如 17 世纪利玛窦绘制的《坤舆万国全图》⑤、艾儒略的《职方外纪》⑥、南

① *Verhandlungen der verfassunggebenden Deutschen Nationalversammlung*, Band 326, Band 327, Band 336, Berlin: Verlag der Norddeutschen Buchdruckerei und Verlags-Anstalt, 1920.

② Eberhard Pikart & Wolfram Werner (Hrsg.), *Der Parlamentarische Rat* 1948-1949：*Akten und Protokolle*, *Band* 5 Ⅰ, *Ausschuß für Grundsatzfragen*, Boppard am Rhein: Harald Boldt Verlag, 1993.

③ Richtlinien für die Bezeichnung Deutschlands, der Demarkationslinien innerhalb Deutschlands sowie der Orte innerhalb Deutschlands, *Ministerialblatt für das Land Nordrhein-Westfalen*, Nr. 117, 17. September 1965, S. 1220-1221.

④ Grundsätze für die Darstellung Deutschlands und die Bezeichnung außerhalb der Bundesrepublik Deutschland gelegener Städte und Ortschaften in Schulbüchern und kartographischen Werken für den Schulunterricht, Beschluß der Kultusministerkonferenz vom 8. 11. 1991. https://www. kmk. org/themen/allgemeinbildende-schulen/weitere-themen/lehr-und-lernmittel. html 访问时间：2020 年 11 月 6 日。

⑤ 利玛窦：《坤舆万国全图》，收录于：朱维铮主编：《利玛窦中文著译集》，复旦大学出版社，2012 年版。

⑥ 艾儒略著，谢方校释：《职方外纪校释》，中华书局，1996 年版。

怀仁的《坤舆图说》①；19世纪谢清高的《海录》②、林则徐的《四洲志》③、魏源的《海国图志》④、徐继畬的《瀛寰志略》⑤、玛吉士的《新释地理备考全书》⑥ 等。

（2）17世纪以来西方传教士汤若望、邓玉函等人的墓碑碑文。⑦

（3）晚清至民国时期的政府公文和中德两国的外交文献：中文文献有清朝晚期编撰的咸丰朝和同治朝的《筹办夷务始末》⑧ 和20世纪30年代蒋廷黻主持编撰的《筹办夷务始末补遗》⑨，收录了晚清外交中的照会、奏议等重要文献；20世纪50年代王铁崖编撰的《中外旧约章汇编》收录了1689年至1949年签订的中外条约⑩，其中就包括中国与普鲁士于1861年签订的《通商条约》⑪ 等；还有民国时期的政府公文、断交宣言和宣战布告等。德语文献有普鲁士外交使团成员阿尔伯特·贝格出版的《普鲁士东亚访问记：以官方文献为依据》⑫、普鲁士外交使

① 南怀仁：《坤舆图说》，收录于丁题良：《西学考略》附二，岳麓书社，2016年版。

② 谢清高口述，杨炳南笔录，安京校释：《海录校释》，商务印书馆，2002年。

③ 林则徐编译：《四洲志》，收录于《林则徐全集》第10册，海峡文艺出版社，2002年版。

④ 魏源：《海国图志》，收录于《魏源全集》第4—7册，岳麓书社，2005年版。

⑤ 徐继畬：《瀛寰志略》，上海古籍出版社，2001年版。

⑥ 玛吉士：《新释地理备考全书》（海山仙馆丛书本影印本），中华书局，1991年版。

⑦ 西方传教士墓碑位于今北京车公庄（北京市委党校内）。碑文收录于林华等编：《历史遗痕：利玛窦及明清西方传教士墓地》，中国人民大学出版社，1994年版。

⑧ 贾祯等编：《筹办夷务始末》（咸丰朝），中华书局，1979年版。宝鋆等编：《筹办夷务始末》（同治朝），中华书局，2008年版。

⑨ 蒋廷黻编：《筹办夷务始末补遗》，北京大学出版社，1988年版。

⑩ 王铁崖编：《中外旧约章汇编》第一至三册，上海财经大学出版社，2019年版。

⑪ 条约中文版收录于王铁崖编：《中外旧约章汇编》第一册，上海财经大学出版社，2019年版。

⑫ Albert Berg (Hrsg.), *Die Preussische Expedition nach Ost-Asien: nach amtlichen Quellen*. Band 3-4, Berlin: Verlag der Königlichen Geheimen Ober-Hofbuchdruckerei, 1873.

团团长艾林波伯爵（Graf Eulenburg）侄子菲利普出版的书信集《肩负特别使命前往中国、日本和暹罗的普鲁士国王使节弗里茨·楚·艾林波伯爵书信中1860—1862年的东亚》①、收录中普《通商条约》的《普鲁士国家法律汇编》② 等文献。

（4）晚清与民国时期的历史和地理译著和著作：译著有1886年英国传教士艾约瑟（Joseph Edkins）编译的弗里曼（Freeman）的《欧洲史略》（*History of Europe*）③ 和克莱顿（M. Creighton）的《罗马志略》（*History of Rome*）④ 以及他自己编写的《西学略述》、1903年杨择等人翻译出版的日本学者白石真编著的《德意志史》⑤、1933年康选翻译出版的英国学者陶森（W. H. Dawson）的《德国史》（*History of Germany*）⑥、1934年胡涵真翻译出版的英国学者雅各（E. F. Jacob）的《神圣罗马帝国》（The Holy Roman Empire）⑦、1935年魏以新翻译出版的德国学者哈勒尔（Johannes Haller）的《德国史纲》（*Die Epochen der Deutschen Geschichte*）⑧、1939年魏以新翻译出版的德国学者斯提腓（Friedrich Stieve）的《德国史略》（*Vom Volksstamm zum Volkstaat, Ein Überblick über den politischen Werdegang der Deutschen*）⑨ 等。这一时期的

① Graf Philipp zu Eulenburg-Hertefeld（Hrsg.），*Ost-Asien* 1860-1862 *in Briefen des Grafen Fritz zu Eulenburg, Königlich Preußischen Gesandten, betraut mit außerordentlicher Mission nach China, Japan und Siam*, Berlin: Ernst Siegfried Mittler und Sohn Königliche Hofbuchhandlung, 1900.

② Freundschafts-, Handels- und Schifffahrtsvertrag（Nr. 5705），*Gesetzsammlung für die königlichen Preußischen Staaten*, Nr. 15, 1863.

③ 弗里曼著，艾约瑟编译编著，王娟、陈德正校注：《〈欧洲史略〉〈西学略述〉校注》，商务印书馆，2018年版。

④ 法伊夫、克莱顿著，艾约瑟编译，陈德正、韩薛兵校注：《〈希腊志略〉〈罗马志略〉校注》，商务印书馆，2014年版。

⑤ 白石真编：《德意志史》，杨择等译，开明书社，1903年版。

⑥ 陶森：《德国史》，康选译，商务印书馆，1933年版。

⑦ 雅各：《神圣罗马帝国》，胡涵真译，商务印书馆，1934年版。

⑧ 哈勒尔：《德国史纲》，魏以新译，商务印书馆，1935年版。

⑨ 斯提腓：《德国史略》，魏以新译，商务印书馆，1939年版。

著作有美国传教士丁韪良（William Alexander Pasons Martin）于1864年翻译出版的美国国际法学家亨利·惠顿（Henry Wheaton）1836年的著作《万国公法》（*Elements of International Law*）①和1882年用中文撰写的《西学考略》②、1873年王韬的《普法战纪》、20世纪20年代赵尔巽等撰写的《清史稿》③、陈衡哲的《西洋史》④、1935年王家鸿出版的《第三德意志》⑤等。

（5）晚清外交人员和学者的日记和游记，如郭嵩焘的《伦敦与巴黎日记》⑥、刘锡鸿的《英轺私记》⑦、薛福成的《出使英法义比四国日记》⑧、戴鸿慈的《出使九国日记》⑨，康有为的《德国游记》⑩。

（6）民国时期的法律文献：骆继汉、李剑农（沧海）、张君劢、吴昆吾、王揖唐、陈锡符、萨孟武、朱和中、邓毓怡和卢蕙君等人的《魏玛宪法》译本⑪；涉及德国宪法的研究著作，如钱端升的《德国的

---

① 惠顿著，丁韪良译，何勤华点校：《万国公法》，中国政法大学出版社，2003年版。

② 丁韪良：《西学考略》，岳麓书社，2016年版。

③ 赵尔巽等撰：《清史稿》卷一百五十七，中华书局，1977年版。

④ 陈衡哲：《西洋史》，辽宁教育出版社，1998年版。

⑤ 王家鸿：《第三德意志》，新中华日报社，1935年版。

⑥ 郭嵩焘：《伦敦与巴黎日记》，岳麓书社，2008年版。

⑦ 刘锡鸿：《英轺私记》，岳麓书社，2008年版。

⑧ 薛福成：《出使英法义比四国日记》，岳麓书社，2008年版。

⑨ 戴鸿慈：《出使九国日记》，岳麓书社，2008年版。

⑩ 康有为：《德国游记》，收录于《德意志等国游记》，岳麓书社，2016年版。

⑪ 骆继汉译：《德意志国之新宪法》，《世界大势》，1919年第10—13期；沧海（李剑农）译：《德意志共和新宪法全文》，《太平洋》，1920年第2卷第4、6号；张君劢译：《德意志国宪法》，《解放与改造》，1924年第2卷第8号；吴昆吾译注：《德国新宪法》，同益印书局，1922年版；王揖唐译：《德国宪法》，收录于《世界最新之宪法》，译者自刊，1922年版；陈锡符、萨孟武等译：《德意志共和国宪法》，收录于《世界新宪法》，商务印书馆，1922年版。朱和中译：《德国宪法》，民智书局，1923年版。邓毓怡编译：《德意志国宪法》，收录于《欧战后各国新宪法》，宪法学会，1924年版。卢蕙君编：《世界各国宪法汇编》，知行出版社，1944年版。

政府》①、刘迺诚的《比较政治制度》②。

（7）近代以来的报刊，如《教会新报》《中央日报》《人民日报》。

① 钱端升：《德国的政府》，北京大学出版社，2009 年版。
② 刘迺诚：《比较政治制度》第二卷第一册，商务印书馆，1939 年版。

第一章　德国国名的起源

德国国名与国号的产生与其历史发展过程和特征有着密切的关联。德国早期的文化比较落后，很多习俗都是被文化发达的邻居罗马人记录下来的，德国先民被罗马人称为“日耳曼人”。公元8世纪，日耳曼人采用拉丁字母后，书面语言才丰富起来，但各地书写不一，阻碍了文化的发展。德国在历史上建立国家较晚，直到9世纪，东法兰克王国从法兰克王国中脱离出来，奠定了现代德国的基础。但东法兰克的国王很快戴上了罗马帝国的皇冠，帝国后来逐步陷入分裂，导致德意志的民族国家一直难以形成。语言的多元化、罗马的皇冠和政治上的分裂都影响了德国国名与国号的形成。

第一节　日耳曼

德国的先民日耳曼人早期生活在北欧斯堪的纳维亚半岛南部和德国北部沿海一带。公元前600年左右，随着气候变冷，一些日耳曼部落被迫向温暖的南方迁徙，进入欧洲中部地区。

公元前1世纪，日耳曼人已经占据欧洲中部莱茵河以东，多瑙河以北等地区，并驱逐了当地的凯尔特人。当时的罗马人将这片区域称为“日耳曼尼亚”（Germania），将居住在这里的诸多部落统称为“日耳曼人”（Germani）。这个称呼最早来自古希腊的波希多尼乌斯（Posidonius）公元前70至前60年代的著作《历史》①。这一称呼的起源至今仍然没

① Victoria Emma Pagán, *A Companion to Tacitus*, Oxford: Blackwell Publishing Ltd., 2012, p. 47.

有确定的说法，可以确定的是，这是一个“他称”，“古代的日耳曼人不这样称呼自己”①。

公元前 58 年至公元前 50 年，罗马共和国执政官盖乌斯·尤利乌斯·恺撒（Gaius Julius Caesar）率军征服了高卢地区，并撰写了《高卢战记》，其中提及“莱茵河对岸的日耳曼人（Germanis）”②。罗马共和国是当时欧洲最强大的国家。公元前 753 年，罗慕洛斯（Romulus）建立罗马城，开创了罗马王国，罗马（Rom）这个名称便是来自他的名字。公元前 509 年，罗马末代国王因统治残暴被贵族和平民推翻，罗马贵族建立了共和国，国号是 Senatus Populusque Romanus（SPQR），意思是“罗马元老院与人民”。罗马共和国热衷于武力征伐，开疆拓土，建立了一个环绕地中海的庞大国家。罗马共和国平时设立两名执政官相互制衡，但处于紧急状态和战争状态时，会设立独裁官（dictator），临时独揽大权。公元前 45 年，恺撒担任终身独裁官（dictator perpetuus）后，引起共和派的不满。公元前 44 年，恺撒在元老院被刺杀，但这并未阻止罗马共和国变为帝国。公元前 27 年，恺撒的外甥屋大维被元老院授予“奥古斯都”（Augustus）的尊号，建立了元首制（Princeps）。虽然此时罗马的国号仍然是 Senatus Populusque Romanus，但一般将该年作为罗马帝国（imperium Romanum）的开端。拉丁语中的“imperium”原为“治权”“最高权力”③ 的意思，在罗马共和国扩张时代就被使用，“最迟从公元 1 世纪起 imperium Romanum 已由罗马的权力引申为罗

① Stefan Zimmer, Germani und die Benennungsmotive für Völkernamen in der Antike, in: Heinrich Beck, etc. (Hrsg.), *Zur Geschichte der Gleichung „germanisch-deutsch“: Sprache und Namen, Geschichte und Institutionen*, Berlin: Walter de Gruyter, 2004, S. 2.

② Gaius Julius Caesar, *Commentaria De Bello Gallico*, London: L. Hawes, W. Clarke and R. Collins, 1798, p. 13.

③ 王悦：《从治权到帝国——从拉丁文“帝国”概念的衍生看罗马人的帝国观》，《古代文明》，2016 年第 2 期，第 14 页。

马的帝国，成为罗马帝国的指称”①。恺撒的名字“Caesar”成为后来罗马帝国皇帝的头衔，对德国也产生了影响，“Caesar”的德语形式“Kaiser”成为中世纪以来德国皇帝的称号。“Augustus”的意思是“崇高的、庄严的”②，后来也成了皇帝的头衔。

公元1世纪后期，罗马帝国在莱茵河流域设立了两个行省，名为“上日耳曼尼亚”（Germania Superior）和“下日耳曼尼亚”（Germania Inferior）；而莱茵河以东未被罗马征服的日耳曼人居住的地区被称为“大日耳曼尼亚”（Germania Magna）。

公元98年，古罗马历史学家塔西佗（Tacitus）著有《日耳曼尼亚志》（*De Germania*），对当时日耳曼人的特征和风俗进行了记载。日耳曼人作战非常勇敢，“都有着凶暴的蓝眼睛、金黄色的头发、高大的身躯；他们只有突然冲动的勇猛而不耐心于操心和艰苦的工作，也绝不习惯于忍受燥渴和炎热；由于气候和土壤的缘故，他们对于寒冷和饥饿倒能安之若素”③。

据塔西佗的记载，“日耳曼人”（Germani）原是早期进攻高卢人的一个部落的名字，后来成为全部落的名称：

> 真正最先越过莱茵河而侵犯高卢人的那一支人，虽然现在被称为佟古累人（Tungri），在当时却称为日耳曼人。最初仅由于这一族战胜了的人用这个名称来恫吓高卢人，后来，原是一支人的名称便逐渐流行起来，以致把“日耳曼人”这个名称加在全部落的身上了。④

---

① 王悦：《从治权到帝国——从拉丁文“帝国”的衍生看罗马人的帝国观》，《古代文明》，2016年第2期，第18页。

② Dudenredaktion (Hrsg.), *Duden, Band 7, Das Herkunftswörterbuch: Etymologie der deutschen Sprache*, Mannheim: Dudenverlag, 2007, S. 57.

③ 塔西佗：《日耳曼尼亚志》，马雍、傅正元译，商务印书馆，1959年版，第48页。

④ 塔西佗：《日耳曼尼亚志》，马雍、傅正元译，商务印书馆，1959年版，第47页。原文参见 Tacitus, *Germania*, herausgegeben von Manfred Fuhrmann, Stuttgart: Philipp Reclam jun., 2007, S. 6-7。

吕西安·费弗尔认为，“‘日耳曼人’（Germani）这个部落的名字，渐渐变成了一个地方的名字，又从地名变成对这个地方居民的称呼，最终成为一些人的名称，而这些人的血统、语言和习俗都与原来叫做日耳曼的那些人不同”①。吕西安·费弗尔还提供了关于日耳曼词源的另一种可能性：

> 罗马人可能由于文字原因而弄错了，因为在罗马人的文字中有一个与日耳曼人（Germani）相近的形容词：germanus，其含义是真实、自然。由此很快就在民间产生了一种生命力极强的关于词源的说法：日耳曼人即高卢人，真正、纯粹、上等的高卢人。②

还有观点认为，“Germani”可能起源于凯尔特语中的“喊叫”（gairm）、“邻居”（ger/gair）等词汇，还有“鲁莽的、忠诚的战士”的意思③，这也与早期进攻高卢的日耳曼部落有关。

概括而言，自罗马人使用“Germania”称呼德国地区以来，“日耳曼”成为一个重要的地理名词，如英语的“Germany”、意大利语的“Germania”等对德国的称呼都源于拉丁语“Germania”。这个词也被中世纪德国人所使用，甚至被用到了德国君主的头衔中，如1517年，马克西米连一世皇帝在颁布的诏令中提到自己的头衔：“上帝恩典所立的当选罗马皇帝、帝国永远的奥古斯都、日耳曼（Germanien）、匈牙利、达尔马提亚、克罗地亚等地的国王。”④这里将德国地区称为“日耳曼”，由此开始出现“日耳曼国王”（König in Germanien）的头衔，并

① 吕西安·费弗尔：《莱茵河》，许明龙译，商务印书馆，2010年版，第97页。

② 吕西安·费弗尔：《莱茵河》，许明龙译，商务印书馆，2010年版，第96页。

③ Gustav Solling, *Diutiska*, *An Historical and Critical Survey of the Literature of Germany*, *from the Earliest Period to the Death of Göthe*, London: Trübner & Co., 1863, p. 3.

④ N. Falck (Hrsg.), *Sammlung der wichtigsten Urkunden, welche auf das Staatsrecht der Herzogthümer Schleswig und Holstein Bezug haben*, Kiel: Carl Schröder und Comp, 1847, S. 429.

为后世继承。

这种由“他称”变成“自称”的现象，还可从“Germania”（一般译为“日耳曼尼娅”，突出其女性身份）这一女性形象的变迁中得到体现。公元2世纪，罗马人在一些硬币和雕塑上刻上被贬低的女性形象，将之命名为“日耳曼尼娅”。日耳曼尼娅通常被刻画为“被锁着的，悲伤的或跪在皇帝面前的，袒胸露乳，低着头，头发杂乱”①的形象。罗马帝国灭亡后，这些被贬低的日耳曼尼娅形象便失去了影响力。到了10世纪，在德国出现了头戴王冠的日耳曼尼娅形象，用来象征君主“统治世界的要求”②。15世纪末，随着塔西佗《日耳曼尼亚志》的流行，德国人开始强调“从日耳曼人到德意志人的历史连续性，以及独特的独立于罗马的历史”③。在这种背景下，16世纪初，“日耳曼尼娅”被德国人文主义者塑造成一个母亲形象④，这正好暗合了德意志人是日耳曼人的后代这个历史。之后，日耳曼尼娅的影响越来越大，出现在多种政治宣传画和钱币上，成为德国和德意志民族的重要象征。

简而言之，“日耳曼”在广义上作为欧洲北部早期民族的统称，具有民族、地理和语言等多方面的含义，后世的德意志人或德国人只是其中一支；狭义上则指后来的德国，英语“Germany”成为德语之外对德国最通用的名称。而日耳曼人分支的名称也影响了一些国家对德国的称呼。

公元1—2世纪，根据日耳曼人的居住地，可以将他们划分为：留在斯堪的纳维亚半岛上的北日耳曼人；居住在莱茵河和易北河之间的西日耳曼人；居住在易北河以东的东日耳曼人，如汪达尔人、哥特

① Bettina Brandt, *Germania und ihre Söhne: Repräsentation von Nation, Geschlecht und Politik in der Moderne*, Göttingen: Vandenhoeck & Ruprecht, 2010, S. 35-36.

② Bettina Brandt, *Germania und ihre Söhne: Repräsentation von Nation, Geschlecht und Politik in der Moderne*, Göttingen: Vandenhoeck & Ruprecht, 2010, S. 36.

③ Bettina Brandt, *Germania und ihre Söhne: Repräsentation von Nation, Geschlecht und Politik in der Moderne*, Göttingen: Vandenhoeck & Ruprecht, 2010, S. 41.

④ Bettina Brandt, *Germania und ihre Söhne: Repräsentation von Nation, Geschlecht und Politik in der Moderne*, Göttingen: Vandenhoeck & Ruprecht, 2010, S. 41.

人等。进入欧洲中部地区的西日耳曼人，经过融合，形成了几个大的部落，如法兰克人、萨克森人、阿勒曼人、弗里斯兰人、施瓦本人、巴伐利亚人、图林根人等，其中对后来德国国名产生影响的部落主要有三个：

（1）法兰克人（Die Franken），见诸历史记载在公元3世纪。“法兰克”（Frank）就是“勇敢”的意思。7世纪中叶出现的《弗莱德加编年史》中的传说，将法兰克人的祖先追溯到特洛伊人。特洛伊人进入西欧后，“他们从其内部推选法兰吉奥（Francione）为王。后来，就是根据他的这个名字，这些人被称作‘法兰克人’（Franci），这是因为，据说这位法兰吉奥在打仗的时候非常英勇”①。而据8世纪前期编撰的《法兰克人史纪》的记载：作为法兰克人祖先的特洛伊人曾与罗马人结盟，攻击顿河流域的游牧民族阿兰人。“这些特洛伊人冷酷无情、大胆勇敢，正因如此，瓦伦提尼安皇帝把他们称作‘法兰克人’（Franks）。在阿提卡方言（Attic tongue）中，‘法兰克’（Frank）一词的意思是凶猛残忍。”②这与《弗莱德加编年史》的记载不一样，但都与其作战勇敢相关。据研究，

> 16世纪，在文艺复兴思潮的推动下，法兰克人的“特洛伊起源说”遭到瓦解，法兰克人开始被视为日耳曼人的一个分支。但是，在17、18世纪的法国绝对君主制时期，为了与日耳曼人划清界限，“特洛伊起源说”再次卷土重来。只是到了19世纪以后，法兰克人的“特洛伊起源说”才被彻底抛弃。③

法兰克人起源于特洛伊人的传说被否定后，其名称的来历也丧失了真实性，但从中仍可看出中世纪早期法兰克人崇尚武力，以勇敢为美德

---

① 陈文海：《译者导论：〈法兰克人史纪〉文献学探究》，收录于陈文海译注：《法兰克人史纪》，人民出版社，2018年版，第41页。

② 陈文海译注：《法兰克人史纪》，人民出版社，2018年版，第82~83页。

③ 陈文海译注：《法兰克人史纪》，人民出版社，2018年版，第79页。

的族群特征。此外，“法兰克”还有“自由”的意思。①

（2）萨克森人（Die Sachsen）生活在易北河地区。“萨克森”（Sachse）一词来自古德语“Saxi”，就是“短剑”的意思，是这个部落的常见武器。②从其部落名的起源可以看出其勇猛好战的一面。萨克森人对后世影响巨大。公元5世纪，一部分萨克森人与盎格鲁人进入大不列颠，后被称为“盎格鲁-撒克逊人”（Anglo-Saxons），成为英国的主要民族。919年，萨克森公爵亨利一世被选为东法兰克国王，建立萨克森王朝。现在德国16个州中，有三个州名与萨克森人有关：萨克森、萨克森-安哈尔特和下萨克森。北欧芬兰语中对德国的称呼“Saksa”就来自“萨克森”一词。

（3）阿勒曼人（Die Alemannen），由多个日耳曼部落联合而成，生活在莱茵河上游地区，靠近高卢。213年，罗马帝国皇帝卡拉卡拉（Caracalla）率军北上，在美因河流域打败了一支日耳曼人的部落，将之称为“阿勒曼尼人”（Alamani）。阿勒曼人由此首次进入历史记载。“Alemannen”就是“所有人”（Menschen insgesamt）的意思。③阿勒曼人后来多次袭击意大利和高卢。496年，法兰克王国征服了阿勒曼人。法语、西班牙语和葡萄牙语中指称德国的词“Allemagne”④“Alemania”和“Alemanha”，都来源这个部落的名字。

日耳曼人主要生活在莱茵河以东、多瑙河以北的区域，与罗马帝国接壤，双方经常发生战争，有时也会有和平。日耳曼人从罗马人那里学

---

① Dudenredaktion（Hrsg.），*Duden*，*Band 7*，*Das Herkunftswörterbuch*：*Etymologie der deutschen Sprache*，Mannheim：Dudenverlag，2007，S. 234.

② *Deutsches Wörterbuch von Jacob Grimm und Wilhelm Grimm*，Band 8，Leipzig：Verlag von S. Hirzel，1893，S. 1604.

③ Johannes Hoops（Hrsg.），*Reallexikon der Germanischen Altertumskunde*，Band 1，Straßburg：Verlag von Karl J. Trübner，1911-1913，S. 58.

④ “一战”期间，法国新闻界嘲讽德国的国名：“这些傲慢和可笑的人甚至用‘Allemagne’这个词（字面意思是‘所有人’）来作为自己的名称！”参见哈罗德·D·拉斯韦尔：《世界大战中的宣传技巧》，张洁、田青译，中国人民大学出版社，2003年版，第73页。

到很多种植、建筑、商业、政治等方面的先进技术和文化。

日耳曼人的东面则是斯拉夫人。斯拉夫人将德国称为 Niemcy，原本意思是“沉默的、不会说话的”①，后被译为“捏米思”。这个名称反映了早期日耳曼人和斯拉夫人刚接触时由于言语不通导致交往不是很顺利。这一名称至今在波兰语等斯拉夫语中使用。

4 世纪中叶，由于来自东方的匈人（Hun）的入侵，欧洲出现了一场民族大迁徙。很多日耳曼部落离开居住地，向南进入罗马帝国境内。395 年，罗马帝国分裂为东罗马帝国和西罗马帝国，分别以君士坦丁堡和罗马为首都。476 年，东哥特首领奥多亚克（Odoacer）废黜了西罗马帝国皇帝罗慕洛斯，然后派人将皇帝标志送给东罗马帝国皇帝芝诺（Zeno）。接下来，奥多亚克以东罗马帝国皇帝代理人的名义统治了 14 年。詹姆斯·布赖斯由此认为，在法律意义上，西罗马帝国根本没有消亡，这只是东罗马帝国和西罗马帝国的再次统一。② 但从历史意义上讲，这件事标志着西罗马帝国的灭亡，影响深远，西方从此进入中世纪时代。东罗马帝国则一直存在到 1453 年，由于其首都君士坦丁堡地处古希腊城市拜占庭（Byzantion）遗址，这个帝国又被历史学家称为“拜占庭帝国”（Das Byzantinische Reich）。

日耳曼人在西罗马帝国的废墟上建立了一系列国家，如东哥特人在意大利半岛建立东哥特王国，西哥特人在西班牙半岛建立西哥特王国，汪达尔人在北非建立汪达尔王国，法兰克人在莱茵河以东的高卢地区建立了法兰克王国等，其中以法兰克王国最为强大，对历史的影响最为深远。

法兰克人在高卢地区经营已久。4 世纪时，法兰克人进入高卢地区。首领墨洛温（Merowech）及其子希尔代里克，在高卢地区建立了稳固的统治。希尔代里克被罗马帝国任命为高卢行省的总督。481 年，希尔代里克之子克洛维继位，建立了法兰克王国（Regnum Francorum/

---

① Oskar Kausch, *Die Namenkunde der Länder und Städte des Deutschen Reiches*, Leipzig: Verlag von Ernst Heitmann, 1890, S. 11-12.

② James Bryce, *The Holy Roman Empire*, London: Macmillan and Co., 1871, p. 26.

Frankenreich)。克洛维开创的王朝，后被称为“墨洛温王朝”(Merowinger)，以克洛维的祖父墨洛温来命名。496年，克洛维皈依了基督教，与教会建立了密切关系，巩固了统治。

墨洛温王朝晚期，国王不理政事，被称为“懒王”，权力为宫相获得。732年10月，宫相查理在图尔战役中打败阿拉伯军队，保卫了基督教的边界。查理后来获得“铁锤”（Martell）的称号，被称为“查理·马特”（Karl Martell）。751年，查理·马特之子矮子丕平（Pippin der Kurze/Pippin der Jüngere）① 在获得教皇的认可后篡位，推翻了墨洛温王朝，建立了一个新的王朝——加洛林王朝（Karolinger)。“加洛林王朝”这一名称在10世纪下半叶才出现，源自这个家族中很多人取名为“卡尔”（Karl），“Karl”则源于当时所尊崇的圣马丁的“披风”(cappa)。②圣马丁（约316—397）是公元4世纪的罗马士兵，信奉基督教，后被尊为圣徒。传说在一个冬天，他在亚眠城门口碰见一个衣不蔽体的人，于是将自己的披风分了一半给他。这件披风后来也被视为圣物。“Karl”在英语中为“Charles”，中文中常用的“查理”就是从英语名称翻译而来。

768年，矮子丕平的儿子查理继任为法兰克国王，经过多年征伐，逐步统一了西欧。公元800年，查理被教皇加冕为皇帝，后被尊称为“查理大帝”（Karl der Große)。当时德国境内有很多部落，以萨克森部落最为强大。萨克森不信奉基督教，成为被征伐的主要目标。772年至804年，经过32年的战争，查理大帝征服了萨克森，使之皈依了基督教。此后，德国成为法兰克王国的一部分。

第二节　德意志

日耳曼人在与罗马人交往的过程中，受到了罗马文化的强烈影响。

---

① “矮子丕平”这个绰号出现于11世纪，误译自拉丁语“Pippinus minor”，“minor”的意思是“小的，年轻的”。

② 王亚平：《德国通史》第一卷，江苏人民出版社，2019年版，第59页。

公元8世纪，日耳曼人抛弃了传统的鲁纳文（Rune），采用拉丁字母拼写自身的语言，由此形成了早期德语。

786年，罗马教皇使节乔治·冯·奥斯提亚（Georg von Ostia）在给教皇哈德良一世的报告中提及了在英格兰召开的两次宗教会议，会议中除了拉丁语，还使用了一种日耳曼人的民族语言“theodisce”。①这是目前在文献中发现的对“德语”的最早拉丁语称呼，但拼写方式没有固定下来。这种语言是一种民众都能听懂的语言，瓦格纳指出：“‘德意志的’（deutsch）与‘阐明’（deuten）之间存在词源学关联。也就是说，‘德意志的’原本表示‘大众能够明白的’。”②

788年，在加洛林王朝的一次贵族会议上，巴伐利亚公爵塔西洛三世被判处死刑，判决理由是“quod theodisca lingua harisliz dicitur”（在民众语言中被称为逃跑）③。塔西洛三世后来被查理大帝赦免，改为流放。在这份判决公文中出现了“theodisca lingua”的用法，用来称呼日耳曼人的民族语言。

813年，在“图尔宗教会议上，使用theodiscus语成为硬性规定，规定传教士们必须使用能够被很好理解的罗曼语和thiotisca语进行传教和举行圣事。”④可见，宗教在德语形成过程中起了重要的推动作用。

814年，查理大帝去世，其子虔诚者路易（Ludwig der Fromme）继位。他因虔诚信仰基督教而获得“虔诚者”的称号。817年，他将长子洛泰尔（Lothar）加冕为“共治皇帝”，将阿基坦封给次子丕平一世，将巴伐利亚等地区封给三子路易。巴伐利亚属于日耳曼地区，路易后来获得了“巴伐利亚国王”（rex Baioariorum）的称号，历史学家称他为

---

① Friedrich Maurer & Heinz Rupp (Hrsg.), *Deutsche Wortgeschichte*, Band 1, Berlin: Walter de Gruyter, 1974, S. 131.

② 迪特·博希迈尔：《何谓德意志?》，姜林静译，收录于黄燎宇主编：《北大德国研究》第八卷，北京大学出版社，2019年版，第124页。

③ 约阿希姆·席尔特：《简明德语史》，袁杰译，同济大学出版社，2012年版，第45~46页。

④ 刘新利：《德意志历史上的民族与宗教》，商务印书馆，2009年版，第10页。

“日耳曼国王”（rex Germanie/rex Germanorum）、“东法兰克国王”（orientalis Franciae rex）等。① 但他更广为人知的外号是“日耳曼人路易”（Louis the German）或“德意志人路易”（Ludwig der Deutsche）。这个外号出现在 18 世纪，在 19 世纪和 20 世纪上半叶变得流行起来②，背景是，随着德意志民族主义思潮的兴起，路易被塑造成“德国的‘建立者’（“Gründer” Deutschlands）、民族和权力统一的化身、生动的民族象征”③。由于“德意志人路易”这一称呼的民族国家色彩过于强烈，且在路易时代，德意志民族还在形成过程中，因此，采用译自英语的“日耳曼人路易”更为合适，这一译名也是目前用得较多的译名。日耳曼人路易的统治奠定了东法兰克乃至德意志王国的基础。“德意志人路易从 833 年以来以‘东法兰克’来标注其统治年号”④，由此奠定了后来东法兰克王国的基础。

838 年，次子丕平一世去世后，虔诚者路易对领地进行了重新划分，将法兰克西部地区封给幼子秃头查理（Karl der Kahle）。840 年，虔诚者路易去世，洛泰尔继位为皇帝。在他生前，他的儿子间的斗争就很剧烈；在他死后，争夺领地的斗争更加激烈了。842 年 2 月，日耳曼人路易和秃头查理联合起来反对他们的兄长皇帝洛泰尔。他们在斯特拉斯堡结盟，并用对方军队听得懂的语言宣读《斯特拉斯堡誓约》（*Straßburger Eide*），秃头查理用的就是古德语（teudisca lingua）。⑤

---

① Peter Bührer, Studien zu den Beinamen mittelalterlicher Herrscher, *Schweizerische Zeitschrift für Geschichte*, Band 22, Heft 2, 1972, S. 230.

② Dieter Geuenich, Karl der Große, Ludwig „der Deutsche“ und die Entstehung eines „deutschen“ Gemeinschaftsbewußtseins, in: Heinrich Beck, etc. (Hrsg.), *Zur Geschichte der Gleichung „germanisch-deutsch“: Sprache und Namen, Geschichte und Institutionen*, Berlin: Walter de Gruyter, 2004, S. 186.

③ Peter Bührer, Studien zu den Beinamen mittelalterlicher Herrscher, *Schweizerische Zeitschrift für Geschichte*, Band 22, Heft 2, 1972, S. 232.

④ 赫伯特·格隆德曼等著：《德意志史》第 1 卷上册，张载扬等译，商务印书馆，1999 年版，第 245 页。

⑤ Elias von Steinmeyer (Hrsg.), *Die kleineren althochdeutschen Sprachedenkmäler*, Zürich: Verlag Weidmann, 1971, S. 82.

经过一番战争之后，843 年，三兄弟签订《凡尔登条约》，将法兰克王国一分为三，即洛泰尔的中法兰克王国、日耳曼人路易的东法兰克王国和秃头查理的西法兰克王国。日耳曼人路易分得的东法兰克王国包括莱茵河以东的日耳曼尼亚地区和莱茵河西岸部分地区，以说古德语为主，由此成为德国的起源；秃头查理分得的西法兰克王国以讲古法语为主，由此成为法国的起源。“历史上第一次出现了分得一清二楚、政治上得到确认的德意志和法兰西……长达千年的争斗由此发端。”①位于两者之间的中法兰克王国继承了查理大帝的皇冠，但势力最弱，受到东、西法兰克的侵夺，很快失去了皇冠。法兰克王国成为德国与法国共同的早期历史。在德语中，对法国的称呼就是“Frankreich”，源于“法兰克王国”（Frankenreich）一词。

随着民众按语言划分，讲德语的德意志民族逐步形成了，而德意志民族生活的地域也因此获得了“德意志兰”（Deutschland）的称谓。“费希特认为，德国（Deutschland）的称谓是对在莱茵河东岸居住的族群的一个‘集体称谓’（Kollektivname）。这些族群与移出的哥特人、汪达尔人、伦巴德人等不同，他们留守在自己‘最原初的位置’（Ursitzen），继续使用他们‘最原初的母语’（Urmuttersprache）。”②但“Deutschland”这个词的拼写方式不太固定。约在 1077 年至 1081 年，德国齐克堡（Siegburg）修道院编撰了《阿诺之歌》（*Annolied*），歌颂 1056 年至 1075 年的科隆大主教阿诺。文中使用了“Diutschiu”一词表示德语，讲德语的民众则是“Diutschi man”③，对德意志兰的表

---

① 吕西安·费弗尔：《莱茵河》，许明龙译，商务印书馆，2010 年版，第 118 页。

② 迪特·博希迈尔：《何谓德意志?》，姜林静译，收录于黄燎宇主编：《北大德国研究》第八卷，北京大学出版社，2019 年版，第 123 页。原文参见 Dieter Borchmeyer, *Was ist Deutsch? Die Suche einer Nation nach sich Selbst*, Berlin: Rowohlt · Berlin Verlag, 2017, S. 38。

③ Max Roediger (Hrsg.), *Das Annolied*, Hannover: Hahnsche Buchhandlung, 1895, S. 125.

述则是“Diutischemi lande”①。“约在 1200 年，deutsch 成为民族的称谓。”②

据一位雷根斯堡神职人员约于 1150 年编撰的《皇帝编年史》（*Kaiserchronik*）中记载：“皇帝再次返回德意志兰”（Der kaiser kêrte wider in Diutisk lant）③，德意志兰拼写为“Diutisk lant”。在 1274/1275 年编撰的《施瓦本明镜》中记载：“在德意志兰每块领地都有各自的宫廷伯爵”（In tiuschen landen hat ieglich land sinen phalenzgraven）④，其中德意志兰的用法是“tiuschen landen”。1438 年，国王阿尔布莱希特二世在一份《和平条例》（*Landfried*）中发布命令：“朕也郑重向位于德意志兰（dutschen landen）的神圣帝国全体选侯、世俗和属灵的侯爵、伯爵、男爵、侍从、骑士、仆人和城市发布命令……”⑤

1190 年，第三次十字军东征期间，来自德国的骑士成立了一个骑士团，名为 Ordo fratrum domus hospitalis Sanctae Mariae Teutonicorum Ierosolimitanorum（耶路撒冷圣玛利亚医院德意志兄弟骑士团），一般简称为“德意志骑士团”（Deutscher Orden）或“条顿骑士团”（Teutonic Order）。骑士团拉丁语名称中指称德国的词为 Teutonicorum。这个词起源于 Teutonen（条顿人），历史上是日耳曼人的一支，生活在日德兰半岛和德国北部一带。公元前 113 年，条顿人与辛布里人（Kimbern）向南方迁徙，与罗马人作战，非常勇猛，多次取得胜利，给罗马人留下了深刻的印象。条顿人最终在公元前 102 被罗马执政官马略打败。后来人

① Max Roediger（Hrsg.），*Das Annolied*，Hannover：Hahnsche Buchhandlung，1895，S. 117.

② Ute Röding-Lange，*Bezeichnungen für Deutschland in der Zeit der ,,Wende“*，Würzburg：Königshausen & Neumann，1997，S. 29.

③ Edward Schröder（Hrsg.），*Kaiserchronik eines Regensburger Geistlichen*，Hannover：Hahnsche Buchhandlung，1895，S. 362.

④ Wilhelm Wackernagel（Hrsg.），*Der Schwabenspiegel*，Zürich：Verlag von Christian Beyrl，1840，S. 99.

⑤ *Neue und vollständigere Sammlung der Reichs-Abschiede*，Frankfurt a. M.：Ernst August Koch，1747，S. 157.

们用“Teutonen”泛指日耳曼人或德意志人，用“Teutonia”指称德国。据研究，“Deutsch”一词并不起源于“Teutonen”。①

15世纪时，“deutsch”与“land”两个词合起来，成为一个单数词“Deutschland”。② 在欧洲民族国家兴起的背景下，“德意志兰”（Deutschland）从一个地理名称逐步成为一个具有政治意义的通用国名，在汉语中简称为“德国”。1519年，皇帝马克西米连一世去世后，诗人塞巴斯迪安·博兰特（Sebastian Brant）在诗中写道：

为了神圣帝国（Heyliges Reych）的福祉，
黑鹰没有离开你，
你的权杖和皇冠，
将流落到陌生的民族，
不幸笼罩着我们，
全德国（Teütschlandt）遭遇失败。③

博兰特将国家称为“神圣帝国”，这来自传统的国号，同时担心本国最高权力的象征——权杖和皇冠“流落到陌生的民族”，对“德国”（Teütschlandt）的命运深表忧虑，这是德国早期民族意识觉醒的体现。

但直到16世纪，“Deutschland”这个用法仍不稳定，如1524年，宗教改革家马丁·路德写有《为设立和维持基督徒学校致德国各城市议员书》（*An die Radherrn aller stedte deutsches lands: das sie Christliche*

---

① Georg Ludwig Kriegk, *Die Völkerstämme und ihre Zweige nach den neuesten Ergebnissen der Ethnographie*, Frankfurt a. M.: Heinrich Ludwig Brönner, 1848, S. 28.

② Helmut Berschin, *Deutschland—ein Name im Wandel: die Deutsche Frage im Spiegel der Sprache*, München: Olzog, 1979, S. 11.

③ Dietrich Busse, Hailig Reich, Teutsch Nacion, Tutsche Lande: Zur Geschichte kollektiver Selbstbezeichnungen in frühneuhochdeutschen Urkundentexten, in: Dietrich Busse etc. (Hrsg.): *Begriffsgeschichte und Diskursgeschichte. Methodenfragen und Forschungsergebnisse der historischen Semantik*, Opladen: Westdeutscher Verlag, 1994, S. 269.

schulen auffrichten und hallten sollen)①，其中“deutsches lands”是表达所属关系的第二格，仍是分开写的。到了1531年，路德在与朋友的桌边谈话中提道：“皇帝在德国和帝国（Deutschlande und Reich）没有其他国王在他的王国（Reich）所享有的权力。”②路德在谈话中将“德国”（Deutschlande）和“帝国”（Reich）并列，一个表明地理含义，一个表明当时的政体，起到了相互解释的作用。这里的“Deutschlande”（德国）已经采用连写的形式，这表明路德的用法根据时代潮流发生了改变。1542年，马丁·路德在一封致维滕堡政府和大学生的告诫信中继续使用了这一用法。路德写道：“这真的是上帝更大的愤怒，如人所想的，是关于德国（Deudschland）③ 的愤怒。”④ 1521年至1534年，路德将《圣经》从希腊语和希伯来语翻译为德语，奠定了现代德语的基础；他的书在当时非常畅销，他采用的语言形式对德语的用法产生了重要影响，“Deutschland”作为连写词在16世纪上半期便固定下来了。

“Deutschland”一词诞生后，使用越来越频繁，成为德意志民族居住地区的地理称谓，与之前的“日耳曼”（Germania/Germanien）开始了竞争。当时，“日耳曼”仍被广泛使用。1538年，塞巴斯蒂安·弗兰克（Sebastian Franck）出版《日耳曼尼亚：全德国和德意志民族编年史》（*Germaniae: Chronicon von des gantze Teutschenlands, aller Teutschen völcker herkommen*），在书名中同时使用了“Germaniae”和“Teutschenland”两种名称。但很快，起源于德国人本民族语言的名称“Deutschland”占据了上风。弗兰克的著作在1539年的版本中，书名就去掉了“Germaniae”一词。又如1558年，纽伦堡的工匠诗人汉斯·萨

---

① Martin Luther, *D. Martin Luthers Werke. Kritische Gesamtausgabe*, Band 15, Weimar: Verlag Hermann Böhlaus Nachfolger, 2004, S. 15.

② Martin Luther, *D. Martin Luthers Werke. Kritische Gesamtausgabe*, *Tischreden*, Band 2, Weimar: Verlag Hermann Böhlaus Nachfolger, 2000, S. 407.

③ 原文如此，正确的拼写是Deutschland。

④ Martin Luther, *D. Martin Luthers Werke. Kritische Gesamtausgabe*, Band 53, Weimar: Verlag Hermann Böhlaus Nachfolger, 2007, S. 211.

克斯（Hans Sachs）在一首诗里写道：

因为他们不喜欢倾听智者的教诲，
只听伪君子的言论，
因此，德国（Deutschland）现在充满不幸。①

1618年至1648年，欧洲发生了三十年战争，主要战场在德国。德国经济和人口损失惨重，文化停滞，政治上陷入四分五裂的状态，进入了邦国时代。直到18世纪，德意志地区的文化才恢复过来，涌现出歌德、席勒等文学家，莫扎特、贝多芬等音乐家，康德、黑格尔等哲学家，形成了具有世界水平的“德意志文学”（Deutsche Literatur）、“德意志音乐”（Deutsche Musik）、“德意志哲学”（Deutsche Philosophie），“德意志”由此具有了文化的含义。德意志民族被誉为“诗人与思想家的民族”（Volk der Dichter und Denker）②，但当时德国仍是一个分裂的国家，“德意志人没有建立国家，但创造了文化，他们不是拥有国家的民族（Staatsnation），而是一个文化民族（Kulturnation）。”③

19世纪初，拿破仑战争期间，神圣罗马帝国灭亡，普鲁士和奥地利接连被法国打败，德国的民族主义思潮兴起。1813年，恩斯特·莫里茨·阿恩特（Ernst Moritz Arndt）写了一首爱国诗歌《何谓德意志人的祖国?》（*Was ist des Deutschen Vaterland*?）：

何谓德意志人的祖国?
是普鲁士？是施瓦本?
是葡萄繁盛的莱茵河?

---

① *Deutsches Wörterbuch von Jacob Grimm und Wilhelm Grimm*, Band 2, Leipzig: Verlag von S. Hirzel, 1860, S. 1052.

② 李伯杰：《德国文化研究》，北京师范大学出版社，2015年版，第84页。

③ Helmut Berschin, *Deutschland—ein Name im Wandel: die Deutsche Frage im Spiegel der Sprache*, München: Olzog, 1979, S. 11.

是海鸥翱翔的贝尔特？
噢！不！不！不！
他们的祖国必须更大。
……
何谓德意志人的祖国？
它应该是一个大国！
是所有讲德语的地方。
……
它应是全德国（Das ganze Deutschland）。①

这首诗表达了诗人对祖国的热爱。在诗人的设想中，当时讲德语的地区都应该是德国的一部分。但 1815 年打败拿破仑后，德国仍然是一个四分五裂的国家。普鲁士王国和奥地利帝国已成为欧洲列强，巴伐利亚、萨克森和符腾堡都升格为王国。这些国家都具备了独立成为欧洲国家的条件。“德国”作为地理名称的地位受到了挑战。1830 年 3 月 14 日，歌德在与友人谈话时曾说：

我们没有一个城市，甚至没有一块国土，可以使我们明确地指出，这就是德国（Deutschland）！如果我们在维也纳这样问，答案是：这里是奥地利！如果我们在柏林问这个问题，答案是：这里是普鲁士。仅仅十六年前，我们正想摆脱法国人，当时到处都是德国。②

① Helmut Berschin, *Deutschland—ein Name im Wandel: die Deutsche Frage im Spiegel der Sprache*, München: Olzog, 1979, S. 55.

② Johann Peter Eckermann, *Gespräche mit Goethe in den letzten Jahren seines Lebens*, Band 1, herausgeben von Gustav Moldenhauer, Leipzig: Verlag von Philipp Reclam jun., 1899, S. 220. 译文参考爱克曼辑录：《歌德谈话录》，朱光潜译，人民文学出版社，1978 年版，第 195 页。译文略有改动。

可见，歌德注意到了，随着法国被打败，旧秩序得以恢复，由法国入侵所引起的民族主义思潮也衰落下去了。

概括而言，“Germany”作为德国本国语言之外最通行的德国国名，来自罗马人对日耳曼人的拉丁语称谓“Germani”。“Deutschland”则是来自对民族语言的称谓。Deutsch 最早是日耳曼人语言的名称，进而成为讲这个语言的民族的名称，再变成这个民族所居住的地域的地理名称“德意志兰”（Deutschland），最后成了国名“德国”（Deutschland），具有语言、民族、地理、文化和政治五个层面的含义。①“德国”这个国名诞生很晚，这与德国中世纪采用了与罗马有关的国号有很大的关系。

---

① 赫尔穆特·贝尔辛概括 Deutsch 的五层含义是：语言、民族、地区（Land）、文化和国家（Staat）。参见 Helmut Berschin, *Deutschland—ein Name im Wandel: die Deutsche Frage im Spiegel der Sprache*, München: Olzog, 1979, S. 10。

第二章　德国国号的演变

通常国号中会包含国名的地理或民族因素，但长期以来，德国特殊的政治体制和政治形态导致了在很长一段时间德国国号与自身的地理和民族名称分离的状况。

从中世纪以来，德国的国号有：东法兰克王国、罗马帝国、神圣帝国、神圣罗马帝国、德意志民族神圣罗马帝国、德意志邦联、北德意志联邦、德意志帝国、德意志国（魏玛共和国和纳粹德国）、大德意志国（纳粹德国）①、德意志联邦共和国和德意志民主共和国。本章将对德国国号进行系统研究，梳理国号的产生过程、政治含义和相关争论，从而探讨国号演变所反映出的德国历史的延续性和特殊性。除了这些正式的国号，本章还将分析“莱茵邦联”这一名称的来历与含义，因为莱茵邦联虽然是德国分裂时期拿破仑主导建立的一个附庸国，但它终结了神圣罗马帝国，以 Bund（邦联）为名进行了构建国家的尝试，具有重要的历史意义。

第一节　从东法兰克王国到德意志民族神圣罗马帝国

公元 799 年 4 月，罗马教皇利奥三世遭遇叛乱，逃出罗马，向法兰克国王查理求助。查理派军队将利奥三世护送回罗马。800 年冬天，查

① 1943 至 1945 年，纳粹德国同时使用“德意志国”和“大德意志国”（Großdeutsches Reich）这两个国号。

理亲率大军，再次来到罗马。当年12月25日圣诞节，查理身穿罗马贵族服饰在圣彼得教堂祈祷时，教皇利奥三世将一顶罗马皇帝的皇冠戴到查理的头上，查理被立为罗马皇帝（Kaiser der Römer）①。加冕仪式上举行了传统的膏立礼仪："查理大帝的头和身体被隆重地涂上御用的油膏；仿照恺撒的先例，他受到教皇的礼拜或拜见；他加冕的誓言表明他许诺将维持教会的信仰和特权。"②

查理被称为"皇帝"（Imperator）和"奥古斯都"（Augustus），后被尊称为"查理大帝"（Karl der Große），也被称为"查理曼"（Charlemagne），"magne"就是"大"的意思。据查理大帝去世10多年后艾因哈德撰写的《查理大帝传》记载，查理大帝在罗马"接受了皇帝和奥古斯都的称号。他最初非常不喜欢这种称号，他肯定地说，假如他当初能够预见到教皇的意图，他那天是不会进教堂的，尽管那天是教堂的重要节日。"③这使得"查理大帝不愿称帝"一说非常流行，但早有历史学家提出质疑，如据伏尔泰的研究：

> 事实是查理曼和教皇早已一切策划停当，他送来大量礼物，买得了罗马主教和大官们的支持。我们从他以贵族长身份颁给罗马人的特许状可以看出，他早已觊觎帝国皇位。特许状中有这样的话："我们希望，我们的慷慨大方将使我们臻于帝王之尊。"④

现代最新的研究也证实了这一点：

---

① Reinhard Schneider, *Das Frankenreich*, München: R. Oldenbourg Verlag, 1995, S. 33.

② 爱德华·吉本：《罗马帝国衰亡史》下册，黄宜思、黄雨石译，商务印书馆，1997年版，第319页。

③ 艾因哈德：《查理大帝传》，戚国淦译，商务印书馆，1979年版，第30页。

④ 伏尔泰：《风俗论》上册，梁守锵译，商务印书馆，1997年版，第384页。

> 现存最早的历史记载却证明查理曼是愿意称帝的。于称帝4年之后编订的《洛尔施修道院编年史》明确提到公元800年圣诞节前，查理曼在罗马召集大会，商讨称帝事宜。而且该史料称，当大家劝进的时候，查理曼不愿意拒绝。①

查理大帝加冕为罗马皇帝开启了日耳曼人对罗马帝国的政治继承关系，具有重要的历史意义。这一时刻标志着欧洲三大传统的统一："教会领袖加冕一个日耳曼统治者为罗马人的皇帝，意味着日耳曼传统、基督教传统和罗马传统的融合，它成为中世纪文明的根本特征。"②有学者将此事视为神圣罗马帝国的开始。如英国学者彼得·威尔逊认为："公元800年查理曼在罗马加冕为神圣罗马帝国皇帝，被普遍视为帝国建立的标志。"③大部分学者还是将962年奥托一世加冕为罗马皇帝视为神圣罗马帝国的起点，但查理大帝加冕为皇帝为后来的神圣罗马帝国奠定了基础则是毋庸置疑的。

801年5月29日，查理大帝在博洛尼亚首次使用了他的新头衔："上帝所加冕的最和蔼的奥古斯都、伟大而平静地统治罗马帝国的皇帝、上帝恩赐的法兰克和伦巴底国王"（serenissimus Augustus a deo coronatus magnus pacificus imperator Romanum gubernans imperium, qui et per misericordiam dei rex Francorum et Langobardorum）④。

"'统治罗马帝国的皇帝'，显然是以君士坦丁堡的皇帝为参照而提

---

① 李隆国：《查理曼称帝与神圣罗马帝国的形塑》，《史学集刊》，2018年第3期，第27页。

② 马文·佩里主编：《西方文明史》上卷，胡万里等译，商务印书馆，1991年版，第271页。

③ 彼得·威尔逊：《神圣罗马帝国，1495—1806》，殷宏译，北京大学出版社，2013年版，第29页。

④ Reinhard Schneider, *Das Frankenreich*, München: R. Oldenbourg Verlag, 1995, S. 34.

出来的一个称号。”①查理大帝征服了原西罗马帝国在西欧的大部分疆域，成为事实上的统治者，并开始使用皇帝称号，但他必须面对罗马帝国正统的继承者——东罗马帝国在君士坦丁堡继续存在的事实，由此产生了一种“合法性焦虑”②。于是，查理大帝非常希望得到东罗马皇帝对自己皇帝头衔的承认。直到812年，东罗马帝国才承认了查理大帝的皇帝地位，称为他“皇帝和国王”（imperatorem et basileum）③。

813年，查理大帝在致东罗马帝国皇帝的国书中，称号是“奉圣父、圣子和圣灵之名，查理，蒙上帝仁慈之恩典，皇帝和奥古斯都、法兰克王和伦巴第王”，较之801年的称号，国书中“保留了‘奥古斯都’和‘皇帝’，去掉了‘统治罗马帝国’，与东部皇帝平起平坐”。④在查理大帝简化其头衔后，其继任者的头衔一般就是“皇帝奥古斯都”（imperator augustus）。

一、东法兰克王国

843年，查理大帝的三个孙子瓜分法兰克王国后，东法兰克王国（Regnum Francorum Orientalium）发展成为后来的德国。

911年，东法兰克王国的加洛林王朝绝嗣，加洛林王朝的支系法兰克公爵康拉德一世被选为国王。然而康拉德一世实力有限，对内无法建立一个强大的王权，对外无力抵御东部匈牙利人的入侵。918年，康拉德一世在讨伐不服从的巴伐利亚公爵阿尔努夫（Arnulfo）的战争中受伤，年底去世。据《德意志皇帝史》记载，康拉德一世临终前，劝告他的弟弟埃博哈德（Eberhard）把王位让给实力强大的萨克森公爵亨

① 李隆国：《查理曼称帝与神圣罗马帝国的形塑》，《史学集刊》，2018年第3期，第28页。

② 李隆国：《查理曼称帝与神圣罗马帝国的形塑》，《史学集刊》，2018年第3期，第29页。

③ 李隆国：《查理曼称帝与神圣罗马帝国的形塑》，《史学集刊》，2018年第3期，第30页。

④ 李隆国：《查理曼称帝与神圣罗马帝国的形塑》，《史学集刊》，2018年第3期，第30页。

利。康拉德一世说："王国的未来注定是萨克森的。"① 919 年初，埃博哈德带着国王信物（Reichskleinodien）前往萨克森找到亨利时，亨利正在捕鸟。亨利由此获得了"捕鸟者"（der Vogler/Finkler）的绰号。②

919 年 5 月，非加洛林王朝出身的萨克森公爵亨利一世被贵族们选为国王。这个王国当时"自称为东法兰克，并要求成为加洛林王国的合法代表"③。亨利一世的正式称号仍是"东法兰克国王"（Rex Francorum orientalium），而且这在 921 年他与西法兰克国王查理三世签订的条约中得到了确认。④后世有史学家将 919 年这一时间节点作为"德意志帝国（des Deutschen Reiches）的开端"⑤，而通过国号的考察，可以看出德国从东法兰克到德意志的历史延续性的一面。此外，有学者将签署《凡尔登条约》的 843 年确定为德国历史的开端。⑥还有学者认为，911 年"法兰克公爵康拉德一世的登基，标志着德国史的真正开端"⑦。目前，"更多的共识是，可能并不存在一个确切的开端日期，因为从加洛林帝国的组成部分向中世纪的德意志帝国之转变，是一个逐步延伸的过程"⑧。

---

① 威廉·吉塞布莱希特：《德意志皇帝史》第一卷，邱瑞晶译，吉林出版集团，2018 年版，第 166 页。

② Franz Xavier Joseph Schweickhardt, *Reihenfolge der Österreichischen Regenten, von Carl dem Großen bis in die neuesten Zeiten*, Band 1, Wien: Wallishausser, 1833, S. 13.

③ James Bryce, *The Holy Roman Empire*, London: Macmillan and Co., 1871, p. 123.

④ Silvester Jordan, *Lehrbuch des allgemeinen und deutschen Staatsrechts*, Cassel: J. Chr. Krieger, 1831, S. 149.

⑤ Michael Freund, *Deutsche Geschichte I*, München: C. Bertelsmann Verlag, 1979, S. 66.

⑥ 乌尔夫·迪尔迈尔等著：《德意志史》，孟钟捷等译，商务印书馆，2018 年版，第 26 页。

⑦ 玛丽·富布卢克：《剑桥德国史》，高旖嬉译，新星出版社，2017 年版，第 10~11 页。

⑧ 乌尔夫·迪尔迈尔等著：《德意志史》，孟钟捷等译，商务印书馆，2018 年版，第 26 页。

亨利一世在历史上建立的王朝被称为“萨克森王朝”，因为他是萨克森公爵；后又被称为“奥托王朝”（Ottonen），因为他的儿子奥托一世后来称帝，开创神圣罗马帝国。德语中“Dynastie”（一般译为“王朝”）一词的意思是“统治家族”（Herrschergeschlecht，Herrscherhaus），16 世纪时从希腊语引进过来。①与中国不同，德国历史上的王朝名称不是国号。在帝制时代，中国王朝的名称就是国号，如“明”“清”，而德国王朝的名称只是用来标示统治家族及其统治时间。

亨利一世登基后，巴伐利亚公爵阿尔努夫不愿服从，在 919 年被巴伐利亚人推举为国王。据《萨尔茨堡编年史》920 年的记载：“巴伐利亚人自愿服从公爵阿尔努夫，并恭请他统治德意志王国/条顿王国。”（Baiuarii sponte se reddiderunt Arnolfo duci et regnare ei fecerunt in regno teutonicorum.）② 这是“德意志王国/条顿王国”（regno teutonicorum）这一名称首次出现在史籍上，但这并非当时的正式国号。921 年，阿尔努夫被亨利一世打败后，才承认了亨利一世的权威。

936 年，亨利一世去世，他的儿子奥托一世加冕为东法兰克国王，国号仍是东法兰克王国。“德意志王国”还没有真正形成，奥托一世便戴上了“罗马人的皇冠”。此时，原本由中法兰克王国继承的皇位，转移到了东法兰克王国。随之而来的普世帝国的理念阻碍了德意志民族国家的形成。962 年，奥托一世在罗马被加冕为“皇帝奥古斯都”（imperator augustus）。这一年被普遍认为是神圣罗马帝国建立的年份。966 年，奥托一世开始使用“罗马和法兰克的皇帝奥古斯都”（imperator Romanorum augustus ac Francorum）的头衔③，强调了帝国的

---

① Dudenredaktion（Hrsg.），*Duden*，*Band 7*，*Das Herkunftswörterbuch*：*Etymologie der deutschen Sprache*，Mannheim：Dudenverlag，2007，S. 168. *Deutsches Wörterbuch von Jacob Grimm und Wilhelm Grimm*，Band 8，Leipzig：Verlag von S. Hirzel，1893，S. 1604.

② Roman Deutinger，Königswahl und Herzogserhebung Arnufls von Bayern. Das Zeugnis der älteren Salzburger Annalen zum Jahr 920，*Deutsches Archiv für Erforschung des Mittelalters*，Band 58，2002，S. 17.

③ Karl Zeumer，*Heiliges römisches Reich deutscher Nation. Eine Studie über den Reichstitel*，Weimar：Hermann Böhlaus Nachfolger，1910，S. 5.

罗马属性和统治范围，同时他也面临如何让帝位获得东罗马帝国承认的问题。

奥托一世统治期间，进军意大利，与同样对意大利有统治要求的东罗马帝国产生了矛盾，甚至爆发了战争。东罗马帝国皇帝福卡斯“甚至否定奥托拥有皇帝称号的权利，同时把他的领土要求扩大到罗马和贝内文托”①。奥托一世一方面与东罗马帝国打仗，一方面利用谈判，希望为儿子奥托二世迎娶东罗马帝国的公主。

967 年，在奥托一世的主导下，他的儿子奥托二世在罗马被教皇加冕为“共治皇帝”（Mitkaiser），与父亲开始采用同样的头衔。969 年，福卡斯去世，和平出现了转机。972 年，奥托一世与新的东罗马皇帝和解，并成功为儿子迎娶了一位东罗马公主。这次联姻“给奥托带来了拜占庭老皇权对他的帝位的承认”②。976 年，奥托二世开始采用“罗马皇帝奥古斯都”（Romanorum imperator augustus）的称号，进一步强调了帝国的罗马属性。

1024 年，萨克森王朝绝嗣。法兰克尼亚贵族康拉德二世被选为国王，他是奥托一世外孙的孙子，与前朝血缘关系较远，但这份血缘关系仍然在国王选举中发挥了重要作用。③ 1027 年，康拉德二世加冕为皇帝。这个王朝被称为“法兰克尼亚王朝”（Franken），又因其家族渊源被称为“萨利安王朝”（Salier）。

二、神圣罗马帝国

这一时期，神圣罗马帝国仍面临与东罗马帝国的关系问题，皇帝仍然渴望东罗马帝国的认可。1034 年，康拉德二世将国号改为“罗马帝

---

① 赫伯特·格隆德曼等著：《德意志史》第 1 卷上册，张载扬等译，商务印书馆，1999 年版，第 329 页。

② 赫伯特·格隆德曼等著：《德意志史》第 1 卷上册，张载扬等译，商务印书馆，1999 年版，第 330 页。

③ 赫伯特·格隆德曼等著：《德意志史》第 1 卷上册，张载扬等译，商务印书馆，1999 年版，第 385 页。

国”（Imperium Romanum）。①这“出自与东罗马帝国对抗的需要”②，表明自身是罗马帝国的继承者。由此，欧洲再次出现了两个罗马帝国。这样，西方的罗马帝国（神圣罗马帝国）皇帝对来自东罗马帝国认可的合法性依赖便减轻了很多，但同时皇帝又陷入与罗马教会的最高首领——教皇（Papst）争夺合法性与神圣性的斗争之中。

查理大帝和奥托一世的加冕使得中世纪形成了德国国王前往罗马由教皇加冕的传统。“罗马帝国”成为德国正式的国号，“罗马皇帝”成为最尊贵的头衔，这使得很多德国国王登基后，就要筹备前往罗马加冕为皇帝的事情。这改变了德国历史发展的方向，罗马皇冠成为德国的负担。“亨利二世及其继承者们，在罗马加冕之前不敢采用皇帝（Emperor）的称号，但非常渴望获得罗马的统治权，将之与德国的王权不可分割地联系在一起，并开始自称‘罗马国王’（reges Romanorum）”③。“罗马国王”这个称号在皇帝亨利四世时期被正式使用。1074年，皇帝亨利四世与教皇格里高利七世之间引发了争夺主教叙任权的斗争。格里高利七世将亨利四世称为“rex Teutonicorum”（条顿国王/德意志国王）；1075年，格里高利七世又在文件中提到了“regnum Teutonicum”（条顿王国/德意志王国）。④ 教皇以此来否定德国的帝国地位和它与罗马的政治联系，使其地位低于罗马教廷。1076年，亨利四世宣布废黜教皇格里高利七世（1073—1085年在位），但未能成功。格里高利七世反过来将亨利四世革除教籍，宣布解除德国封臣对他的效忠。德国诸

① Otto Brunner, Werner Conze & Reinhart Koselleck (Hrsg.), *Geschichtliche Grundbegriffe: Historisches Lexikon zur politisch-sozialen Sprache in Deutschland*, Band 5, Stuttgart: J. G. Gotta'sche Buchhandlung Nachfolger GmbH, 2004, S. 438.

② 戚国淦：《中译本序言》，收录于詹姆斯·布赖斯：《神圣罗马帝国》，孙秉莹等译，商务印书馆，2016年版，第7页。

③ James Bryce, *The Holy Roman Empire*, London: Macmillan and Co., 1871, p. 401.

④ Otto Brunner, Werner Conze & Reinhart Koselleck (Hrsg.), *Geschichtliche Grundbegriffe: Historisches Lexikon zur politisch-sozialen Sprache in Deutschland*, Band 5, Stuttgart: J. G. Gotta'sche Buchhandlung Nachfolger GmbH, 2004, S. 439.

侯为了削弱亨利四世的权力，乘机反叛，另选国王。1076年底至1077年初，亨利四世不得不来到意大利北部的卡诺莎城堡，请求格里高利七世的赦免。格里高利七世赦免亨利四世后，亨利四世才恢复了合法的国王地位。“卡诺莎之行”（Gang nach Canossa）是德国中世纪政教关系的一个关键性事件，教皇首次成为合法国王的裁判者。政教关系的斗争在国号和国王头衔的称呼中也体现出来了。

霍亨斯陶芬王朝腓特烈一世（Friedrich Ⅰ）皇帝在位期间，与罗马教皇再次进行了激烈的斗争。腓特烈一世于1152年被选为国王，1154年率军前往罗马。1155年6月8日，腓特烈一世在罗马城北的苏特里会见教皇哈德里安四世，不愿意按照惯例为哈德里安四世牵马，“因为这种服务表示国王是依附于教皇的封臣”①。经过反复谈判，腓特烈一世才赞同“‘由于对圣徒彼得和保罗的敬重’做一个象征性的姿态，他明确地指出，就是做了牵马扶镫的礼节，与一个附庸向领主做政治服务毫无关系”②。6月18日，哈德里安四世在罗马圣彼得教堂将腓特烈一世加冕为皇帝。但苏特里事件仍为未来的政教冲突埋下了种子。从苏特里事件可以看出，腓特烈一世非常看重皇帝与教皇的平等关系以及交往中的象征性内容，这也是腓特烈一世统治时期采用在含义上与教会对等的新国号的重要原因。

1157年10月，腓特烈一世在贝桑松召开帝国会议，教皇哈德里安四世的代表宣布了教皇写给腓特烈一世的信，提醒是教皇“把帝国的全部权力交给他”③。这引起了皇帝一方的极大不满。为了强调帝国权力直接来自上帝的神圣性，并以此与罗马教会对抗，1157年，腓特烈

① 赫伯特·格隆德曼等著：《德意志史》第一卷上，张载扬等译，商务印书馆，1999年版，第505页。

② 阿·米尔：《德意志皇帝列传》，李世隆等译，东方出版社，1995年版，第140页。

③ 赫伯特·格隆德曼等著：《德意志史》第一卷上，张载扬等译，商务印书馆，1999年版，第511页。

一世皇帝在公文中使用了“神圣帝国”（sacrum imperium）的称号。①此后，帝国公文中将国号书写为“罗马帝国”和“神圣帝国”。后来这两种国号结合起来，形成“神圣罗马帝国”（sacrum Romanum imperium）的称呼。目前发现最早的确定记录在1184年。②在中世纪政教斗争的背景下，“‘神圣罗马帝国’这一名称是‘神圣天主教会’（Holy Catholic Church）这一名称必需的和合法的对应物”③。

“神圣罗马帝国”这一国号形成之后，“神圣帝国”和“罗马帝国”等国号仍在使用，如1438年阿尔布莱希特二世国王颁布的《和平条例》中，使用了“神圣帝国”（H. Reichs）④ 的国号，又如1718年皇帝查理六世在给勃兰登堡选侯的一份文件中继续使用了“神圣帝国”（Heiligen Reich）的国号。⑤可见，这个国号一直使用到18世纪。1806年，神圣罗马帝国灭亡，皇帝弗兰茨二世的《退位诏书》中仍使用了“罗马帝国”这个国号。⑥

这表明中世纪德国的国号存在着不稳定性，依次出现的“罗马帝国”“神圣帝国”“神圣罗马帝国”等国号并非替代的关系，而是根据需要和惯例同时使用，直至帝国灭亡。

腓特烈一世在位期间，6次进军意大利。由于他的胡子是红色的，

① Otto Brunner, Werner Conze & Reinhart Koselleck（Hrsg.），*Geschichtliche Grundbegriffe: Historisches Lexikon zur politisch-sozialen Sprache in Deutschland*, Band 5, Stuttgart: J. G. Gotta'sche Buchhandlung Nachfolger GmbH, 2004, S. 442.

② Karl Zeumer, *Heiliges römisches Reich deutscher Nation. Eine Studie über den Reichstitel*, Weimar: Hermann Böhlaus Nachfolger, 1910, S. 14.

③ James Bryce, *The Holy Roman Empire*, London: Macmillan and Co., 1871, p. 201.

④ *Neue und vollständigere Sammlung der Reichs-Abschiede*, Frankfurt a. M.: Ernst August Koch, 1747, S. 157.

⑤ Johann Jacob Moser（Hrsg.）: *Diplomatisches Archiv des XIIX. Jahrhunderts*, Frankfurt a. M.: Verlag Reinhard Eustachii Möllers, 1743, S. 229.

⑥ Erklärung des Kaisers Franz Ⅱ. über die Niderlegung der deutschen Kaiserkrone. -1806, Aug. 6. in: Karl Zeumer（Hrsg.），*Quellensammlung zur Geschichte der Deutschen Reichsverfassung in Mittelalter und Neuzeit*, Band 2, Tübingen: Verlag von J. C. B. Mohr, 1913, S. 539.

意大利人称他为“Barbarossa”，意思是“红胡子”，一般也音译为“巴巴罗萨”。

1254年，霍亨斯陶芬王朝的末代国王康拉德四世去世，其幼子康拉丁未能继承王位。德国进入“大空位时代”（Interregnum），国内没有公认的君主。1257年，七大诸侯选举出两位外国贵族担任国王——英国的理查与卡斯蒂尔的阿方斯，虽然两名国王都没有得到普遍承认，但这次选举后，德国形成了七大诸侯选举国王的惯例。这七名诸侯被称为选侯（Kurfürst），分别是美因茨大主教、科隆大主教、特里尔大主教、萨克森公爵、勃兰登堡边境伯爵、普法尔茨伯爵和波希米亚国王。“‘选侯’只有资格选出德意志王国的国王，该国王经教皇加冕后才成为皇帝，因此以前译成‘选帝侯’是不恰当的。”① 1356年，皇帝查理四世颁布《金玺诏书》（*Goldene Bulle*），正式确立了选侯制度。

直到1273年，哈布斯堡家族的鲁道夫一世被选为国王，才结束了大空位时代。为了获取教皇的支持，鲁道夫一世放弃了霍亨斯陶芬王朝在意大利的扩张政策和对意大利的统治要求，这使得帝国的统治区域集中于德意志地区，有利于德意志民族意识的形成。

三、德意志民族神圣罗马帝国

14世纪起，在欧洲民族国家兴起的背景下，神圣罗马帝国的统治阶层开始强调帝国的德意志属性。1342年，美因茨大主教在一封信中，称自己的头衔为“在德意志兰的神圣罗马帝国的最高宰相”（des heiligen Romischen Richs in tutschen landen obrister cantzler）②。这个用法强调了“神圣罗马帝国”位于“德意志兰”这个地方。1409年，帝国

---

① 郑寅达：《德国史》，人民出版社，2014年版，第79页。

② Dietrich Busse, Hailig Reich, Teutsch Nacion, Tutsche Lande: Zur Geschichte kollektiver Selbstbezeichnungen in frühneuhochdeutschen Urkundentexten, in: Dietrich Busse etc. (Hrsg.): *Begriffsgeschichte und Diskursgeschichte. Methodenfragen und Forschungsergebnisse der historischen Semantik*, Opladen: Westdeutscher Verlag, 1994, S. 273.

文献中出现了“所有德意志邦国的神圣帝国”（dem heilgin riche allen Dutschen landen）① 的用法。

1442 年，国王腓特烈三世在法兰克福帝国会议中颁布的《帝国和平条例》（*Reichslandfriede*）中提及“任何时候向神圣罗马帝国和德意志邦国（dem heiligen Romischen Reich und Dewtschen Landen）交古尔登金币和银币时必须交大规格的”②。这里的“Dewtschen Landen”作为民众缴纳赋税的对象，是政治意义的邦国，且与神圣罗马帝国并列。

1452 年，腓特烈三世在罗马加冕为皇帝。1474 年 1 月 3 日，在赫尔曼伯爵写给皇帝腓特烈三世的臣服书（Gehorsams-Revers）中首次出现了“德意志民族神圣罗马帝国”(heilgen Romisschen rych der Duytschen nacioin）这一称号，在文中与“神圣罗马帝国”（dem heilgen Romisschen rych）交替使用。③可见，这一用法此时还不固定，且是由贵族而非皇帝使用，还不能称为国号。1486 年，在皇帝腓特烈三世颁布的诏令中，提及“德意志民族的整个罗马帝国”（das ganze Römische Reiche Teutscher Nation）④。1474 年臣服书和 1486 年诏令的用法中用表达所属关系的第二格取代了之前的并列用法，使得德意志民族与帝国的关系更为紧密。1497 年，国王马克西米连一世在沃尔姆斯颁布的《帝国议会决议》中将国号称为“德意志民族神圣帝国”（des hailigen Reichs teutscher Nation）。⑤ 1508 年，马克西米连一世试图前往罗马加冕

① Otto Brunner, Werner Conze & Reinhart Koselleck（Hrsg.）, *Geschichtliche Grundbegriffe*: *Historische Lexikon zur politisch-sozialen Sprache in Deutschland*, Band 5, Stuttgart: J. G. Gotta'sche Buchhandlung Nachfolger GmbH, S. 454.

② Karl Zeumer, *Heiliges römisches Reich deutscher Nation. Eine Studie über den Reichstitel*, Weimar: Hermann Böhlaus Nachfolger, 1910, S. 17.

③ Joseph Chmel（Hrsg.）, *Actenstücke und Briefe zur Geschichte des Hauses Habsburg im Zeitalter Maximilian's I*, Band 1, Wien: Aus der kaiserlich-königlichen Hof- und Staatsdruckerei, 1854, S. 390-391.

④ Karl Zeumer, *Heiliges römisches Reich deutscher Nation. Eine Studie über den Reichstitel*, Weimar: Hermann Böhlaus Nachfolger, 1910, S. 18.

⑤ Karl Zeumer, *Heiliges römisches Reich deutscher Nation. Eine Studie über den Reichstitel*, Weimar: Hermann Böhlaus Nachfolger, 1910, S. 18-19.

没有成功，在教皇尤利乌斯二世允许下获得“当选皇帝”（Imperator electus）的称号，此后皇帝都使用这个头衔，未在罗马加冕，这“标志着德国脱离了罗马”①。1512 年，皇帝马克西米连一世在科隆颁布的《帝国议会决议》中写道：“上帝赞扬和保全我们的神圣信仰、神圣教会、教皇的神圣性和德意志民族神圣罗马帝国（des Heiligen Römischen Reichs Teutscher Nation）。”②于是，经过多次累加之后，德国国号变为“德意志民族神圣罗马帝国”（Heiliges Römisches Reich deutscher Nation），强调了国家的德意志民族属性，但“德意志”在国号中只是一个辅助性的修辞部分。德国学者汉斯·舒尔策（Hans Schulze）认为：“它既意味着将德意志帝国限制于阿尔卑斯山以北的德国地区，又意欲强调德国是整个神圣罗马帝国的肩负者。”③还有观点认为，“德意志民族”这个定语表示一种限制，即对正在形成中的德意志以外的欧洲民族国家的承认。④

就在“德意志民族神圣罗马帝国”这个国号确立后不久，1517 年，德国爆发了宗教改革运动。1520 年，马丁·路德在批判天主教会的檄文《致德意志民族基督教贵族书》中写道：“我们自以为做了主人，却成为最狡猾的暴君的奴仆；我们拥有帝国的名号、头衔和纹章（namen, titel unnd wapen），教皇却拥有帝国的财富、权力和自由；教皇食其果核，我们只能玩弄空壳。”⑤路德意识到“德意志民族神圣罗马帝国”名实不符，政治上受到罗马教皇的干涉，空有帝国的国号、皇帝头衔等，帝国如同一个“空壳”。

---

① James Bryce, *The Holy Roman Empire*, London: Macmillan and Co., 1871, p. 316.

② Karl Zeumer, *Heiliges römisches Reich deutscher Nation. Eine Studie über den Reichstitel*, Weimar: Hermann Böhlaus Nachfolger, 1910, S. 19.

③ 蒋劲松：《德国代议制》第一卷，中国社会科学出版社，2009 年版，第 40 页。

④ 蒋劲松：《德国代议制》第一卷，中国社会科学出版社，2009 年版，第 41 页。

⑤ Martin Luther, *D. Martin Luthers Werke. Kritische Gesamtausgabe*, Band 6, Weimar: Verlag Hermann Böhlaus Nachfolger, 2003, S. 464.

由于中世纪后期帝国四分五裂，皇权虚弱，1756 年，法国启蒙思想家伏尔泰曾有个著名的评价："这个国家过去称为神圣罗马帝国，现在还是这样称呼，但它既不是神圣的，也不是罗马的，更不是什么帝国。"①

三十年战争后，神圣罗马帝国进入邦国时代，其中最大的两个邦国，一个是普鲁士，一个是奥地利。1701 年 1 月 18 日，普鲁士王国（Königreich Preußen）在科尼斯堡建立，霍亨佐伦家族（Hohenzollern）的勃兰登堡选侯腓特烈三世加冕为普鲁士国王（König in Preußen），称腓特烈一世。"普鲁士"（Preußen）一词源于当地的土著居民普鲁士人（Prußen）。12 世纪，德意志骑士团应波兰马佐维亚公爵的邀请征服普鲁士后，留在当地，建立了一个骑士团国家，这个国家被称为"普鲁士"。"征服者采用了被征服者的名字——那是个相当奇特，在历史上难得一见的现象。"② 1525 年，宗教改革期间，来自霍亨佐伦家族的团长阿尔布莱希特将骑士团国家改为普鲁士公国（Herzogtum Preußen）。在统治勃兰登堡的霍亨佐伦家族的努力下，1618 年，普鲁士公国与勃兰登堡合并，成为普鲁士王国的基础。1701 年普鲁士王国的建立使得"普鲁士"

> 从一个地区与部族的名称变成了国号……从这个时候开始，"普鲁士人"便不再局限于东普鲁士人和西普鲁士人，此外还包括勃兰登堡人、波美拉尼亚人和西里西亚人，接着再加上莱茵兰和西发利亚的百姓。后来逐渐更有超过三分之二的德国人也全部成为普鲁士人了。③

① 伏尔泰：《风俗论》中册，梁守锵等译，商务印书馆，1997 年版，第 150 页。

② 塞巴斯蒂安·哈夫纳：《不含传说的普鲁士》，周全译，北京大学出版社，2016 年版，第 11 页。

③ 塞巴斯蒂安·哈夫纳：《不含传说的普鲁士》，周全译，北京大学出版社，2016 年版，第 12 页。

“奥地利”（Österreich）这个名称来自996年神圣罗马帝国皇帝奥托三世颁布的一份文件中提及的“Ostarrichi”①，意思是“东方的土地”或“东部边疆”，因为奥地利原是10世纪时德意志人从巴伐利亚向东南方向开拓的新边疆。奥地利最初是一个边境伯爵领地，从属于巴伐利亚公爵领地。1156年，奥地利被皇帝红胡子腓特烈提升为公爵领地。1273年，哈布斯堡家族的鲁道夫一世被选为国王。1278年起，奥地利成为哈布斯堡家族的世袭领地。15世纪30年代起，哈布斯堡家族长期担任皇帝，使得奥地利成为帝国最强大的邦国之一。

由于“德意志民族神圣罗马帝国”这一国号非常冗长，18世纪，开始出现一些简称。1753年出版的一本法学词典中写道：“罗马-德意志帝国（*Röm. Teutschen Reichs*）的基本法律，即《金玺诏书》。”②18世纪，有法学家在给奥地利大公约瑟夫二世讲授国家法时，使用了“德意志帝国”（dem Deutschen Reich）的说法。③在随后的历史发展过程中，“德意志帝国”成为“德意志民族神圣罗马帝国”的主要简称。

“德意志帝国”这一概念在文学界也常被使用。如1795年至1796年，歌德和席勒合作创作了很多讽刺性的短诗（Xenien），其中有一首题为《德意志帝国》（*Das deutsche Reich*）的短诗中写道：

> 德国（Deutschland），它在哪里？
> 我找不到那块地方。
> 学术上的德国从何处开始，

① Elisabeth Lichtenberger, *Österreich*, Darmstadt: Wissenschaftliche Buchgesellschaft, 2002, S. 5.

② Otto Brunner, Werner Conze & Reinhart Koselleck (Hrsg.), *Geschichtliche Grundbegriffe: Historisches Lexikon zur politisch-sozialen Sprache in Deutschland*, Band 5, Stuttgart: J. G. Gotta'sche Buchhandlung Nachfolger GmbH, 2004, S. 477.

③ Otto Brunner, Werner Conze & Reinhart Koselleck (Hrsg.), *Geschichtliche Grundbegriffe: Historisches Lexikon zur politisch-sozialen Sprache in Deutschland*, Band 5, Stuttgart: J. G. Gotta'sche Buchhandlung Nachfolger GmbH, 2004, S. 479.

政治上的德国就在何处结束。①

当时德国四分五裂，未能形成一个统一的国家，民众以各邦的人自居，这甚至使得“德国”作为地名都失去了载体，以至于诗中说“我找不到那块地方”。“德国”成为一个学术概念，政治上的统一则遥遥无期。这首短诗以“德意志帝国”为题，表达了希望德国早日完成统一，建立德意志的民族国家的渴望。

1797 年，诗人克里斯托夫·维兰德（Christoph Wieland）在《论德意志共同意识和民族精神的普遍缺乏》（Der allgemeine Mangel deutschen Gemeinsinns und Nationalgeistes）一文中分析了当时德国人缺乏共同体意识的问题，其中写道：“如果一个人仔细走遍德意志帝国（das Deutsche Reich），逐渐会认识奥地利人、勃兰登堡人、萨克森人、普法尔茨人、巴伐利亚人、黑森人、符腾堡人……但看不到德国人（Deutschen）。”②“德意志帝国”在这里成为地理称谓。直到德国统一，“德意志帝国”才成为国号。

从歌德、席勒和维兰德的作品中都可以感受到他们在称呼德意志国名时的一种危机感。这种危机感的产生正值法国大革命期间。1789 年，法国大革命爆发，很快强烈冲击到了神圣罗马帝国的统治秩序。1792 年，法国占领美因茨等莱茵河西岸地区，美因茨大主教出逃。1793 年 3 月，在法国的支持下，美因茨成立“美因茨共和国”（Mainzer Republik），并宣布脱离帝国，这是德国历史上第一个资产阶级共和国。7 月 24 日，普鲁士军队攻占美因茨，共和国失败。

1804 年 8 月 11 日，神圣罗马帝国末代皇帝弗兰茨二世宣布建立奥

① Friedrich Schiller, *Schillers Sämmtliche Schriften*, historisch-kritsche Ausgabe, erster Theil, Stuttgart: Verlag der J. G. Gotta'schen Buchhandlung, 1871, S. 110. 译文参见丁建弘：《德国通史》，上海科学院出版社，2002 年版，第 1 页。译文略有改动。

② Christoph Wieland: *C. M. Wielands Sämmtliche Werke*, Band 21, Leipzig: Verlag von Georg Joachim Gdschen, 1840, S. 553.

地利帝国（Kaisertum Österreich），加冕为奥地利皇帝，称弗兰茨一世。背景是拿破仑在1799年掌握法国政权后，对神圣罗马帝国虎视眈眈，称帝野心日益明显，神圣罗马帝国面临灭亡的危险。

1804年5月18日，法国参议院宣布拿破仑为法兰西帝国皇帝，即拿破仑一世，12月2日举行加冕仪式，由此建立法兰西第一帝国。1805年12月26日，法国打败奥地利后，迫使皇帝弗兰茨二世签订《普雷斯堡条约》，弗兰茨二世被迫同意巴伐利亚和符腾堡升格为王国，使它们逐步脱离帝国，进入法国的掌控之下。《普雷斯堡条约》第七条规定："巴伐利亚和符腾堡选侯采用国王头衔，不终止它们作为德意志邦联成员（Glieder des deutschen Bundes）的身份。德国和奥地利皇帝（Kaiser von Deutschland und Oesterreich）陛下认可他们的头衔。"①弗兰茨二世在条约中的头衔为"德国和奥地利皇帝"，以此表明他作为神圣罗马帝国皇帝和奥地利帝国皇帝的双重身份，Deutschland在此指代神圣罗马帝国，已经具有了政治性的内涵。条约中将神圣罗马帝国称为Deutscher Bund，法语版对应的是Confédération germanique（日耳曼邦联），这表明法国未将神圣罗马帝国看作一个国家实体，而只是一个邦联。这一称呼被认为是"挑衅性的"。②

四、莱茵邦联与神圣罗马帝国的终结

为了削弱德国的力量，并使之为己所用，法国皇帝拿破仑一世决定肢解神圣罗马帝国。在拿破仑一世的威逼利诱下，1806年7月12日，巴登、符腾堡、巴伐利亚等16个邦国与法国外长塔列朗在巴黎签订了《莱茵邦联文件》（*Konföderations-Akte der rheinischen Bundes-Staaten*），组建了莱茵邦联（Rheinische Bundesstaaten，简称为Rheinbund）。《莱茵

① Der Friede von Preßburg, in: Walter Demel und Uwe Puschner (Hrsg.), *Deutscher Geschichte in Quellen und Darstellung*, *Band* 6, *Von den Französischen Revolution bis zum Wiener Kongreß* 1789-1815, Stuttgart: Philipp Reclam jun., 1995, S. 46.

② Otto Brunner, Werner Conze & Reinhart Koselleck (Hrsg.), *Geschichtliche Grundbegriffe: Historisches Lexikon zur politisch-sozialen Sprache in Deutschland*, Band 1, Stuttgart: J. G. Gotta'sche Buchhandlung Nachfolger GmbH, 2004, S. 653.

邦联文件》第一条写道：

> 巴伐利亚国王、符腾堡国王……将与德意志帝国（des deutschen Reichs）的疆域永久分离，组建一个特别的邦联，名称为“莱茵邦联”（Rheinische Bundesstaaten）。①

“莱茵邦联”（Rheinbund）这一名称具有丰富的内涵。“Rhein”一词可能起源于古代的凯尔特语“Reno”，最早是“流动”和“河流”的意思②，后成为莱茵河的专称。莱茵河（Rhein）发源于瑞士的阿尔卑斯山区，流经德国、法国等国，在荷兰流入北海，全长 1232 公里，其中约 865 公里在德国境内，被德国人称为“父亲河”（Vater Rhein）。在古代，莱茵河是古罗马帝国与日耳曼人对峙的边界河流，罗马人在莱茵河流域建立了特里尔、科隆等著名城市。莱茵河地区一直是德国经济文化最发达的区域，中世纪的美因茨、科隆和特里尔三大主教选侯区均位于这一地区。这一地区也是法德两国在历史上争夺的焦点。法国关于天然边界的梦想就是以莱茵河作为德国和法国的边界。

“Bund”一词在德语中的起源是“binden”（捆绑、扎紧），出现在 13 世纪后半期，在政治领域有联盟（Liga/Bündnis/Union）、邦联（Staatenbund/Konföderation）和联邦（Bundesstaat/Föderation）等多重含义。③德国历史上曾经有一些地区同盟，如 1658 年成立的“莱茵同盟”（Rheinischer Bund），也被称为“Rheinische Allianz/Rheinbund”（莱茵同盟）和“Der erste Rheinbund”（第一次莱茵同盟），“Rheinbund”与

---

① Rheinbundakte, in: Walter Demel und Uwe Puschner (Hrsg.), *Deutscher Geschichte in Quellen und Darstellung*, Band 6, *Von den Französischen Revolution bis zum Wiener Kongreß* 1789-1815, Stuttgart: Philipp Reclam jun., 1995, S. 109.

② *Deutsches Wörterbuch von Jacob Grimm und Wilhelm Grimm*, Band 8, Leipzig: Verlag von S. Hirzel, 1893, S. 853.

③ 参见 Otto Brunner, Werner Conze & Reinhart Koselleck (Hrsg.), *Geschichtliche Grundbegriffe: Historisches Lexikon zur politisch-sozialen Sprache in Deutschland*, Band 1, Stuttgart: J. G. Gotta'sche Buchhandlung Nachfolger GmbH, 2004, S. 583-671.

1806年莱茵邦联的简称相同。为了对抗哈布斯堡家族的皇帝，1658年8月14日，美因茨大主教、科隆大主教、布伦瑞克-吕讷堡公爵等帝国诸侯等组建了莱茵同盟，要求严格执行保障诸侯权力的《威斯特伐利亚条约》；次日，法国国王路易十四也加入了同盟。在法国的支持下，莱茵同盟存在到1668年。又如1488年施瓦本地区的城市、诸侯领主在皇帝腓特烈三世的支持下成立的施瓦本同盟（Der Schwäbische Bund），抵御外部的威胁。

邦联是指

> 两个或两个以上国家为了达到军事、贸易或其他共同目的而组成一种国家联合……成员国各自保持内政和外交上的独立。无全邦联的立法、行政机构，无统一的军队、赋税、预算、国籍等。主要机关是邦联的议会或成员国首脑会议，活动限于特定的方面，其决议须经有关成员国批准才能生效。①

联邦则是一个各邦组成的统一国家，各邦在内政上享有一定的自治权力，将外交、军事权力让渡给联邦，在联邦层面有最高的立法、行政和司法等机构，联邦是国际法主体。

莱茵邦联后来增加到38个邦国，囊括了普鲁士和奥地利之外几乎所有的德意志邦国。各邦在加入莱茵邦联后，在立法、司法和军事等领域仍拥有主权。从制度安排来看，它主要是一个邦联。但它也有一些联邦性质的元素，如《莱茵邦联文件》第7条要求各邦不得与邦联成员国之外的国家建立同盟，以此剥夺了成员国的外交权。邦联还试图通过一些法律，加强集权，有追求成为“联邦”的想法。

莱茵邦联在美茵河畔的法兰克福设立邦联议会（Bundestag/Bundes-Versammlung）。邦联议会主席也被称为邦联首脑（Fürstprimas），由美因茨大主教查理·特奥多尔·冯·达尔贝格（Karl Theodor von

① 夏征农、陈至立主编：《辞海》，上海辞书出版社，2010年版，第74页。

Dalberg）担任。莱茵邦联以拿破仑为护国主（Bundesprotektor），成为法国的附属国。莱茵邦联各邦国有向拿破仑提供军队作战的义务。《莱茵邦联文件》第38条规定，每个邦国都要为法国提供定额的兵员，如巴伐利亚王国30000名、符腾堡王国12000名、巴登大公国8000名。①同时，莱茵邦联在内政上享有很大的自主权，在法国的影响下，实施了资产阶级的改革；同时通过领土合并重组，减少了邦国的数量，在这个意义上促进了德国的统一。

1806年8月1日，莱茵邦联发表《莱茵邦联各国脱离神圣罗马帝国的宣言》，宣布脱离神圣罗马帝国。这一文件中写道：

> 从现在起，所有关于共同的祖国（Vaterlande）和利益的概念不可避免地消失了。帝国战争（Reichskrieg）和帝国和平（Reichsfrieden）等表达方式变为无效。在德意志的帝国实体（deutschen Reichskörper）中寻找德国（Deutschland）将是徒劳的。②

这个宣言表明，“Deutschland”与“Reich”（帝国、国家）和“Vaterland”（祖国）等词汇有着深刻的关联，从而具有了成为国号的基础。但此时却因为帝国解体和国家的四分五裂，“Deutschland”仍然只是一个地理名词。这个宣言并不得人心，共同的“祖国”等观念并没有随着神圣罗马帝国的解体而消失，相反，在拿破仑战争期间，普鲁士、奥地利等德意志邦国多次被拿破仑打败，德国的民族主义思潮由此兴起。

---

① Rheinbundakte, in: Walter Demel und Uwe Puschner (Hrsg.), *Deutscher Geschichte in Quellen und Darstellung*, *Band* 6, *Von den Französischen Revolution bis zum Wiener Kongreß* 1789-1815, Stuttgart: Philipp Reclam jun., 1995, S. 112.

② Erklärung der Rheinbundes-Staaten über ihren Austritt aus dem Reiche, 1. August 1806, in: Karl Zeumer (Hrsg.), *Quellensammlung zur Geschichte der Deutschen Reichsverfassung in Mittelalter und Neuzeit*, Band 2, Tübingen: Verlag von J. C. B. Mohr, 1913, S. 537.

莱茵邦联的组建，使得神圣罗马帝国形同解体。1806 年 8 月 6 日，神圣罗马帝国皇帝弗兰茨二世在维也纳宣布退位。之后，他继续作为奥地利帝国皇帝弗兰茨一世，统治到 1835 年。他在《退位诏书》中宣布：

> 鉴于时局，朕宣布，将解开朕与德意志帝国的国家实体（Staatskörper des deutschen Reichs）连接的纽带，朕作为帝国元首的职责和头衔因莱茵邦联（conföderirten rheinischen Stände）的建立而消除，朕对德意志帝国（das deutsche Reich）承担的义务将被解除，因此，朕将于此刻取下佩戴至今的皇冠，解散领导的皇室政府……于朕继承世袭的罗马帝国（Reiche des Römischen）十五年。①

弗兰茨二世皇帝的《退位诏书》中，最后一次使用了“当选罗马皇帝”（erwählter römischer Kaiser）② 的头衔。诏书中使用了“罗马帝国”这一自 1034 年开始使用的国号，并多次使用“德意志帝国”这个称号作为“德意志民族神圣罗马帝国”这一国号的简称，但没有完整地使用“神圣罗马帝国”这一国号。这表明“神圣罗马帝国”这一国号在当时影响力已经很低，如同其虚弱的国家实力。

第二节　从德意志邦联到德意志国

1813 年 10 月，普鲁士、奥地利联合俄国、瑞典等国在莱比锡打败拿破仑。11 月 4 日，莱茵邦联随之解体。1814 年 3 月 31 日，普鲁士等

---

① Erklärung des Kaisers Franz Ⅱ. über die Niderlegung der deutschen Kaiserkrone. -1806, Aug. 6. in: Karl Zeumer (Hrsg.), *Quellensammlung zur Geschichte der Deutschen Reichsverfassung in Mittelalter und Neuzeit*, Band 2, Tübingen: Verlag von J. C. B. Mohr, 1913, S. 538-539.

② Erklärung des Kaisers Franz Ⅱ. über die Niderlegung der deutschen Kaiserkrone. -1806, Aug. 6. in: Karl Zeumer (Hrsg.), *Quellensammlung zur Geschichte der Deutschen Reichsverfassung in Mittelalter und Neuzeit*, Band 2, Tübingen: Verlag von J. C. B. Mohr, 1913, S. 538.

反法同盟的军队攻占巴黎。1814年5月30日，普鲁士、奥地利等国与法国在巴黎签订了《巴黎和约》，其中第6条规定："德意志邦国保持独立，并通过一个联邦性质的纽带联合在一起。"(Die Staaten Deutschlands werden unabhängig und durch ein föderatives Band vereiniget seyn.)①这为接下来维也纳会议如何处理德国问题确定了基调。

1814年9月至1815年6月，欧洲列强在维也纳召开会议，讨论战后秩序和德国问题，会议由奥地利外交大臣梅特涅主持。维也纳会议坚持"正统原则"，决定恢复欧洲的旧秩序。德国问题主要是处理1806年神圣罗马帝国解体后，德意志国家如何重建的难题。

一、德意志邦联

拿破仑战争期间，德国的民族主义思潮兴起，建立一个统一的民族国家成为德国人的迫切需求。但打败拿破仑后，德意志各邦君主却仍然希望独自统治各自的邦国，拒绝成立联邦制的统一国家，因为这会削弱君主们的权力。如奥地利当时统治了匈牙利、捷克斯洛伐克等大量非德意志的领土，害怕建立德意志的民族统一国家会危及自身的统治。巴伐利亚在1806年升格为王国，拒绝削弱自己的权力，"抵制一切联邦制(bundesstaatlich)倾向"②。"梅特涅和普鲁士的政治家从一开始就达成共识：'建立一个国家间的邦联才是唯一可能的。'"③英国、法国、俄国等列强的态度也非常重要，它们都希望德国成为一个松散的邦联，不希望德国成为一个统一的强大国家。在这种背景下，成立一个德意志各邦组成的邦联成为各国君主的共识。

1814年9月维也纳会议期间，普鲁士首相卡尔·奥古斯特·冯·

---

① Der erste Friede von Paris, in: Walter Demel und Uwe Puschner (Hrsg.), *Deutsche Geschichte in Quellen und Darstellung*, *Band* 6, *Von der Französichen Revolution bis zum Wiener Kongreß* 1789-1815, Stuttgart: Philipp Reclam jun., 1997, S. 74.

② 蒋劲松：《德国代议制》第一卷，中国社会科学出版社，2009年版，第204页。

③ 蒋劲松：《德国代议制》第一卷，中国社会科学出版社，2009年版，第203页。

哈登堡（Karl August von Hardenberg）向梅特涅提交了一份宪法草案，主要内容是关于“政治联邦的实体，以 teutscher Bund 命名”（politischen föderativen Körper, der den Namen teutscher Bund führt）①，希望建立一个联邦制的国家。维也纳会议采纳了哈登堡的名称建议，但在制度上建立的是一个松散的邦联。

1815 年 6 月 9 日，维也纳会议通过了《德意志邦联文件》（Die Deutsche Bundesakte，下文简称《邦联文件》）。根据《邦联文件》，德意志邦国成立了德意志邦联（Der deutsche Bund）。邦联由 35 个君主国和 4 个自由城市（汉堡、不来梅、吕贝克和法兰克福）组成，其中有 3 个外国君主，分别是兼任汉诺威国王的英国国王、兼任荷尔斯泰因公爵的丹麦国王和兼任卢森堡大公的尼德兰国王。《邦联文件》第 2 条规定：德意志邦联的目标是“维护德国的内外和平，保障德意志各邦国（deutschen Staaten）的独立和不受侵犯”②。德意志邦联在美茵河畔的法兰克福设立了邦联议会（Bundesversammlung），由奥地利担任主席。邦联议会由各邦政府委派代表参加。邦联没有设立行政和司法机关。在邦联内，各邦地位平等，邦国保留各自的主权和外交权。德意志邦联在制度设计上，满足了君主们维持自身独立统治的要求，但这违背了当时建立统一的民族国家的历史潮流。德意志邦联在回应历史潮流的过程中，自身也开始发生改变。

德意志邦联承担了维持德国国内秩序的职责，包括镇压革命。1819 年，德意志邦联的邦联议会通过《卡尔斯巴德决议》，取缔大学生联合会，实施新闻审查制度，调查革命活动等。1820 年，邦联议会通过《邦联补充文件》（*Bundes-Supplementar-Akte*），加强了邦联的权力，如第 52 条规定向各邦收取税款。1821 年，邦联议会通过《德意志邦联战

---

① Heinrich Triepel, *Die Reichsaufsicht, Untersuchungen zum Staatsrecht des Deutschen Reiches*, Heidelberg: Springer-Verlag, 1917, S. 36.

② Die Deutsche Bundesakte, in: Wolfgang Hardtwig und Helmut Hinze（Hrsg.）, *Deutsche Geschichte in Quellen und Darstellung, Band 7, Vom Deutschen Bund zum Kaiserreich 1815-1871*, Stuttgart: Philipp Reclam jun., 2000, S. 37.

争法基本规定》（*Grundzüge der Kriegsverfassung des Deutschen Bundes*），就设立邦联军队进行了详细规定。

德意志邦联是各方妥协的产物，是一个矛盾的存在。各邦君主为了维持独立而设立邦联，这种邦联体制不符合人民的呼声和时代的潮流，从而引发了革命，而为了镇压革命，邦联逐步增加了权力，开始具有联邦制的因素，但这远未达到成为统一国家的地步。而且，这种联邦制的实施要“借助于两个最强大的邦即奥地利和普鲁士的强力，邦联自己并没有力量维护邦联宪法和法律”①。因此，德意志邦联并不是国家，而只是一个松散的联盟，德国仍然是一个四分五裂的国家。只有在符合普鲁士和奥地利等大邦利益的前提下，才能借助它们的力量，维护德意志国家的整体利益。整体而言，“德意志邦联是具有联邦制要素的邦联”②。

德意志邦联在某些方面履行了中央政府的职责，但这并不符合德意志民众的需求。1848 年 3 月，德国爆发了争取统一与自由的革命。革命期间，德意志各邦国选举代表组成的国民议会在法兰克福的保罗教堂召开，提出了建立“德意志帝国”（Das deutsche Reich）的设想，这写进了 1849 年 3 月起草完成的《德意志帝国宪法》（*Verfassung des deutschen Reichs*，后来通称《保罗教堂宪法》〈*Paulskirchenverfassung*〉或《法兰克福宪法》〈*Frankfurter Reichsverfassung*〉）。《宪法》第一条规定：“德意志帝国由目前德意志邦联的领土组成。”（Das deutsche Reich besteht aus dem Gebiet des bisherigen deutschen Bundes.）③国民议会决定请普鲁士国王担任“德意志人的皇帝”（Kaiser der Deutschen），1849 年 4 月，国民议会派出以爱德华·西蒙（Eduard Simson）为团长的代表团

① 蒋劲松：《德国代议制》第一卷，中国社会科学出版社，2009 年版，第 234 页。

② 蒋劲松：《德国代议制》第一卷，中国社会科学出版社，2009 年版，第 245 页。

③ *Verfassung des deutschen Reichs*, Kördlingen: Verlag der C. P. Beck'schen Buchhandlung, 1849, S. 3.

前往柏林劝进，但遭到了普鲁士国王腓特烈·威廉四世的拒绝。

普鲁士虽然拒绝了国民议会献上的皇冠，但却主动承担了统一德国的重任。普鲁士早在19世纪20年代就开始推动与邻国统一关税，1834年1月组建了德意志关税同盟（Der Deutsche Zollverein），在经济上推动了德国的统一。关税同盟包括了普鲁士、巴伐利亚、符腾堡、黑森等18个邦国，涵盖了德国大部分区域。“奥地利始终对它持反对态度，梅特涅认为它是一个国中之国，会奠定普鲁士在德意志的优势地位，并会促成‘德意志统一的最危险推理’。”① 1848年革命期间，3月21日，普鲁士国王腓特烈·威廉四世佩戴象征革命的黑红金三色绶带，并发表《致我的人民和德意志民族书》（*An mein Volk und an die deutsche Nation*）：“今天，我接受德意志古老的颜色②，将我和我的人民置于德意志帝国（deutschen Reiches）崇高的旗帜之下。普鲁士将与德国融为一体。”③这里提到的“德意志帝国”就是在1806年灭亡的神圣罗马帝国，尽管腓特烈·威廉四世接受黑红金的态度是虚假的④，但普鲁士的确逐步与德国融为一体，在德国内部的角色越来越重要。

随着普鲁士与奥地利争夺德意志领导权的斗争日趋激烈，德国国内出现了“大德意志方案”（Großdeutsche Lösung）和“小德意志方案”（Kleindeutsche Lösung）之争。大德意志方案即以奥地利为核心建立了统一的大德意志帝国，小德意志方案即以普鲁士为核心建立一个排除奥地利的小德意志帝国。

---

① 郑寅达：《德国史》，人民出版社，2014年版，第213页。

② 德意志古老的颜色指黑红金三色，源于中世纪帝国纹章（金底黑鹰，鹰嘴和爪为红色）的颜色。1848年革命的象征黑红金三色旗实际上源于拿破仑战争期间的吕措志愿军军服（黑衣红边和金色纽扣）的颜色，很多人将黑红金三色旗的源头追溯到中世纪的帝国纹章，这种说法得到了德意志邦联和一些君主的认可。

③ Proklamation des preußischen Königs vom 21. März 1848, in: Wolfgang Hardtwig und Helmut Hinze (Hrsg.), *Deutsche Geschichte in Quellen und Darstellung*, *Band 7*, *Vom Deutschen Bund zum Kaiserreich 1815-1871*, Stuttgart: Philipp Reclam jun., 2000, S. 266-267.

④ Peter Reichel, *Schwarz- Rot- Gold: Kleine Geschichte deutscher Nationalsymbole nach* 1945, München: Verlag C. H. Beck, 2005, S. 19.

在两大方案之外，还有“第三德国”（Das Dritte Deutschland）的设想，第三德国主要指巴伐利亚王国、符腾堡王国、萨克森王国等中等邦国，希望能够联合起来，避免受到普鲁士或奥地利的控制。有学者认为，1806 年成立的莱茵邦联就是“在第三德国（im Dritten Deutschland）寻求诸侯联盟政策的代表”①。在德意志邦联时期，这些中等邦国也试图联合，但在普鲁士与奥地利两强相争越来越激烈的背景下，这些邦国都不可避免地卷入进去，“第三德国”的设想基本失败了。

1863 年 11 月，丹麦通过了新的宪法，试图合并石勒苏益格，引发了德国民族主义者的抗议。12 月，德意志邦联议会通过决议，派萨克森和汉诺威的军队占领了石勒苏益格南面的荷尔斯泰因。1864 年 2 月，普鲁士与奥地利向丹麦宣战。普奥两国联军打败丹麦，占领了石勒苏益格。两国很快在管理石勒苏益格与荷尔斯泰因这两个公国的问题上出现矛盾，随即爆发了战争。1866 年 6 月至 8 月，普鲁士打败奥地利。1866 年 6 月 14 日，普鲁士宣布退出德意志邦联。6 月 26 日，普鲁士与奥地利签订《布拉格和约》，其中第 4 条规定：

> 奥地利皇帝陛下确认存在至今的德意志邦联的解散，并同意奥地利帝国将不参与新的德国的建立。陛下同样承认普鲁士国王陛下在美因河以北建立的紧密联邦关系，并同意，美因河以南的德意志邦国将建立一个同盟（Verein），与北德意志联邦保持紧密的民族联系，促进进一步的相互理解，并拥有国际上的独立地位。②

这宣告了德意志邦联的解散，并将奥地利排除在德国之外。南德同盟“拥有国际上的独立地位”这句条款是法国强迫普鲁士加上去的。

---

① Albert Funk, *Föderalismus in Deutschland: Vom Fürstenbund zur Bundesrepublik*, Bonn: Buneszentrale für politische Bildung, 2010, S. 155.

② Der Friedensvertrag von Prag, in: Wolfgang Hardtwig und Helmut Hinze (Hrsg.), *Deutsche Geschichte in Quellen und Darstellung, Band 7, Vom Deutschen Bund zum Kaiserreich 1815-1871*, Stuttgart: Philipp Reclam jun., 2000, S. 440-441.

法国希望能组建南德同盟，“阻止普鲁士主导成立德意志的民族国家”①。南德同盟最终没有组建起来，普鲁士则很快推动了北德意志联邦的建立。

二、北德意志联邦

1866 年 8 月，普鲁士与北部的 20 个邦国和 3 个汉萨自由城市（吕贝克、不来梅、汉堡）缔结了盟约，目的是“建立一个联邦制国家，通过普遍、平等和直接选举产生议会并和议会一起制定联邦宪法”②。宪法主要是由普鲁士首相俾斯麦在助手的帮助下起草的。据《俾斯麦传》的记载：

> 他面前放着一大堆文件：两位宪法专家的建议，1849 年未能实现的法兰克福宪法草案的说明，瑞士和美国宪法的研究，关于陆军大臣和贸易大臣的如意算盘的备忘录。在洛塔尔·布赫尔博士——他于 1864—1886 年在外交部任参议，在俾斯麦整个任期内是其最亲密的顾问之一——的协助下，俾斯麦研究了所有这些文件，吸收了同普鲁士政体相容的东西。③

俾斯麦起草的宪法草案中采用的国号是“北德意志联邦”（Der Norddeutsche Bund）。俾斯麦“毫不犹豫地”采用了这个名称，因为他认为：“如果要坐实联邦应具有的团结状态，目前还不能把德意志南部纳入其中。”④ 1866 年 12 月 9 日，俾斯麦先向普鲁士国王和王储等提交

---

① Wolfgang Hardtwig und Helmut Hinze（Hrsg.），*Deutsche Geschichte in Quellen und Darstellung*，*Band 7*，*Vom Deutschen Bund zum Kaiserreich 1815-1871*，Stuttgart：Philipp Reclam jun.，2000，S. 439.

② 迪特尔·拉夫：《德意志史——从古老帝国到第二共和国》，波恩：Inter Nationes，1985 年版，第 144 页。

③ 艾伦·帕麦尔：《俾斯麦传》，高年生、张连根译，商务印书馆，1982 年版，第 156 页。

④ 詹姆斯·威克利夫·黑德勒姆-莫雷：《奥托·冯·俾斯麦与德意志帝国建立》，叶颖译，华文出版社，2020 年版，第 297 页。

了宪法草案，进行了讨论。1867 年 4 月 16 日，经过普选产生的帝国议会（Reichstag）通过了宪法。

1867 年 7 月 1 日，普鲁士主导的北德意志联邦正式成立，“这个看似稀松平常的名称，实际上在背后隐藏着第一个德意志联邦国家”①。北德意志联邦已经具有了国家的形态：联邦层面设立联邦主席（Bundespräsidium），由普鲁士国王担任；设立联邦参议院（Bundesrat），由各邦政府选派代表组成，主席为联邦总理（Bundeskanzler），由普鲁士首相担任；设立帝国议会（Reichtag），由各邦民众选举产生，这个名称沿用自神圣罗马帝国时期的帝国议会的名称。“这‘表明还在北德意志联邦成立之时，俾斯麦即已经考虑到将它发展为德意志帝国的可能性’。选择这个名称的另一个意图是与德国人理想的中世纪德意志帝国相联系。”②从某种程度而言，后来的德意志帝国就是北德意志联邦的扩大。

北德意志联邦（Der Norddeutsche Bund）与 1866 年解散的德意志邦联（Der Deutsche Bund）名称类似，在德语名称中，只是加了一个标示地理方位的“北”字，时间间隔也不长，但两者在政治上并非继承关系。北德意志联邦是一个普鲁士主导的新国家，而且施行的是一种中央权力较为强大的联邦体制；它统一了德国北部，为德国的最终统一和德意志帝国的建立奠定了基础。

三、德意志帝国

法国一直警惕德国统一后会威胁法国在欧洲的地位。1870 年 7 月，普鲁士与法国之间爆发了战争。9 月 2 日，普鲁士在色当战役中打败法国，俘虏了法国皇帝拿破仑三世。消息传到巴黎，巴黎很快爆发革命，推翻了法兰西第二帝国，建立了共和国，组建国防政府，继续抵抗普鲁

① 塞巴斯蒂安·哈夫纳：《从俾斯麦到希特勒》，周全译，译林出版社，2016 年版，第 26 页。

② 蒋劲松：《德国代议制》第二卷，中国社会科学出版社，2009 年版，第 665 页。

士大军。这让俾斯麦等人很失望，因为“这也就意味着此时的法国已经没有一个稳定且值得信赖的政府可以作为普鲁士的谈判对象”①。普鲁士军队遂即进军巴黎。

普鲁士的胜利为德国统一扫清了最后的障碍。1870 年 11 月，俾斯麦在法国巴黎郊外的凡尔赛与巴伐利亚、巴登、符腾堡和黑森四个南部邦国的代表进行谈判，努力使他们同意统一。1870 年 11 月 15 日，北德意志联邦与黑森和巴登签订《北德意志联邦、黑森和巴登就建立德意志联邦（der Deutsche Bund）和采用联邦宪法的协议》。② 1870 年 11 月 23 日，北德意志联邦与态度最为重要的巴伐利亚签订协议。协议第 1 条写道：“北德意志联邦的各邦与巴伐利亚王国缔结永久的联邦（Bund），美因河以南的巴登大公国和黑森大公国已经加入，符腾堡王国也有望加入。这个联邦名称为‘德意志联邦’。”③在这种统一的趋势下，11 月 25 日，北德意志邦联与符腾堡也达成了统一的协议。可见，在巴登、黑森、巴伐利亚和符腾堡等邦国的设想中，统一后的国家是 der Deutsche Bund，与 1815 年至 1866 年存在的德意志邦联的名称相同，表达了希望保留邦国自主权的要求。

俾斯麦将新建的国家命名为“德意志帝国”（Deutsches Reich）④，这也是当时普鲁士朝廷很多人的设想。“在凡尔赛，从来没有人怀疑

① 杰弗里·瓦夫罗：《普法战争：1870—1871 年德国对法国的征服》，林国荣译，社会科学文献出版社，2020 年版，第 347 页。

② Protokoll, betreffend die Vereinbarung zwischen dem Norddeutschen Bunde, Baden und Hessen über Gründung des Deutschen Bundes und Annahme der Bundesverfassung. Vom 15. November 1870. *Bundes-Gesetzblatt des Norddeutschen Bundes*, Nr. 51, 1870, S. 650.

③ Bayerns Beitritt zum Deutschen Bund, in: Wolfgang Hardtwig und Helmut Hinze (Hrsg.), *Deutsche Geschichte in Quellen und Darstellung*, *Band 7*, *Vom Deutschen Bund zum Kaiserreich 1815-1871*, Stuttgart: Philipp Reclam jun., 2000, S. 463.

④ 塞巴斯蒂安·哈夫纳：《不含传说的普鲁士》，周全译，北京大学出版社，2016 年版，第 224 页。

过，新的德国将是一个帝国。”①帝国是一种现实的安排，德国统一后，境内将有普鲁士、巴伐利亚、萨克森和符腾堡四个王国，只有在帝国的框架之下，这些王国才能继续存在。“俾斯麦心里也很明白，必须以某种形式来创立一个‘帝国’，以便消除南德意志各邦的这种疑虑：新的联合只不过是普鲁士的扩大。”②

1870年12月10日，北德意志联邦的帝国议会（Reichstag）讨论宪法的修订案，内容为：（1）序言中的“这一联邦将采用德意志联邦（Deutscher Bund）这一国号”改为“这一联邦将采用德意志帝国（Deutsches Reich）这一国号”。（2）“联邦主席由普鲁士国王担任，头衔为德意志皇帝（Deutscher Kaiser）。”③当时194名议员中188名议员表示同意，占绝大多数，由此通过了这两项修订。有6名议员表示反对④，其中2人为德国社会民主工党（Sozialdemokratische Arbeiterpartei Deutschlands，SDAP）的议员倍倍尔（Bebel）和威廉·李卜克内西（Wilhelm Liebknecht）⑤，其余4人为全德工人联合会（Allgemeiner Deutscher Arbeiterverein，ADAV）的议员。⑥紧接着在12月10日至11日，北德意志联邦与南部邦国达成协议，新的国家国号为“德意志帝

---

① 艾伦·帕麦尔：《俾斯麦传》，高年生、张连根译，商务印书馆，1982年版，第186页。

② 艾伦·帕麦尔：《俾斯麦传》，高年生、张连根译，商务印书馆，1982年版，第186页。

③ *Stenographische Berichte über die Verhandlungen des Reichstages des Norddeutschen Bundes*. Ⅰ. *Legislatur-Periode*, Band 15, Berlin: Verlag der Buchdruckerei der ,,Norddeutschen Allgemeinen Zeitung“, 1870, S. 181.

④ *Stenographische Berichte über die Verhandlungen des Reichstages des Norddeutschen Bundes*. Ⅰ. *Legislatur-Periode*, Band 15, Berlin: Verlag der Buchdruckerei der ,, Norddeutschen Allgemeinen Zeitung“, 1870, S. 182.

⑤ 威廉·李卜克内西（1826—1900）：德国革命家，曾参与1848年革命。1869年与倍倍尔创立德国社会民主工党。他的儿子卡尔·李卜克内西（1871—1919）也是著名革命家。

⑥ 1875年，德国社会民主工党与全德工人联合会合并为德国社会主义工人党（Sozialistische Arbeiterpartei Deutschlands，SAPD），1890年改名为德国社会民主党（Sozialdemokratische Partei Deutschlands，SPD）。

国”，皇帝的称号为“德意志皇帝”。①

新通过的宪法名为“德意志联邦宪法”（Verfassung des Deutschen Bundes），同时在导言中规定“这一联邦将采用德意志帝国（Deutsches Reich）这一国号”②。这一宪法于1870年12月31日公布，1871年1月1日生效，可见，德意志帝国在1871年1月1日就正式建立了。德意志帝国的诞生完成了德国统一，实现了德意志民族建立民族国家的梦想。

1871年1月18日，普鲁士国王威廉一世在法国巴黎郊外凡尔赛宫的镜厅举行登基仪式，加冕为德意志皇帝。俾斯麦宣读了他为威廉一世起草的《皇帝即位诏书》（*Kaiserproklamation*），正式宣告国号为“德意志帝国”（Das Deutsche Reich）：

> 朕威廉，蒙上帝恩典的普鲁士国王，在德意志诸侯和自由城市一致呼吁之下，建立德意志帝国，在六十多年后恢复并接受皇帝尊位（Kaiserwürde），按照《德意志联邦宪法》的相关规定，谨此宣告：朕将此视为对共同祖国的责任，依从已结盟的诸侯和城市的请求，接受皇帝尊位。朕与朕之普鲁士王室继承人从此将在德意志帝国所有关系和事务中使用皇帝称号，并希望上帝保佑德意志民族，在祖国古老的辉煌标志之下有一个幸福的前途。朕接受皇帝尊位，将履行对帝国的义务，以德意志的忠诚保护帝国的权利和它的成员，维护和平，以本民族的团结力量捍卫德国的独立。朕即位之际，愿德意志民族在充满热情和牺牲的斗争之后能在边界之内享受持久的和平作为对他们的奖励，这个边界将保障祖国数百年来面对法国多次进攻时所缺乏的安全。上帝恩赐朕及朕之皇位继承人为德

---

① Wolfgang Hardtwig und Helmut Hinze（Hrsg.），*Deutsche Geschichte in Quellen und Darstellung*，*Band 7*，*Vom Deutschen Bund zum Kaiserreich* 1815-1871，Stuttgart：Philipp Reclam jun.，1997，S. 462.

② Verfassung des Deutschen Bundes，*Bundes-Gesetzblatt des Norddeutschen Bundes*，Nr. 51，1870，S. 627.

意志帝国永久的君主，恩典不在于军事征服，而在于和平带来的财富和礼物，促进民族的福祉、自由和文明。①

德意志帝国是一个新的帝国，是统一的德意志民族国家，同时它又与普鲁士王国、神圣罗马帝国之间有着深刻的政治关联。举行加冕典礼的 1 月 18 日这个时间是威廉一世皇帝选定的②，因为这一天是普鲁士王国建立 170 周年纪念日：在 1701 年 1 月 18 日，腓特烈一世在科尼斯堡加冕为国王，建立了普鲁士王国。通过这一日期，德意志帝国与普鲁士增加了一层政治关联。威廉一世的《皇帝即位诏书》强调“在六十多年后恢复并接受皇帝尊位”，从中可以看出，德意志帝国有意识地继承了 1806 年结束的神圣罗马帝国的帝国传统。“德意志帝国”最早作为“德意志民族神圣罗马帝国”的简称在 18 世纪已经出现，并为官方文件所使用。1806 年，莱茵邦联的《莱茵邦联文件》和皇帝弗兰茨二世的《退位诏书》中提及的国号都是“德意志帝国”，用以指代“德意志民族神圣罗马帝国”。

“德意志帝国”也是 1849 年《保罗教堂宪法》中提出的国号，是德国民族主义者的梦想。俾斯麦在起草《北德意志联邦宪法》时，便参考了《保罗教堂宪法》。当时，“自由主义中间派和民主左派也都认为：‘这些名称的采用乃是完成百年来全德统一大业的信物，是对市民大革命及其夭折了的 1849 年帝国宪法的追认’”③。在德意志追求统一的过程中，“德意志帝国”这一国号酝酿已久，1867 年，北德意志联邦建立后，就有政党宣传：“从关税同盟而来的北德意志联邦将发展为

① Kaiserproklamation in Versailles, in: Wolfgang Hardtwig und Helmut Hinze (Hrsg.), *Deutsche Geschichte in Quellen und Darstellung*, *Band 7*, *Vom Deutschen Bund zum Kaiserreich* 1815-1871, Stuttgart: Philipp Reclam jun., 1997, S. 466-467.

② 海因茨·奥夫：《普鲁士国王》，王小卓译，吉林出版集团，2019 年版，第 260 页。

③ 蒋劲松：《德国代议制》第二卷，中国社会科学出版社，2009 年版，第 676 页。

‘德意志帝国’，展现普鲁士王朝对德意志未来的塑造。”①

德国学者哈夫纳认为，德意志帝国这个国号有较小和较大两个层面的含义。较小层次的含义是：“‘小德意志’国，它……被建立成一个民族国家，而且必须与普鲁士的霸主地位协调一致。因此它称得上是‘普鲁士的德意志国’。”②较大层次的含义是：“此即中世纪‘德意志民族的神圣罗马帝国’在欧洲跨越民族界限的普世要求。”③德意志帝国（Das Deutsche Reich）国号的两个核心词汇“Deutsch”和“Reich”均有巨大的解释空间，它“既可以是‘普鲁士在最大范围内所能支配的德国’，或者也可以是‘德国在最大范围内所能支配的欧洲或世界’。前者是俾斯麦的见解，后者则是希特勒的诠释”④。也就是说，俾斯麦以小德意志方案统一德国，建立一个德意志的民族国家，并以此为满足，不再寻求新的扩张，他看重的是国号中的“Deutsch”一词；希特勒则更看重“Reich”一词中的“权力”“统治”等含义，不仅强调实现“大德意志”的统一，而且要为“大德意志”征服更多的原不属于德意志的疆域。

《皇帝即位诏书》中只提及了皇帝尊位，而未将皇帝的称号表述出来。尽管北德意志联邦帝国议会在12月10日已就此通过宪法修订案，并在12月10日至11日已与南部邦国就此达成协议，但直到举行登基大典，普鲁士君臣仍未就皇帝称号的表述达成一致。在筹备建立德意志帝国期间，国王威廉一世对普鲁士的感情非常深厚，一度不愿称帝。于是，俾斯麦安排了诸侯的劝进。俾斯麦请求巴伐利亚国王路德维希二世

---

① Otto Brunner, Werner Conze & Reinhart Koselleck (Hrsg.), *Geschichtliche Grundbegriffe: Historisches Lexikon zur politisch-sozialen Sprache in Deutschland*, Band 5, Stuttgart: J. G. Gotta'sche Buchhandlung Nachfolger GmbH, 2004, S. 502-503.

② 塞巴斯蒂安·哈夫纳：《从俾斯麦到希特勒》，周全译，译林出版社，2016年版，第7页。

③ 塞巴斯蒂安·哈夫纳：《从俾斯麦到希特勒》，周全译，译林出版社，2016年版，第8页。

④ 塞巴斯蒂安·哈夫纳：《从俾斯麦到希特勒》，周全译，译林出版社，2016年版，第8页。

代表德意志诸侯向威廉一世呈交劝进信，并亲自为他起草了这封信，请他转交即可。劝进信在 1870 年 12 月 3 日送达。在奥地利脱离德意志之后，巴伐利亚便成为地位仅次于普鲁士的邦国。1870 年 12 月，帝国议会派出代表团前往法国凡尔赛，劝进威廉一世即皇帝位，但他们“仅仅获得许可，谦卑地出面恳请国王不要拒绝德意志诸侯们的提议”①。巧合的是，担任代表团团长的是爱德华·西蒙，他在 1849 年也担任了法兰克福国民议会代表团团长，劝进威廉一世的哥哥腓特烈·威廉四世，遭到了拒绝。代表团刚到凡尔赛宫时，威廉一世也拒绝接见他们，因为“帝国议会提供的皇冠有民主的味道，在他的眼里，它等同于 1848 年革命的国民议会在圣保罗教堂提供给他的哥哥腓特烈·威廉四世的王位”②。在俾斯麦的协调和干预之下，“在所有大小君主都附议了巴伐利亚国王的请求之后，国王才接见了代表团”③。接见发生在 12 月 19 日，而威廉一世于 12 月 18 日已同意担任皇帝，他想表明的是，皇位来自诸侯的拥戴，而非帝国议会的授予。但国王、首相、邦国、王储和自由派等各方就皇帝称号又产生了争论。威廉一世希望的称号是“德国皇帝”（Kaiser von Deutschland）。而俾斯麦在《宪法》中为威廉一世拟定的称号是“德意志皇帝”（Deutscher Kaiser）。他认为，德国皇帝“这一称号包含着对非普鲁士的领土提出领土主权的要求，对于这一要求，各邦君主是不会同意的；在巴伐利亚国王的书信中提道：‘实施联邦的领导权力和德意志皇帝称号结合起来’”④。1870 年 11 月 27 日，俾斯麦在给路德维希二世的信中解释了皇帝的称号：

---

① 塞巴斯蒂安·哈夫纳：《不含传说的普鲁士》，周全译，北京大学出版社，2016 年版，第 224 页。

② 埃里克·埃克：《俾斯麦与德意志帝国》，启蒙编译所译，上海社会科学院出版社，2020 年版，第 191 页。

③ 埃里克·埃克：《俾斯麦与德意志帝国》，启蒙编译所译，上海社会科学院出版社，2020 年版，第 191 页。

④ 奥托·冯·俾斯麦：《思考与回忆——俾斯麦回忆录》第二卷，杨德友、同鸿印等译，生活·读书·新知三联书店，2006 年版，第 102 页。

> 德意志的称号仅仅表明与这一称号相联系的权力来自德意志各邦君主和各族的自由委托。包括普鲁士在内的德国各大王室，在欧洲的崇高地位不会因为它们选出了一位德意志皇帝而遭受损伤，历史正是这样教导的。①

巴伐利亚等邦国主张的皇帝称呼也是“德意志皇帝”（Deutscher Kaiser）。而“自由派人士和太子希望使用‘德意志人的皇帝’（Kaiser der Deutschen）的称号”，这一称号不太合适，因为它“涉及没有加入联邦的德意志人，如奥地利人”②。关于皇帝称号的争论一直持续到加冕典礼。

1871 年 1 月 18 日加冕典礼当天，在俾斯麦宣读完《皇帝即位诏书》后，负责宣布皇帝尊号的巴登大公喊出的是：“皇帝与国王陛下，威廉皇帝万岁！万岁！万岁！”（Seine Kaiserliche und Königliche Majestät, Kaiser Wilhelm, lebe hoch! hoch! hoch!）③，这样就回避了皇帝称号争论的问题，威廉一世则不得不接受《宪法》所规定的称号“德意志皇帝”（Deutscher Kaiser）。

皇帝称号背后的冲突实际上与德意志帝国的结构有关系，它由普鲁士、巴伐利亚、萨克森和符腾堡 4 个王国，巴登、黑森等 6 个大公国，安哈尔特等 5 个公国，利珀等 7 个侯国，以及 3 个汉萨自由城市等组成，实际上是一个联邦制的帝国。各邦君主的头衔依然保留，巴伐利亚和符腾堡等大的邦国还保留了独立的军队、邮政和铁路等，所以对皇帝头衔背后所象征的权力十分在意。

1871 年 1 月 28 日，巴黎投降。2 月 26 日，俾斯麦以“德意志帝国首相”的名义与法国政府在凡尔赛签订停战协议。协议规定，法国割让阿尔萨斯和洛林，“德意志帝国将永久拥有这些地区完全的主权和所

---

① 奥托·冯·俾斯麦：《思考与回忆——俾斯麦回忆录》第一卷，杨德友、同鸿印等译，生活·读书·新知三联书店，2006 年版，第 319 页。

② 郑寅达：《德国史》，人民出版社，2014 年版，第 279 页。

③ Theodor Toeche-Mittler, *Die Kaiserproklamation in Versailles am 18. Januar 1871*, Berlin: Ernst Siegfried Mittler und Sohn königliche Hofbuchhandlung, 1896, S. 25.

有权……法国向德意志皇帝（dem Deutschen Kaiser）陛下支付50亿法郎”①。这就是《皇帝即位诏书》中提及的边界的重要部分，因为阿尔萨斯和洛林地区地势险要，易守难攻，历史上在德法之间反复争夺。俾斯麦和帝国上层都知道，获得这个地区后，将面临与法国长期为敌的局面，但仍决定以此加强德国的边界安全。德国在获得阿尔萨斯-洛林后，将之设为帝国直辖区。

值得注意的是，1871年1月27日，北德意志联邦成立后发行的政府法律公报《北德意志联邦法律公报》（*Bundes-Gesetzblatt des Norddeutschen Bundes*）改为《德意志联邦法律公报》（*Bundes-Gesetzblatt des Deutschen Bundes*）。《德意志联邦法律公报》出版到1871年5月2日。1871年4月16日，德意志帝国又以《德意志联邦宪法》为基础稍作修改，通过了《德意志帝国宪法》（*Verfassung des Deutschen Reichs*），这部宪法刊登在《德意志联邦法律公报》上，于5月4日生效。之后，新的法律公报改为《帝国法律公报》（*Reichs-Gesetzblatt*）。在此期间，威廉一世皇帝则以“德意志帝国”的名义发布命令。这表明，德意志帝国事实上在1871年1月1日就建立了，1月18日正式宣布国号，但直到5月4日《德意志帝国宪法》生效，才完成确立国号的最终法律手续。

德意志帝国的成立满足了德国人建立统一的民族国家的愿望，“德意志帝国”这一国号也让人将之与古老的帝国联系起来。1874年，历史学家亨利·冯·特赖契克（Heinrich von Treitschke）认为：“只要帝国在变化的时代中仍可生存，德意志帝国就重新唤醒了古老的神圣帝国的伟大传统。”②为了对两个帝国进行区分，德意志帝国被认为是一个

① Friedensvertrag von Versailles, in: Wolfgang Hardtwig und Helmut Hinze (Hrsg.), *Deutsche Geschichte in Quellen und Darstellung*, *Band 7*, *Vom Deutschen Bund zum Kaiserreich 1815-1871*, Stuttgart: Philipp Reclam jun., 2000, S. 470.

② Otto Brunner, Werner Conze & Reinhart Koselleck (Hrsg.), *Geschichtliche Grundbegriffe*: *Historisches Lexikon zur politisch-sozialen Sprache in Deutschland*, Band 5, Stuttgart: J. G. Gotta'sche Buchhandlung Nachfolger GmbH, 2004, S. 504.

“新帝国”（das neue Reich），之前的神圣罗马帝国则被称为“老帝国”（das alte Reich）。①

普鲁士在新建立的德意志帝国中居于主导地位。1874 年，恩格斯在《德国农民战争》第二版序言的补充中称德意志帝国为“普鲁士民族的神圣德意志帝国”（des heiligen deutschen Reichs preußischer Nation）。②这一用法“套用了德意志民族神圣罗马帝国（962—1806 年）的名称，以此强调指出，德国的统一是在普鲁士的霸权下实现的，与此同时还引起了德国各省的普鲁士化”③。

由于德意志帝国灭亡之后建立的魏玛共和国和纳粹德国的正式国号均为“Das Deutsche Reich”，与帝国时期的国号相同，为了进行区分，帝国时期的德国也被称为“Das Deutsche Kaiserreich”，用“Kaiser”（皇帝）与“Reich”构成“Kaiserreich”（帝国）一词更为清楚地标示了这一时期的帝国特征。1919 年 9 月，协约国与奥地利签订的《圣日耳曼条约》中，第 90 条涉及德国，使用的便是“die Gebiete des ehemaligen deutschen Kaiserreiches”（前德意志帝国的领土）④，用以区分国号仍为“Das Deutsche Reich”的魏玛共和国。

首相俾斯麦在德国统一过程中发挥了关键性的作用，这个帝国也因此被称为“俾斯麦帝国”（Reiche Bismarcks）⑤，或者拼写为“Das

① Otto Gierke, *Das alte und das neue deutsche Reich*, Berlin: C. G. Lüderiß' sche Verlagsbuchhandlung, 1874, S. 5.

② Friedrich Engels, Ergänzung der Vorbemerkung von 1870 zu „Der deutsche Bauernkrieg“, in: Karl Marx & Friedrich Engels, *Karl Marx · Friedrich Engels Werke*, Band 18, Berlin: Dietz Verlag, 1962, S. 512.

③ 恩格斯：《德国农民战争》，中共中央马克思恩格斯列宁斯大林著作编译局编译，人民出版社，2016 年版，第 146 页。

④ Staatsvertrag von Saint-Germain-en-Laye vom 10. September 1919, *Staatsgesetzblatt für die Republik Österreich*, Nr. 303, 1920, S. 1053.

⑤ *Verhandlungen der verfassunggebenden Deutschen Nationalversammlung*, Band 327, Berlin: Verlag der Norddeutschen Buchdruckerei und Verlags-Anstalt, 1920, S. 1216.

Bismarckreich”，也特指1871年至1890年俾斯麦担任帝国首相时的帝国。①俾斯麦通过“铁与血”的战争实现了德国的统一，但他在起草的《皇帝即位诏书》中强调了和平的价值：“上帝……恩典不在于军事征服，而在于和平带来的财富和礼物，促进民族的福祉、自由和文明。”这为新的德意志帝国确立了政治方针，但这显然未被后来的威廉二世皇帝所理解。1888年，威廉二世继位后，开始扩军备战，追求“阳光下的地盘”，与旧殖民帝国冲突日益加剧，酝酿出了第一次世界大战。

四、德意志国（魏玛共和国）

1914年版，第一次世界大战爆发，德国与奥匈帝国等组成的同盟国对阵英国、法国和俄国等组成的协约国。德国希望快速结束战争的企图很快破灭，陷入了僵持和两线作战。德国国内反战力量不断增强。1916年1月，德国社会民主党的左派“国际派”(Gruppe Internationale)② 成立了“斯巴达克同盟”(Spartakusbund)，以公元前73年至71年古罗马奴隶起义的领袖斯巴达克斯（Spartakus）的名字命名，领导人为卡尔·李卜克内西和罗莎·卢森堡等人，是一个反战的革命组织。1917年4月，社会民主党发生分裂，左翼反战派成立了“德国独立社会民主党”（Unabhängige Sozialdemokratische Partei Deutschlands, USPD)，斯巴达克同盟也在其中。

1918年，德国在第一次世界大战中逐步走向失败，国内外已出现了迫使威廉二世退位的舆论。10月27日，皇帝威廉二世离开柏林皇宫，前往位于比利时斯帕的德军总指挥部，认为“这是避免退位的唯一途径”，并声称将“重振德意志帝国前线军人的士气”,③ 但这却在

---

① Beate Althammer, *Das Bismarckreich 1871-1890*, Paderborn: Verlag Ferdinand Schöningh, 2009, S. 9.

② 国际派因出版刊物《国际》(*Die Internationale*) 而得名。

③ 克里斯托弗·克拉克：《沉重的皇冠：威廉二世权谋的一生》，盖之珉译，中信出版集团，2017年版，第281页。

柏林造成了权力真空。

11 月 4 日，基尔港水兵发动起义。革命很快蔓延到德国各地，11 月 7 日，慕尼黑爆发革命。11 月 8 日，巴伐利亚宣布成立共和国，巴伐利亚国王被迫退位。

11 月 9 日，柏林爆发革命。当天中午 12 点，在尚未获得威廉二世同意的情况下，首相巴登亲王宣布皇帝退位，并将首相职务交给社会民主党主席腓特烈·艾伯特（Friedrich Ebert）。艾伯特接管政权的目的是"在任何情况下起'平衡'作用，避免同帝国及其代表'秩序'的君主主义和帝国主义的过去时代完全决裂"①。但皇帝退位和社会民主党掌握政权的消息并没有平息革命形势，当时革命形势高涨，据说斯巴达克同盟正在皇宫筹划成立社会主义共和国。这让社会民主党的另一位领袖菲利普·谢德曼（Philipp Scheidemann）非常担心。他决心抢先宣布成立共和国。当天下午约 2 点，菲利普·谢德曼在没有获得授权和委托的情况下，在国会大厦的阳台上发表演讲：

> 德意志民族已经取得了胜利。古老的腐朽物已经坍塌，军国主义已被战胜！霍亨佐伦皇室已经退位！德意志共和国万岁！（Es lebe die deutsche Republik!）艾伯特议员已经被任命为首相（Reichskanzler），被授权组建一个新的政府，所有的社会主义政党都将在政府之内。现在我们的任务是不要污染德意志民族的胜利，光辉的胜利，因此我请求你们，不要破坏安定！……安静、秩序和安定是我们现在所需要的。②

谢德曼试图用皇帝退位和艾伯特成为首相等胜利来安抚群众，并承诺社会主义政党都可参与政府事务，以此阻止他们进一步采取革命行

---

① 威廉·冯·施特恩堡主编：《从俾斯麦到科尔——德国政府首脑列传》，许右军等译，当代世界出版社，1997 年版，第 161 页。

② Philipp Scheidemanns Ausrufung der Republik, in: Rüdiger vom Bruch und Björn Hofmeister (Hrsg.), *Deutsche Geschichte in Quellen und Darstellung, Band 8, Kaiserreich und Erster Weltkrieg 1871-1918*, Stuttgart: Philipp Reclam jun., 2000, S. 474.

动。他喊出了“德意志共和国万岁”的口号，在当时混乱的局势中“先声夺人”，确定了国家新的政体。谢德曼后来在回忆录中写道：

> 如今我看清楚了局势。我了解他的（李卜克内西的）要求：“一切权力归工人和士兵苏维埃!”也就是让德国成为俄罗斯的一个省份，苏维埃的一个分支机构?? 不！一千遍不!①

谢德曼的举动让艾伯特非常恼火，因为艾伯特“主张按照英国方式成立君主立宪政体”②。艾伯特“虽然是社会党人的领袖，却惧怕社会革命。他有一次曾经说过，对社会革命，‘我恨之入骨’”③。他说：“你没有权利宣布成立共和国。德国要变成什么，是变成共和国还是别的什么，这必须由制宪会议来决定。”④

两个小时后，左翼领袖卡尔·李卜克内西在德意志帝国皇宫门口宣布：

> 此刻，我们宣告自由的德意志社会主义共和国（die freie sozialistische Republik Deutschland）的诞生……我们将在皇帝旗飘扬的地方升起自由的德意志共和国的红旗（die rote Fahne der freien Republik Deutschland）。⑤

① 威廉·冯·施特恩堡主编：《从俾斯麦到科尔——德国政府首脑列传》，许右军等译，当代世界出版社，1997年版，第185~186页。

② 威廉·夏伊勒：《第三帝国的兴亡》上卷，董乐山等译，世界知识出版社，2012年版，第51页。

③ 威廉·夏伊勒：《第三帝国的兴亡》上卷，董乐山等译，世界知识出版社，2012年版，第51页。

④ 郑寅达、孟钟捷等著：《德国通史》第五卷，江苏人民出版社，2019年版，第14页。

⑤ Karl Liebknechts Proklamation der sozialistischen Republik, in: Rüdiger vom Bruch und Björn Hofmeister (Hrsg.), *Deutsche Geschichte in Quellen und Darstellung, Band 8, Kaiserreich und Erster Weltkrieg 1871-1918*, Stuttgart: Philipp Reclam jun., 2000, S. 475-476.

他们计划通过革命，建立一个社会主义国家。

11 月 9 日下午 2 点，皇帝威廉二世仍在德军总指挥部，当时他正准备“签署一份声明，宣布放弃德意志帝国皇位但继续担任普鲁士国王”①。这时传来首相宣布皇帝退位的消息，威廉二世便没有签署退位声明，准备返回德国，但很快认识到已不能回国，便流亡到了荷兰。他直到 11 月 28 日才签署声明，放弃德意志皇帝和普鲁士国王的职位。在他流亡的庄园中，他仍然拥有“德意志帝国皇帝”和“普鲁士国王”的头衔②，直至 1941 年去世。

1918 年 12 月 10 日，艾伯特在勃兰登堡门前发表演讲，欢迎回国的士兵：“同志们，欢迎来到德意志共和国！欢迎回到思念你们的祖国……没有敌人战胜过你们。”③这表明他已经认可了共和国的体制和国号。

1918 年 12 月 30 日，斯巴达克同盟不满独立社会民主党与社会民主党和传统统治阶级的妥协，脱离了独立社会民主党，成立德国共产党（Kommunistische Partei Deutschlands，KPD）。在德国共产党成立大会上，通过了罗莎·卢森堡起草的革命纲领：“纲领要求消灭普鲁士军国主义，建立工人军队，着手土地改革，取消各邦和建立一个统一的社会主义的德意志共和国。”④ 1919 年 1 月初，艾伯特政府决定利用军队镇压革命。1 月 15 日，卡尔·李卜克内西和罗莎·卢森堡被杀害。

1919 年 1 月 19 日，德国举行了国民议会选举。当时柏林局势动荡，国民议会在 2 月转移到德国中部小城魏玛召开。魏玛是德国历史文化名城和德意志人文精神的象征。18 世纪末，歌德与席勒生活在魏玛，

---

① 克里斯托弗·克拉克：《沉重的皇冠：威廉二世权谋的一生》，盖之珉译，中信出版集团，2017 年版，第 282 页。

② 克里斯托弗·克拉克：《沉重的皇冠：威廉二世权谋的一生》，盖之珉译，中信出版集团，2017 年版，第 286 页。

③ Friedrich Ebert, Ansprache an die Heimkehrenden Truppen, *Vorwärts*, Nr. 340, 11. Dezember, 1918.

④ 维纳·洛赫：《德国史》，北京大学历史系世界近现代史教研室译，生活·读书·新知三联书店，1959 年版，第 380 页。

开创德国文学史的古典时代。

国民议会的一个重要任务就是制定共和国宪法。2 月，国民议会成立了一个由 28 人组成的宪法委员会（Verfassungsausschuss），负责审定由法学家、时任内政部部长、德意志民主党的胡戈·普罗伊斯（Hugo Preuß）① 起草的宪法草案。

在审定宪法草案过程中，代表们讨论了国号问题。“国家名称（Der Name eines Staates）成为不同政治派别在象征领域的斗争，他们试图将政治理念确定在这个国号（Bezeichnung）中，以此对国家产生影响。”② 2 月 24 日，普罗伊斯在会议中发言，强烈主张保留“Reich”作为国号，因为“曾经四分五裂的德意志民族在‘Reich’的名义下实现了统一”③。因此，他将宪法草案命名为“德意志国宪法”（Verfassung des Deutschen Reiches）。

普罗伊斯希望能加强中央的权力，他特别反对“德意志合众国”（Vereinigten Staaten von Deutschland）的国号建议，认为这“意味着一种地方主义的倒退”④。而当时，社会民主党和独立社会民主党希望采用“德意志共和国”（Deutsche Republik）的国号。2 月 28 日，社会民主党的理查德·费舍尔（Richard Fischer）在会议中提出：

> 德意志民族在数百年历史中第一次有责任，凭借自身力量，根

① 胡戈·普罗伊斯（1860—1925）：1860 年，出生于柏林的犹太商人家庭。1879 年起，在柏林大学和海德堡大学学习法学。1916 年，成为柏林商学院的教授。1918 年，参与创办德意志民主党。1919 年 2 月，任魏玛共和国内政部长，1919 年 6 月因《凡尔赛和约》问题而辞职。

② Sebastian Ullrich, Mehr als Schall und Rauch, Der Streit um den Namen der ersten deutschen Demokratie 1918-1949, in: Moritz Föllmer, Rüdiger Graf (Hrsg.), *Die ,,Krise" der Weimarer Republik. Zur Kritik eines Deutungsmusters*, Frankfurt a. M.: Campus Verlag, 2005, S. 188.

③ *Verhandlungen der verfassunggebenden Deutschen Nationalversammlung*, Band 326, Berlin: Verlag der Norddeutschen Buchdruckerei und Verlags-Anstalt, 1920, S. 285.

④ *Verhandlungen der verfassunggebenden Deutschen Nationalversammlung*, Band 326, Berlin: Verlag der Norddeutschen Buchdruckerei und Verlags-Anstalt, 1920, S. 285.

> 据自身意愿，基于自身利益，制定一部宪法；这也是第一次制定共和国宪法。……我们希望一个**新德国**(neues Deutschland) 建立在自由、权利和正义的广泛基础上……①

费舍尔认为这部宪法是德意志民族制定的第一部资产阶级的共和国宪法，“新德国”的国家性质与之前的帝国已经完全不一样，因此不能使用同样的国家名字。他接着指出：

> 现在，由于我们最近的历史，“德意志帝国”(Deutsches Reich) 一词在其他民族中没有好的名声，甚至是很坏的名声。这个词对德意志人来说意味着历史意识和历史合法性，但其他民族在其语言中只从“帝国”(imperium) 这个术语去理解它，这个概念的意思是权力和统治……我们希望在未来能与其他民族相互理解，和平、和谐地一起生活……因此，我们社会民主党人提议，“德意志国宪法”(Verfassung des Deutschen Reiches) 应改称“德意志共和国宪法”(Verfassung der deutschen Republik)。②

接下来发言的是中央党的彼得·斯潘 (Peter Spahn)，他赞同共和国体制，但并不赞同费舍尔更改国号的建议，也不赞同普罗伊斯加强中央集权的主张，而是坚持德国应该遵循传统的联邦制，他认为：“出于领地的、民族的和文化的理由，我相信德意志国必将作为共和国和联邦国家存在 (das Deutsche Reich als Republik ein Bundesstaat bleiben)。”③

---

① *Verhandlungen der verfassunggebenden Deutschen Nationalversammlung*, Band 326, Berlin: Verlag der Norddeutschen Buchdruckerei und Verlags-Anstalt, 1920, S. 371. 译文参考孟钟捷：《什么是“Reich”？——从魏玛初期的国名之争看德国的帝国理念》,《历史教学问题》, 2017 年第 1 期，第 26 页。译文略有改动。加粗的字为原文所加，下文也是如此。

② *Verhandlungen der verfassunggebenden Deutschen Nationalversammlung*, Band 326, Berlin: Verlag der Norddeutschen Buchdruckerei und Verlags-Anstalt, 1920, S. 372.

③ *Verhandlungen der verfassunggebenden Deutschen Nationalversammlung*, Band 326, Berlin: Verlag der Norddeutschen Buchdruckerei und Verlags-Anstalt, 1920, S. 377.

3月5日，会议再次讨论了国号问题。德意志人民党议员威廉·卡尔（Wilhelm Kahl）主张采用“Deutsches Reich”作为国号。他认为不必将政体（Staatsform）体现在国号中。①可见，他是从“国家”这个含义去使用“Reich”一词。

德意志民主党主席腓特烈·瑙曼（Friedrich Naumann）对卡尔的观点表示反对：“‘Reich’在法语和英语中会被翻译为‘Empire’（帝国），选用这个表达无疑会被协约国利用来讨价还价，认为新的国家与之前的德意志帝国毫无区别。”②他认为“德意志共和国”这一国号可以考虑，但更倾向于采用“Deutscher Bund”（德意志联邦）作为国号。③普罗伊斯立即反驳了这个提议，他认为：

> 从“德意志国”（Deutsches Reich）转换为“德意志联邦”（Deutscher Bund）④这个名字，是一种明显的退步，这不只体现在外在含义上。我想起，1803年后，拿破仑所宣称的“德意志帝国已经不存在了，现在只有一个日耳曼联邦（Fédération germanique）”。“德意志联邦”这个名字强烈地强调了地方主义。⑤

可见，1806年拿破仑主导成立的莱茵邦联（Rheinbund）象征了外

---

① *Verhandlungen der verfassunggebenden Deutschen Nationalversammlung*, Band 336, Berlin: Verlag der Norddeutschen Buchdruckerei und Verlags-Anstalt, 1920, S. 23.

② *Verhandlungen der verfassunggebenden Deutschen Nationalversammlung*, Band 336, Berlin: Verlag der Norddeutschen Buchdruckerei und Verlags-Anstalt, 1920, S. 24.

③ *Verhandlungen der verfassunggebenden Deutschen Nationalversammlung*, Band 336, Berlin: Verlag der Norddeutschen Buchdruckerei und Verlags-Anstalt, 1920, S. 24.

④ 由于普罗伊斯接下来明确表示他是从“独特的联邦”（Bundesstaat sui generis）这个含义去理解Deutscher Bund中的Bund，因此将他发言中提及的Deutscher Bund翻译为“德意志联邦”。参见*Verhandlungen der verfassunggebenden Deutschen Nationalversammlung*, Band 336, Berlin: Verlag der Norddeutschen Buchdruckerei und Verlags-Anstalt, 1920, S. 24.

⑤ *Verhandlungen der verfassunggebenden Deutschen Nationalversammlung*, Band 336, Berlin: Verlag der Norddeutschen Buchdruckerei und Verlags-Anstalt, 1920, S. 24.

国的统治，1815 年成立的德意志邦联（Der Deutsche Bund）是国家分裂的表现，这两个“Bund”都给普罗伊斯等人留下了负面的印象，以至于他强烈反对将“Bund”作为国号。德意志民主党议员布鲁诺·阿卜拉斯（Bruno Ablaß）继续发言表示反对：“‘Reich’一词产生于历史之中，因此应该予以保持。”①而瑙曼并不认同普罗伊斯的观点，他继续发言说：“我认为‘德意志联邦’（Deutscher Bund）这个词并不是退步，‘Bund’也意味着统一和联合。”②

7 月 2 日，议员们对国号问题进行了最后的辩论。独立社会民主党的议员奥斯卡·科恩（Oskar Cohn）认为，关于国号，“应该且必须形成新的语言表达，应说**德意志共和国**，而不是**德意志国**（Deutschen Reiche）”③。阿卜拉斯反对科恩的意见，他说：“德意志国（Das Deutsche Reich）一直存在……只是德意志国不再是帝国（Kaiserreich），而是一个共和国。”④阿卜拉斯强调了国家的延续性。“强调历史延续性的论调得到了从民主党到民族人民党所有资产阶级政党的支持。”⑤社会民主党的议员马克斯·夸克（Max Quarck）发言，对科恩的建议表示支持：“当第一条载明‘德意志国是共和国’，人们可……自然地说出标题‘德意志共和国宪法’。”⑥

接下来，德意志民族人民党的克莱门·冯·德尔布吕克（Clemens von Delbrück）发言，为“Reich”辩护：

---

① *Verhandlungen der verfassunggebenden Deutschen Nationalversammlung*, Band 336, Berlin: Verlag der Norddeutschen Buchdruckerei und Verlags-Anstalt, 1920, S. 24.

② *Verhandlungen der verfassunggebenden Deutschen Nationalversammlung*, Band 336, Berlin: Verlag der Norddeutschen Buchdruckerei und Verlags-Anstalt, 1920, S. 25.

③ *Verhandlungen der verfassunggebenden Deutschen Nationalversammlung*, Band 327, Berlin: Verlag der Norddeutschen Buchdruckerei und Verlags-Anstalt, 1920, S. 1209.

④ *Verhandlungen der verfassunggebenden Deutschen Nationalversammlung*, Band 327, Berlin: Verlag der Norddeutschen Buchdruckerei und Verlags-Anstalt, 1920, S. 1213.

⑤ 孟钟捷：《什么是“Reich”？——从魏玛初期的国名之争看德国的帝国理念》，《历史教学问题》，2017 年第 1 期，第 26 页。

⑥ *Verhandlungen der verfassunggebenden Deutschen Nationalversammlung*, Band 327, Berlin: Verlag der Norddeutschen Buchdruckerei und Verlags-Anstalt, 1920, S. 1214.

> **德意志国**是**共和国**。**国家权力**来自**人民**。这两个条款意味着我们环境的根本变革。它们对你们来说是理所当然和期待的，对我们却意味着不同的东西，对我们意味着对伟大过去的告别，对使德国拥有高度权力、文化和威望的制度的告别……这对我们正意味着对俾斯麦帝国和宪法的告别……**俾斯麦的德意志帝国**既没有陷入迷途，也不是偶然建立的，而是德国国内政治艰难发展历史链条上的一环，其意义和效率在历史上得到了充分的认可，并会被继续认可。①

德尔布吕克反对对国家体制做根本性的变革，与共和派存在着巨大的差异。他将德意志帝国称为“俾斯麦帝国”（Reiche Bismarcks）和“俾斯麦的德意志帝国”（Das Deutsche Reich Bismarcks），肯定了帝国的历史功绩，不愿与光辉的历史告别。在德国战败之际，追思俾斯麦的功业，也是对当时导致德国战败的威廉二世皇帝的一种否定。

当日，议会代表们对国号问题做了最终决定，保留原有国号“Das Deutsche Reich”获得大多数代表的支持，因为“Reich”象征着历史的延续。“大会多数派坚信，11 月革命只改变了帝国的宪法形态，但没有侵害帝国的同一性和连续性。”②

最终德国国号并没有修改，仍然是“Das Deutsche Reich”。“Reich”尽管与帝国传统渊源深厚，但并不是只有“帝国”的含义。从词源学的角度来看，“Reich 的中古德语形式为 riche，原始的含义是权力和统治，后来指权力所征服的区域或相应的统治地区”③。这类似于后来“国家”的含义。中世纪时，“Reich”被用来翻译拉丁语的“imperium”和

---

① *Verhandlungen der verfassunggebenden Deutschen Nationalversammlung*, Band 327, Berlin: Verlag der Norddeutschen Buchdruckerei und Verlags-Anstalt, 1920, S. 1216.

② 蒋劲松：《德国代议制》第二卷，中国社会科学出版社，2009 年版，第 1033 页。

③ Klaus Herbers & Helmut Neuhaus, *Das heilige Römische Reich*, Weimar: Böhlau Verlag, 2010, S. 11.

"regnum"，于是也具有了"帝国"和"王国"的含义。"Reich"在中世纪还有属灵的含义，如1523年马丁·路德在《论世俗权力及人应服从的限度》一文提出了"两个王国"理论，将人类划分为"上帝王国"(reich Gottis)和"世俗王国"(reich der welt)①。上帝王国由上帝的道和基督统治，世俗王国由刀剑和律法统治。"Reich"还可表示一种社会状态，如1843年，马克思提出了"自由王国"(Reich der Freiheit)的理念②，后来又发展成为"自由王国"和"必然王国"(Reich der Notwendigkeit)的理论："自由王国只是在由必需和外在目的规定要做的劳动终止的地方才开始……在这个必然王国的彼岸，作为目的本身的人类能力的发展，真正的自由王国，就开始了。但是，这个自由王国只有建立在必然王国的基础上，才能繁荣起来。"③必然王国和自由王国"一个是以谋生手段为主体的物质生产领域，另一个是以人类主体的自我发展为主体的自由活动领域；前者是人类生存的必然王国，后者是人类高级发展的自由王国"④。

由于"Reich"也有"国家"的含义，所以，用作共和国的国号没有问题。1918年后德国的国号"Das Deutsche Reich"可以翻译为"德意志国"，这是帝国和共和国都可使用的国号。

7月底，国民议会通过了《德意志国宪法》，一般通称为《魏玛宪法》。8月14日，《魏玛宪法》正式生效。由于国号没有改变，中央机构的名称也大多没有改变，民选的国会(Reichstag)负责选举总理(Reichskanzler)；新设立的总统被称为"Reichspräsident"，由普选产生。总统被赋予了很大权力，可以宣布紧急状态，并可不经国会同意任

---

① Martin Luther, *D. Martin Luthers Werke. Kritische Gesamtausgabe*, Band 11, Weimar: Verlag Hermann Böhlaus Nachfolger, 2003, S. 249.

② Otto Brunner, Werner Conze & Reinhart Koselleck (Hrsg.), *Geschichtliche Grundbegriffe: Historisches Lexikon zur politisch-sozialen Sprache in Deutschland*, Band 2, Stuttgart: J. G. Gotta'sche Buchhandlung Nachfolger GmbH, 2004, S. 501.

③ 马克思、恩格斯：《马克思恩格斯全集》第25卷下册，中共中央马克思恩格斯列宁斯大林著作编译局译，人民出版社，1974年版，第926~927页。

④ 张一兵：《马克思"必然王国"向"自由王国"转换的理论真谛》，《哲学研究》，1994年第8期，第18页。

免总理。还值得注意的是，帝国时期的联邦参议院（Bundesrat）改称“国家参议院”（Reichsrat），宪法对各邦的表述从“Staat”（邦）变成了“Land”（州）。这些名称的改变体现了宪法起草者试图加强中央集权的努力。虽然普罗伊斯起草的宪法初稿中试图解散普鲁士，将德国划分为16个地区的设想被否决了，但最后还是取消了一些邦国在帝国时期的特权。加强中央集权与维护地方自治的两种势力之间达成一种妥协，或者说平衡。

从会议记录来看，普罗伊斯主导了国号的采用，他对Bund（联邦）等国号一再反驳；他也反对Deutsche Republik这一国号，但他并不反对共和政体，而是希望将“Reich”与“Republik”统一起来。7月2日，普罗伊斯在会议上发言说：“保留‘Reich’这个词，与贯穿在整个宪法中对共和特征的强调完全统一。”①为了彰显政体，《魏玛宪法》的第一条就规定“德意志国是共和国（Das Deutsche Reich ist eine Republik），国家权力来自人民”②，试图将Reich与Republik融合起来。“Republik”源于拉丁语“res publica”，意思是“公共事务”。公元前509年，罗马人推翻了罗马王国的统治，建立了罗马共和国。共和国的最高权力由贵族组成的元老院掌握，此外还设立了平民大会、执政官和保民官等，建立了完善的共和制度，是一个兼有君主制、贵族制和民主制的混合政体，对后世产生了深远影响。由于“共和”强调民众参与治理国家的权利，与Reich所突出的“统治”的含义有着内在的冲突，因此将“Reich”与“Republik”融合起来的努力没有成功，魏玛共和国时期的德国民众对共和国一直缺乏足够认同。这种认同的缺乏也与战后签订的《凡尔赛和约》有关。1919年6月28日，在战胜国的最后通牒下，德国的共和国政府代表在法国巴黎郊外的凡尔赛宫签订了《凡尔赛和约》，德国及其盟国被迫承担了发动战争的全部责任，德国割地

① *Verhandlungen der verfassunggebenden Deutschen Nationalversammlung*, Band 327, Berlin: Verlag der Norddeutschen Buchdruckerei und Verlags-Anstalt, 1920, S. 1212.

② Die Verfassung des Deutschen Reichs. Vom 11. August 1919. *Reichs-Gesetzblatt*, Nr. 152, 1919, S. 1383.

赔款，损失惨重，割让了约13%的领土，包括将阿尔萨斯和洛林归还法国等。这严重打击了共和国政府的威信。

国号“Das Deutsche Reich”未能得到左派的认可，当时社会民主党的《前进报》（*Vorwärts*）将共和国的宪法称为“德意志共和国宪法”（Verfassung der Deutschen Republik）①。德国共产党等左派则并不认可宪法第一条所确立的资产阶级共和体制，曾将魏玛共和国称为“艾伯特共和国”（Ebert-Republik）和“兴登堡共和国”（Hindenburg-Republik），名称来自艾伯特和兴登堡两位总统的名字；还将共和国称为“钱袋共和国”（Geldsackrepublik）、“剥削者共和国”（Ausbeuterrepublik），甚至仅称为“所谓的共和国”（sogenannte Republik）。②左派用这些称号来讽刺魏玛共和国代表资产阶级的利益。共和政体也没有得到右派的赞同，右派当时也对共和国国号加以嘲弄和辱骂。如右派将共和国称为“十一月共和国”（Novemberrepublik）、“犹太共和国”（Judenrepublik）。③“十一月共和国”这个名称来源于“十一月革命”；“犹太共和国”这个称呼则与《魏玛宪法》起草人普罗伊斯的犹太人身份有关，《魏玛宪法》被批判为“非德意志的”（undeutsch）。④反犹主义兴起后，这种思潮与否定《魏玛宪法》和共和国体制也联系起来。

---

① Sebastian Ullrich, Mehr als Schall und Rauch, Der Streit um den Namen der ersten deutschen Demokratie 1918-1949, in: Moritz Föllmer, Rüdiger Graf (Hrsg.), *Die „Krise“ der Weimarer Republik. Zur Kritik eines Deutungsmusters*, Frankfurt a. M.: Campus Verlag, 2005, S. 194.

② Sebastian Ullrich, Mehr als Schall und Rauch, Der Streit um den Namen der ersten deutschen Demokratie 1918-1949, in: Moritz Föllmer, Rüdiger Graf (Hrsg.), *Die „Krise“ der Weimarer Republik. Zur Kritik eines Deutungsmusters*, Frankfurt a. M.: Campus Verlag, 2005, S. 198.

③ Sebastian Ullrich, Mehr als Schall und Rauch, Der Streit um den Namen der ersten deutschen Demokratie 1918-1949, in: Moritz Föllmer, Rüdiger Graf (Hrsg.), *Die „Krise“ der Weimarer Republik. Zur Kritik eines Deutungsmusters*, Frankfurt a. M.: Campus Verlag, 2005, S. 198.

④ Ernst Piper, *Geschichte des Nationalsozialismus*, Bonn: Bundeszentrale für politische Bildung, 2018, S. 34.

这些对共和国国号的嘲笑和谩骂表明了当时共和国的认同危机，“Republik”没有出现在正式的国号里，却出现在丑化共和国的称呼里。“共和国”被污名化还有一个原因。“一战”后期，“由于法国人答应对所有在投降时高呼‘共和国’的俘虏及逃兵给予特殊宽大，所以士兵们也学会了‘共和国’一词”①。因此，“共和国”成了投降的代名词。共和国政府签署《凡尔赛和约》后，投降形象就更加深入人心了。共和国缺乏稳定的多数支持，使得共和国的命运一开始便陷入了危机之中。

当代表们在魏玛召开立宪会议时，巴伐利亚的独立社会民主党等左派力量在继续革命。1919 年 4 月 7 日，巴伐利亚建立了“巴伐利亚苏维埃共和国”（Bayerische Räterepublik）。“Rat”的意思是“代表会议”，来源于俄语的“Soviet”。1919 年，张君劢将“Soviet”翻译为“苏维埃”，沿用至今。②现也有著作按照其含义，将之翻译为“巴伐利亚工兵代表会共和国”③。5 月，共和国被政府军镇压，革命失败。

尽管 1919 年 6 月 28 日签订的《凡尔赛和约》第 80 条已经规定：“德国承认并尊重奥地利的独立，该独立地位由该国与主要协约国家条约所规定；德国承认，除非获得国际联盟理事会的同意，奥地利的独立不可更改。”④而 8 月生效的《魏玛宪法》第 61 条仍规定：“德意志奥地利（Deutschösterreich）在加入德意志国后，可参加参议院，并获得与人口总数相应的投票权。”⑤这条涉及第一次世界大战结束后的“德意志奥地利”问题。

---

① 哈罗德·D·拉斯韦尔：《政治学：谁得到什么？何时和如何得到?》，杨昌裕译，商务印书馆，1992 年版，第 32 页。

② 郑大华：《张君劢传》，商务印书馆，2012 年版，第 66 页。

③ 郑寅达、孟钟捷等著：《德国通史》第五卷，江苏人民出版社，2019 年版，第 25 页。

④ Gesetz über den Friedenschluss zwischen Deutschland und den alliierten und assoziierten Mächten, *Reichs-Gesetzblatt*, Nr. 140, 1919, S. 833.

⑤ Die Verfassung des Deutschen Reichs. Vom 11. August 1919. *Reichs-Gesetzblatt*, Nr. 152, 1919, S. 1394.

1918年11月，德国的盟国奥匈帝国在第一次世界大战中战败，哈布斯堡家族被推翻。按照民族自决的原则，奥匈帝国分裂为奥地利、捷克斯洛伐克、匈牙利、克罗地亚等多个国家；同时，讲德语的南蒂罗尔被割让给意大利。1918年11月12日，奥地利建立共和国，成为一个以德意志人为主的国家。这个共和国刚开始的国号是“德意志奥地利共和国”（Die Deutschösterreichische Republik）。在11月12日颁布的《德意志奥地利国家与政府形式法》第二条中规定“德意志奥地利是德意志共和国的组成部分”(Deutschösterreich ist ein Bestandteil der Deutschen Republik.)①。奥地利失去了绝大部分领地，国力非常弱小，希望按照民族自决的原则加入德国，成立一个大德意志的国家。德国对此表示欢迎。1919年2月28日，在魏玛的立宪会议上，议员斯潘对“德意志奥地利”（Deutsch-Österreich）试图回归德国表示欢迎，他认为：“从历史和民族性来看，德意志奥地利属于德意志国（Deutschen Reich)。”②奥地利将在德国刚诞生的共和国称为“德意志共和国”，没有想到这个国号在德国并未使用。而致力于削弱德国的协约国当然不会允许奥地利并入德国。1919年9月10日，协约国与奥地利签订《圣日耳曼条约》，禁止奥地利与德国合并，在条约中称呼奥地利为“奥地利共和国”（Republik Österreich)③。1919年10月21日，奥地利国内通过法律，正式改国号为“奥地利共和国”。④

由于德国国民议会在魏玛召开立宪会议，制定了《魏玛宪法》，这个共和国也被称为“魏玛共和国”（Weimarer Republik)，这成为后世

---

① Gesetz vom 12. November über die Staats- und Riegierungsform von Deutschösterreich, *Staatsgesetzblatt für den Staat Deutschösterreich*, 1. Stück, 15. November 1918, S. 4.

② *Verhandlungen der verfassunggebenden Deutschen Nationalversammlung*, Band 326, Berlin: Verlag der Norddeutschen Buchdruckerei und Verlags-Anstalt, 1920, S. 377.

③ Staatsvertrag von Saint-Germain-en-Laye vom 10. September 1919, *Staatsgesetzblatt für die Republik Österreich*, Nr. 303, 1920, S. 1119.

④ Gesetz vom 21. Oktober 1919 über die Staatsform, *Staatsgesetzblatt für den Staat Deutschösterreich*, Nr. 484, 1919, S. 1153.

对这个共和国的主要称呼。这一用法最早可追溯到 1929 年，是由共和国的敌人希特勒先提出来的。①

希特勒来自奥地利的边境小城莱茵河畔的布劳瑙小镇，该城与巴伐利亚隔河相望。希特勒从小受到大德意志主义和反犹主义的影响，对 1866 年奥地利与德国的分离非常不满。1914 年，第一次世界大战爆发后，希特勒在巴伐利亚参军。一战结束后，希特勒在巴伐利亚从政，1919 年加入德意志工人党（Deutsche Arbeiterpartei），1920 年 2 月将之改组为德意志民族社会主义工人党（Die Nationalsozialistische Deutsche Arbeiterpartei，NSDAP），并在 1921 年成为该党首领。很快，他就开始被纳粹党徒称为“元首”（Führer）。“Führer”一词在德语中的含义是“领袖、领导人、向导”。他所宣扬的民族社会主义（Nationalsozialistimus）是一种极端的种族主义、极权主义和反犹主义，通常被简称为“Nazi”，因此，这个党在汉语中通常被简称为“纳粹党”。

1923 年 11 月 8 日至 9 日，希特勒利用巴伐利亚领导人在慕尼黑的贝格布劳啤酒馆（Bürgerbräukeller）发表政治演讲的机会，发动“啤酒馆政变”（Bürgerbräu-Putsch），失败后被捕。这场失败的政变让希特勒名声大噪。他在监狱中口授了一本书，名为《四年半来对谎言、愚蠢和胆怯的斗争》（*Viereinhalb Jahre Kampf gegen Lüge, Dummheit und Feigheit*），阐述了他的反犹太、反民主和大德意志主义的思想。该书在 1925 年 6 月出版。出版社编辑“不喜欢这个累赘的没有生意眼的书名，把它改成简短的《我的奋斗》（*Mein Kampf*）”②。

希特勒极端仇视签订了割地赔款条约的共和国政府。1929 年 2 月

---

① Sebastian Ullrich, Mehr als Schall und Rauch, Der Streit um den Namen der ersten deutschen Demokratie 1918-1949, in: Moritz Föllmer , Rüdiger Graf (Hrsg.), *Die „Krise“ der Weimarer Republik. Zur Kritik eines Deutungsmusters*, Frankfurt a. M.: Campus Verlag, 2005, S. 199.

② 威廉·夏伊勒：《第三帝国的兴亡》上卷，董乐山等译，世界知识出版社，2012 年版，第 77 页。

24 日，希特勒在慕尼黑纳粹党大会的演说中声称，为了对付纳粹党，“魏玛的共和国（Die Republik von Weimar）已经为未来德国艰难地打造了一支精神上的军队（die geistige Armee）”①。在 3 月 16 日的一篇文章中，希特勒明确提出“魏玛共和国”（Weimarer Republik）这个名称。他写道：“每次有德国人在南蒂罗尔被法西斯分子（Faschisten）谋杀，就如同他们在魏玛共和国的阴影下被我们糟糕的执政党的人屠杀一样，所有的市民阶层都会咆哮怒吼……”②可见，希特勒是从咒骂共和国的角度提出这个概念的。这里的“法西斯分子”指的是意大利的法西斯党徒。这篇文章的背景是 1919 年奥地利的南蒂罗尔被割让给意大利后，遭到意大利人的压制。1921 年 4 月 24 日，意大利法西斯分子“黑衫军”袭击了南蒂罗尔的德意志人，这一天被称为“血腥星期天”（Blutsonntag）。1922 年，墨索里尼的法西斯党在意大利上台，加紧在南蒂罗尔实施“意大利化”，采取了增加意大利移民、禁止使用德语等措施。1929 年希特勒的文章同情了南蒂罗尔的德意志人，并批评了当时的共和国政府。1933 年，希特勒上台。1938 年，纳粹德国吞并奥地利。这使得南蒂罗尔人对希特勒将南蒂罗尔收归大德国充满希望。但希特勒与墨索里尼结盟后，并没有收回南蒂罗尔。两个独裁者在 1939 年 6 月达成协议，让南蒂罗尔人在 1939 年 12 月 31 日前选择国籍，选择德国籍则迁往纳粹德国，选择意大利籍则留在当地，或者说想留在当地的必须选择意大利籍，南蒂罗尔人必须在纳粹德国与法西斯意大利之间作出选择。③希特勒对南蒂罗尔的抛弃是对其大德意志思想的一个反讽。

---

① Helen Geyer, Kiril Georgiev, Stefen Alschner (Hrsg.), *Wagner Weimar Eisenach, Richard Wagner im Spannungsfeld von Kultur und Politik*, Bielefeld: Transcript Verlag, 2020, S. 46.

② Helen Geyer, Kiril Georgiev, Stefen Alschner (Hrsg.), *Wagner Weimar Eisenach, Richard Wagner im Spannungsfeld von Kultur und Politik*, Bielefeld: Transcript Verlag, 2020, S. 46-47.

③ Maria Frötscher, *Heimat zwischen Nationalsozialismus und Faschismus- von der Südtiroler Option* 1939 *bis heute*, Diplomarbeit von Universität Wien, 2018, S. 25.

五、德意志国（纳粹德国）

希特勒大力宣扬反对犹太人、反对民主体制和反对共产主义的思想，其目标是建立一个纯种德意志民族的大德意志国家。他借助纳粹党的力量，获得的支持越来越多。

《魏玛宪法》赋予了总统宣布紧急状态和不经国会同意可任免总理的权力，造成了制度上的漏洞。魏玛共和国后期，政府很难在国会中获得多数支持，依赖于总统的任命。1930 年国会选举，希特勒的纳粹党获得 640 万张选票，成为国会第二大党。1932 年，希特勒获得德国国籍后，参加了当年 3 月的总统选举，对手是兴登堡总统。结果是兴登堡选举获胜继续担任总统。希特勒虽然选举失败，但他的影响力大为增强。1932 年 7 月 31 日，纳粹党在国会选举中获得 1374 万张票，得票比例为 37.4%，成为国会第一大党。虽然在接下来 11 月的国会选举中，纳粹党得票比例下降了 4.3%，但仍是国会最大党。1933 年 1 月 30 日，希特勒被兴登堡总统任命为新的总理，这导致了共和国的覆灭。

1933 年 3 月 23 日，希特勒强迫国会（Reichstag）表决通过《授权法》（*Ermächtigungsgesetz*）。次日，兴登堡总统签署了该法。该法将国会的权力转移到内阁，主要是希特勒手中，使之得以建立独裁统治。从此国会沦为“橡皮图章”和希特勒发表演讲的舞台。具有讽刺意味的是，《授权法》的正式名称为《消除人民和国家痛苦法》（*Gesetz zur Behebung der Not von Volk und Reich*）。同时，希特勒推行“一体化”政策，取消了德国地方自治的联邦传统，使得传统的参议院也失去了存在的必要。1934 年 2 月 14 日，纳粹政府颁布《参议院废止法》（*Gesetz über die Aufhebung des Reichsrats*），废除了参议院。

随着兴登堡总统病入膏肓，如何接管兴登堡的权力以及如何称呼自己的问题摆在希特勒面前。1934 年 8 月 1 日，纳粹政府颁布《德意志国关于国家元首（Staatsoberhaupt）的法令》，宣布“总统（Reichspräsident）与总理（Reichskanzler）合并。总统之前的权力移交给元首（Führer）兼总理阿道夫·希特勒……该法令在兴登堡总统去世后生效"①。次日，兴登堡总统去世。从此，希特勒大权独揽，头衔为"元首兼总理"（Führer und Reichskanzler），更普遍和知名的用法是仅称为"元首"，将纳粹党内对希特勒的称呼变为了国家最高领导的称呼。

纳粹统治时期，希特勒虽然在实质上废除了魏玛共和体制，但并没有在法律上废除《魏玛宪法》，国号也没有改变，仍然是"德意志国"（Das Deutsche Reich）。1921 年 1 月 1 日，希特勒曾表示，民族社会主义运动的目标是建立"一个德意志民族的日耳曼国家"（ein germanisches Reich deutscher Nation）②。而在该年 2 月 20 日，希特勒的表述则是"germanischen Staates deutscher Nation"③，两种表述含义基本相同，可见希特勒主要是从"Staat"（国家）这一层含义去理解"Reich"。

1938 年 3 月 11 日，纳粹德国吞并奥地利。3 月 18 日，希特勒发布《元首兼总理关于全民公决以及国会解散和重新选举的命令》，安排吞并奥地利后解散国会重新举行选举事宜，其中宣布"奥地利与德意志国的再次统一确认了大德意志民族国家（Großdeutschen Volksreich）的完成"④。此后，还出现了"大德意志国"（Großdeutsches Reich/Großdeutschland）的称号，如 1939 年吞并捷克斯洛伐克后，宣布它是"大德意志国的保护国"（Protektorat des Großdeutschen Reiches）⑤。这

① Gesetz über das Staatsoberhaupt des Deutschen Reichs vom 1. August 1934, in: Heinz Hürten (Hrsg.), *Deutsche Geschichte in Quellen und Darstellung*, *Band 9*, *Weimarer Republik und Drittes Reich 1918-1945*, Stuttgart: Philipp Reclam jun., 1995, S. 241.

② Adolf Hitler, *Hitler*, *Mein Kampf*: *Eine kritische Edition*, Band 1, München: Institut für Zeitgschichte, 2016, S. 858.

③ Adolf Hitler, *Hitler*, *Mein Kampf*: *Eine kritische Edition*, Band 1, München: Institut für Zeitgschichte, 2016, S. 858.

④ Verordnung des Führers und Reichskanzlers über eine Volksabstimmung sowie über Auflösung und Neuwahl des Reichstag vom 18. März 1938, *Reichsgesetzblatt*, Nr. 28, 1938, S. 257.

⑤ Helmut Berschin, *Deutschland—ein Name im Wandel*: *die Deutsche Frage im Spiegel der Sprache*, München: Olzog, 1979, S. 43.

一用法在当时还不多。

1938 年 9 月，在英法两国的绥靖政策下，纳粹德国通过《慕尼黑条约》割占了捷克斯洛伐克的苏台德地区，至此欧洲讲德语的地区绝大部分处于希特勒的统治之下，希特勒“大德意志”的梦想得以实现。但希特勒仍不满足，在彻底吞并捷克斯洛伐克后，于 1939 年 9 月闪电袭击波兰，挑起第二次世界大战，企图夺取更多领土。

1943 年 2 月，纳粹德国在斯大林格勒战役中战败，开始衰落。1943 年 5 月，北非的纳粹德国军队投降。在战局日益溃败的背景下，1943 年 6 月 26 日，纳粹德国总理办公厅颁布命令：

> 按照元首的命令，在国际条约和用于国际目的的其他德国法律、法令和命令的文件中，尤其在官方用语中，用“大德意志国”（Großdeutsches Reich）这一称号取代“德意志国”（Deutsches Reich）的称号。至今在表格、标志、硬币和印章及类似的地方使用“德意志国”这一称号的，只有在战争条件允许的情况下，才能执行此命令。①

通过该命令可以看出，纳粹德国试图在战局溃败的背景下，通过更改国号来振奋士气；同时又由于战争条件下物质匮乏，这一称号的更改并不能顺利进行，这在命令中就直接体现出来了。1943 年 7 月 16 日，纳粹德国颁布关于《在工作簿中登记国籍》的命令，宣布将采用 6 月 26 日命令中规定的新国号“大德意志国”（Großdeutsches Reich）。②1944 年 2 月 9 日，纳粹德国颁布《关于德意志国有息国库券计入国家

① Erlaß des Reichsministers und Chefs der Reichskanzlei vom 26. Juni 1943, RK. 7669E.

② Eintragung der Staatsangehörigkeit in das Arbeitsbuch; hier: Bezeichnung der deutschen Staatsangehörigen auf Widerruf in den eingegliederten Ostgebieten, *Reichsarbeitsblatt*, Nr. 23, 1943, S. 413.

债务的第 24 条公告》①，其中公告标题使用的国号仍是“德意志国”(des Deutschen Reichs)。由此可见，在纳粹德国统治的最后两年，“大德意志国”与“德意志国”两个国号都在使用。

在纳粹时期，“Deutsch”一词遭到了滥用。如德国的物理学被称为“德意志物理学”(Deutsche Physik)，并拒绝了“犹太物理学”(Jüdische Physik)中爱因斯坦的相对论②，试图否定物理等科学的普世性，并将科学与反犹主义联系起来。

现在，一般将希特勒统治时期的德国称为“纳粹德国”(Nationalsozialistisches Deutschland, Nazi - Deutschland)。由于这一时期是希特勒的独裁统治，也被称为“希特勒德国”（Hitler-Deutschland/Hitler-Reich)。③

纳粹德国又被称为“第三帝国”（Das dritte Reich)。这个概念直接来源于 1923 年文化批评家阿图尔·穆勒·范登布鲁克（Arthur Moeller van den Bruck, 1876—1925）发表的《第三帝国》（*Das dritte Reich*)。该书在右翼保守主义思潮背景下，批判了魏玛共和国的政治体制，以及当时的自由主义、马克思主义。这些思想与希特勒的思想有许多类似之处。在 1922 年，范登布鲁克与希特勒曾在“六月俱乐部”见面，但范登布鲁克对希特勒的印象并不好。据说，范登布鲁克曾说：“与其看到这样一个人掌权，我宁愿自了余生。”④

范登布鲁克并不是“第三帝国”这个概念的发明者，这个概念在历史上有着深刻的宗教根源。“可考的是，这个概念早在中世纪末世论

① Vierundzwanzigste Bekanntmachung über die Eintragung von verzinslichen Schatzanweisungen des Deutschen Reichs in das Reichsschuldbuch vom 9. Februar 1944, *Reichsgesetzblatt*, 16. Februar 1944, Nr. 9, S. 54.

② Helmut Berschin, *Deutschland—ein Name im Wandel: die Deutsche Frage im Spiegel der Sprache*, München: Olzog, 1979, S. 46.

③ Ute Röding-Lange, *Bezeichnungen für Deutschland in der Zeit der „Wende“*, Würzburg: Königshausen & Neumann, 1997, S. 65.

④ 韦尔纳·哈斯：《小写的“第三帝国”》，收录于曹卫东主编：《危机时刻：德国保守主义革命》，上海人民出版社，2014 年版，第 162 页。

神学家那里、特别是在尤阿兴姆·封·菲奥雷斯（Joachim von Fiore）那里就已经存在。在末世论的教义里，继‘圣父之国’和‘圣子之国’之后会出现‘第三帝国’，即‘圣灵之国’。”①

在《第三帝国》中，962年至1806年的神圣罗马帝国被称为“第一帝国”(Das erste Reich)；1871年至1918年的德意志帝国被称为“第二帝国”（Das zweite Reich)；未来的“第三帝国”则“预言了一种新的秩序，所有政治的和社会的对立都将在其中实现统一”②。范登布鲁克认为：“第二帝国是一个不完美的帝国。它没有将奥地利包含在内，奥地利在第一帝国灭亡时得以幸存，与我们的第二帝国并存。我们的第二帝国是一个小德意志帝国，我们只能将之视为迈向大德意志帝国的阶梯。”③范登布鲁克主张建立包含奥地利在内的大德意志帝国，非常符合希特勒的设想。

在希特勒统治时期，“第三帝国”的叫法便流行开来。1933年1月31日，在希特勒被任命为总理的次日，纳粹党的机关报《人民观察家报》（*Völkischer Beobachter*）便发表了纳粹理论家阿尔弗雷德·罗森堡的文章《第三帝国的基石》（*Der Grundstein zum Dritten Reich*），认为1月30日“为德国的重建奠定了基础”，文中将希特勒称为“元首”(Führer)，反驳社会民主党将希特勒称为“反对德意志工人运动的匪帮首领”（Bandenführer gegen die deutsche Arbeiterbewegung）的用法，将社会民主党贬称为“十一月罪犯”（Novemberverbrecher）。④从该文标题“第三帝国的基石”这个名称来看，“第三帝国”这个称呼已经得到了

---

① 维克多·克莱普勒：《第三帝国的语言：一个语文学者的笔记》，印芝虹译，商务印书馆，2013年版，第293~294页。

② Otto Brunner, Werner Conze & Reinhart Koselleck (Hrsg.), *Geschichtliche Grundbegriffe: Historisches Lexikon zur politisch-sozialen Sprache in Deutschland*, Band 5, Stuttgart: J. G. Gotta'sche Buchhandlung Nachfolger GmbH, 2004, S. 506.

③ Moeller Van den Bruck, *Germany's Third Empire*, London: George Allen & Unwin Ltd., 1934, p. 259.

④ Alfred Rosenberg, Der Grundstein zum Dritten Reich, *Völkische Beobachter*, 31. Januar, 1933.

纳粹党的认同。1933年，纳粹德国的宣传部部长戈培尔曾组织大量出版《第三帝国》。①范登布鲁克被认为属于纳粹德国“政治信条的贡献者之列”②。而到了1939年，纳粹德国宣传部“下令禁止正式使用这个概念”③。因为纳粹党的政权早已巩固，“此时已经不再需要区区一个穆勒的支持。此时惟余元首一人，而且人们想把新国家的创立归功于他一人”④。

1960年，美国记者威廉·夏伊勒发表《第三帝国的兴亡：纳粹德国史》（*The Rise and Fall of the Third Reich*：*A History of Nazi Germany*）⑤，通过大量档案文献，对纳粹德国时期的历史进行了深入研究，反响很大，也促使“第三帝国”这个名称广为流传。由于“Reich”一词含义复杂，该书并没有用“empire”来翻译“Reich”，而是直接采用了“Reich”一词，称纳粹德国为“the Third Reich”。

纳粹德国还被称为“千年王国”（Das Tausendjährige Reich）。“千年王国”本是基督教中的神学概念，指耶稣在世界末日前直接统治世界的一千年。据《新约·启示录》记载：在耶稣统治的这一千年，善人将复活，“与基督一同作王一千年”⑥；之后，恶人将复活，接受最后的审判。“希特勒关于千年王国的想象明显受到《启示录》中预告的

---

① 韦尔纳·哈斯：《小写的“第三帝国”》，收录于曹卫东主编：《危机时刻：德国保守主义革命》，上海人民出版社，2014年版，第162页。

② 戈尔哈德·科里波斯：《范登布鲁克：第三帝国的发明者》，收录于曹卫东主编：《危机时刻：德国保守主义革命》，上海人民出版社，2014年版，第135页。

③ 维克多·克莱普勒：《第三帝国的语言：一个语文学者的笔记》，印芝虹译，商务印书馆，2013年版，第294页。

④ 韦尔纳·哈斯：《小写的“第三帝国”》，收录于曹卫东主编：《危机时刻：德国保守主义革命》，上海人民出版社，2014年版，第162页。

⑤ William L. Shirer, *The Rise and Fall of the Third Reich*：*A History of Nazi Germany*, New York：Simon & Schuster, 1960.

⑥ 《新约·启示录》20：4，《圣经》（简体和合本），中国基督教三自爱国运动委员会、中国基督教协会，2007年版。

圣徒千年统治的启发。"①这个概念被纳粹用来增加统治的神秘色彩，最终希特勒的统治持续了 12 年。

第三节　德意志联邦共和国与德意志民主共和国

1945 年，纳粹德国在第二次世界大战中战败，被美、苏、英、法四大国分区占领。奥德-尼斯河以东的领土被划给了波兰和苏联，形成了新的东部边界；奥地利也被四大国分区占领，脱离了德国。

在盟国的允许下，德国的政党开始重新活动，但由于被分区占领，全国性的政党也处于分离状态。1945 年 6 月，德国社会民主党重新开始活动。1946 年 4 月 21 日，苏占区的社会民主党和共产党合并组成德国统一社会党（Sozialistische Einheitpartei Deutschlands，SED）。西占区的社会民主党则独自发展，成为后来联邦德国的主要政党之一。

1945 年，一些原中央党的政治家筹备建立了基督教民主联盟（Christliche Demokratische Union，CDU，简称为基民盟），联合了天主教和新教的政治派别。这种联盟吸取了魏玛共和国时期的教训，当时各政党和阶级之间的分裂是纳粹党上台的重要原因。"该名称一是强调基督教的整体意识，争取团结各个教派的力量；二是避免使用'党'这个概念，以吸引各个阶层的人士。"②

在冷战的背景下，美国主导的西占区和苏联主导的苏占区分别开始筹备建立国家。

一、两个德国的建立与国号的确立

在西占区，当时美国、英国和法国对德国未来政治制度的设想各不相同：

① Craig R. Koester（Edit.），*The Oxford Handbook of the Book of Revelation*，Oxford：Oxford University Press，2020，p. 450.

② 郑寅达：《德国史》，人民出版社，2014 年版，第 454 页。

> 法国人坚持要求成立一个尽可能松散的邦联组织和一个尽可能软弱无力的中央政府，也就是说，邦联的权力尽可能弱一些。克莱将军主张建立一种与美国联邦宪法相应的制度。英国发言人罗伯逊将军在赞成联邦制的前提下，同意中央政府有较大的权力。①

虽然西方三大国的态度并不一致，但有一个共同点是摒弃纳粹时代的极权统治，建立邦联或联邦的国家体制，而邦联或联邦（Bund）本身也是德国的传统。

1948年8月，西占区各州派代表在巴伐利亚的海伦基姆湖（Herrenchimsee）召开宪法会议，为未来制定《基本法》奠定了基础。在会议期间，有代表提出建议的国号为“德意志联邦”（Bund deutscher Länder）②。这一名称基本上体现了西方三大国的设想。

从1948年9月，西占区各州派出代表组成议会委员会（Parlamentarische Rat），基督教民主联盟的康拉德·阿登纳当选为主席。议会委员会的主要任务是为即将在西占区建立的国家制定一部宪法性的《基本法》（*Grundgesetz*）。之所以叫“基本法”，而不是叫“宪法”（Verfassung），就是为了表明这部法律是临时性的，“它的有效性只到德国重新统一之日为止”③。

海伦基姆湖宪法会议提出的国号并没有得到普遍认可。1948年10月6日，议会委员会的基本原则问题委员会（Ausschuss für Grundsatzfrage）再次开始讨论国号等重大问题，主席是基督教民主联盟的赫尔曼·冯·曼戈尔特（Hermann von Mangoldt）。会议一开始讨论基本法的名称，就涉及国号问题。主席曼戈尔特公布的草案是“自由德国基本法”

---

① 康拉德·阿登纳：《阿登纳回忆录》（1945—1953），杨寿国等译，上海人民出版社，2018年版，第127~128页。

② Helmut Berschin, *Deutschland—ein Name im Wandel: die Deutsche Frage im Spiegel der Sprache*, München: Olzog, 1979, S. 20.

③ 康拉德·阿登纳：《阿登纳回忆录》（1945—1953），杨寿国等译，上海人民出版社，2018年版，第143页。

(Grundgesetz des Freien Deutschlands)①。社会民主党的卡罗·施密特(Carlo Schmid)立即插言道:"这让人想起了自由德国(Freies Deutschland)。"② 1943年至1945年，流亡在苏联的德国共产党员和德国战俘曾成立"自由德国民族委员会"(Nationalkomitee Freis Deutschland)。

接下来，曼戈尔特宣读了《基本法》的前言，其中提道："1919年8月11日魏玛宪法所建立的德意志共和国（deutschen Republik）不可分割。"③这里将魏玛共和国称为"德意志共和国"，而没有使用正式国号"德意志国"，显示了他对共和国政体的认同。接下来自由民主党主席特奥多尔·豪斯（Theodor Heuss）在会上宣读了他早已起草好的《基本法》前言：

> 在巴登、巴伐利亚等邦国的德意志人民已通过《德意志联邦共和国基本法》(*Grundgesetz der Bundesrepublik Deutschland*) 重建了国家生活中的宪法秩序……其他邦国的人民应加入德意志联邦共和国，为重新建立民族的统一和自由共同决定，并承担责任。④

委员们就《基本法》前言的内容进行讨论后，专门讨论了国号问题。《基本法》草案原稿中的"自由德国"表达了德国人民追求解放的心愿，但与曾在苏联存在的"自由德国民族委员会"名称相似，显然

① Eberhard Pikart & Wolfram Werner (Hrsg.), *Der Parlamentarische Rat 1948-1949: Akten und Protokolle*, *Band* 5 Ⅰ, *Ausschuß für Grundsatzfragen*, Boppard am Rhein: Harald Boldt Verlag, 1993, S. 157.

② Eberhard Pikart & Wolfram Werner (Hrsg.), *Der Parlamentarische Rat 1948-1949: Akten und Protokolle*, *Band* 5 Ⅰ, *Ausschuß für Grundsatzfragen*, Boppard am Rhein: Harald Boldt Verlag, 1993, S. 157.

③ Eberhard Pikart & Wolfram Werner (Hrsg.), *Der Parlamentarische Rat 1948-1949: Akten und Protokolle*, *Band* 5 Ⅰ, *Ausschuß für Grundsatzfragen*, Boppard am Rhein: Harald Boldt Verlag, 1993, S. 157.

④ Eberhard Pikart & Wolfram Werner (Hrsg.), *Der Parlamentarische Rat 1948-1949: Akten und Protokolle*, *Band* 5 Ⅰ, *Ausschuß für Grundsatzfragen*, Boppard am Rhein: Harald Boldt Verlag, 1993, S. 158.

不适合作为正式国号。豪斯的发言中提议的国号则是“德意志联邦共和国”。

基督教民主联盟的雅各布·凯泽（Jakob Kaiser）希望保留“Das Deutsche Reich”这个传统的国号。凯泽询问卡罗·施密特对“Das Deutsche Reich”的态度时，卡罗·施密特主张抛弃这个 1871 年以来的国号。他认为：“‘Reich’这个词在我们周边民族中间意味着一种侵略性的音调。‘Reich’会被人们理解为一种统治的要求。”①他提出建议采用“德意志共和国”(die Deutsche Republik)作为国号:“‘共和’(Republik)一词表达了大多数人的要求。”②这是社会民主党自魏玛共和国建立之初便坚持采用的国号。1947 年 7 月，社会民主党党代会便通过纲领《建立德意志共和国的指导方针》。③

在讨论期间，施密特曾发言说道：“从逻辑上说，我们有资格最后说……为了德意志联邦共和国的临时秩序颁布《基本法》。”④这表明他是可接受“德意志联邦共和国”这个国号的，里面含有社会民主党要求的共和。

豪斯在该日讨论的最后，解释了他的国号提议：

“德意志联邦共和国”这个建议不是来自我，而是来自我的一

---

① Eberhard Pikart & Wolfram Werner（Hrsg.）, *Der Parlamentarische Rat 1948-1949: Akten und Protokolle*, *Band* 5 Ⅰ, *Ausschuß für Grundsatzfragen*, Boppard am Rhein: Harald Boldt Verlag, 1993, S. 169.

② Eberhard Pikart & Wolfram Werner(Hrsg.), *Der Parlamentarische Rat 1948-1949: Akten und Protokolle*, *Band* 5 Ⅰ, *Ausschuß für Grundsatzfragen*, Boppard am Rhein: Harald Boldt Verlag, 1993, S. 170.

③ Sebastian Ullrich, Mehr als Schall und Rauch, Der Streit um den Namen der ersten deutschen Demokratie 1918-1949, in: Moritz Föllmer, Rüdiger Graf（Hrsg.）, *Die ,,Krise“ der Weimarer Republik. Zur Kritik eines Deutungsmusters*, Frankfurt a. M.: Campus Verlag, 2005, S. 204.

④ Eberhard Pikart & Wolfram Werner（Hrsg.）, *Der Parlamentarische Rat 1948-1949: Akten und Protokolle*, *Band* 5 Ⅰ, *Ausschuß für Grundsatzfragen*, Boppard am Rhein: Harald Boldt Verlag, 1993, S. 169.

个朋友。……“Deutschland”一词给我们所有人一种热情，这是“德意志邦国”（deutsche Länder）、“联盟”（Union）以及“德意志共和国”（Deutsche Republik）所没有的。“Deutschland”一词能在平静中引发人的一种热情，而不是以强权的方式。①

10月20日，基本原则问题委员会对国号问题进行了最终讨论。德意志党的代表汉斯·克里斯托夫·希博姆（Hans Christoph Seebohm）提出，为了历史的延续性，继续采用“德意志国”（Deutsches Reich）这个国号，这遭到了多数代表的反对。最终，豪斯提出的国号“德意志联邦共和国”获得大多数代表的支持，在10月20日这一天，国号最终确定。有趣的是，豪斯在1948年10月6日的会议上说“德意志联邦共和国”的提议来自一个朋友，但在1956年，他则表示，这个提议来自他自己。②

“德意志联邦共和国”这一国号，概括了德国最为重要的国家结构和政体特征，即联邦制和共和制。由于历史上长期分裂，德国有地方自治的联邦（Bund）传统，Bund具有“联邦”“邦联”和“同盟”三层含义。“共和”（Republik）的本意是“人民的公共事务”，历代对共和的阐释也各不相同。据现代公认的含义，共和制是与君主制相对应的政治体制，即国家首脑等主要官员等都是通过人民选举产生的制度，融合了人民主权和民主的理念。

1949年5月12日，西占区的盟国军事当局批准了《基本法》，然后交由西部各州议会批准。结果是10个州批准，仅巴伐利亚未批准，达到了2/3的多数要求，顺利通过。5月23日，西占区在新选定的首

① Eberhard Pikart & Wolfram Werner（Hrsg.），*Der Parlamentarische Rat 1948-1949: Akten und Protokolle*，*Band* 5 Ⅰ，*Ausschuß für Grundsatzfragen*，Boppard am Rhein: Harald Boldt Verlag，1993，S. 171.

② Eberhard Pikart & Wolfram Werner（Hrsg.），*Der Parlamentarische Rat 1948-1949: Akten und Protokolle*，*Band* 5 Ⅰ，*Ausschuß für Grundsatzfragen*，Boppard am Rhein: Harald Boldt Verlag，1993，S. 171.

都波恩举行盛大仪式，议会委员会成员和西部各州州长和议长等签署了《基本法》。《基本法》即日起生效，这标志着德意志联邦共和国（Bundesrepublik Deutschland）的诞生，按阿登纳的说法："从1949年5月23日起，德意志联邦共和国登上了历史舞台。"① "Deutschland"首次成为德国国号的一部分。国号中的"Bund"一词则用于中央各机构名称，如联邦总统（Bundespräsident），由联邦大会（Bundesversammlung）选举产生。联邦大会由联邦议院议员和各州选派的与联邦议员相同数量的代表组成，唯一功能就是选举联邦总统。"Bundesversammlung"原是1815年至1866年德意志邦联各邦选派代表组成的邦联议会的名称。

1949年9月12日，豪斯当选为联邦德国首任联邦总统。9月15日，阿登纳当选为首任联邦总理（Bundeskanzler）。联邦德国吸取了魏玛共和国时期的教训，在制度设计上，总统不再掌握实权，是国家的象征。联邦总理作为行政首脑，主导国家的大政方针，由联邦议院（Bundestag）选举产生。联邦议院则由民众普选产生。联邦参议院（Bundesrat）遵循德国历史的传统，由各州政府选派代表组成，对涉及州的法案具有一定的否决权。联邦德国由于首都位于波恩，也被称为"波恩共和国"（Bonner Republik）②。

"德意志联邦共和国"这一国号在联邦德国内部也遭到一些人的反对，如议会委员会中德国共产党的代表海因茨·伦讷（Heinz Renner）认为："我认为，议会委员会没有权力将西部德国或其余德国（Restdeutschland）直接称为德国……德国应该是一个不可分割的民主共和国，作为一个整体存在。"③莱纳看到将德国一部分称为"德国"

---

① 康拉德·阿登纳：《阿登纳回忆录》（1945—1953），杨寿国等译，上海人民出版社，2018年版，第146页。

② Frank Brunssen, *Das neue Selbstverständis der Berliner Republik*, Würzburg: Verlag Königshausen & Neumann, 2005, S. 12.

③ Helmut Berschin, *Deutschland—ein Name im Wandel: die Deutsche Frage im Spiegel der Sprache*, München: Olzog, 1979, S. 21-22.

将会引发涉及统一问题的争论，由此拒绝签署《基本法》。而德国统一与否并不能由德国决定，德国分裂的局面很快变成了现实。

在苏联的主导下，1949 年 10 月 7 日，德意志民主共和国（Deutsche demokratische Republik）成立，国号缩写为 DDR，在汉语中简称为“民主德国”。“德意志民主共和国”这一国号来自德国统一社会党在 1946 年的提议。1946 年，苏占区的军事占领机构要求德国统一社会党起草一部针对全德国的宪法。具体负责起草的是法学家卡尔·波拉克（Karl Polak）。他曾在 1933 年至 1946 年在苏联生活，对德国和苏联的法律体系都非常熟悉。1946 年 11 月 14 日，德国统一社会党提出了《德意志民主共和国宪法草案》（*Entwurf der SED für eine Verfassung der Deutschen Demokratischen Republik*）。这一宪法草案成为 1949 年民主德国宪法的基础，并为未来的共和国确立了国号。

1947 年 12 月 6 日和 7 日，苏占区在柏林召开第一届德国人民代表大会（Der Deutsche Volkskongress），要求建立德国中央政府，签订公正的和约。1948 年 3 月，苏占区在柏林举行第二届德国人民代表大会，并选出德国人民委员会（Deutsche Volkskomitee）作为常设机构。10 月 22 日，德国人民委员会通过了德国统一社会党提出的《德意志民主共和国宪法草案》。

1949 年 5 月 29 日和 30 日，苏占区在柏林召开第三届德国人民代表大会，批准了宪法草案。1949 年民主德国宪法的第一条第一款规定：“德国是一个不可分裂的民主共和国，由德意志邦国组成。”（Deutschland ist eine unteilbare demokratische Republik; sie baut sich auf den deutschen Ländern auf.）①第二条才提及正式的国号：“德意志民主共和国的国旗是黑红金三色旗。”②可见，民主德国先从全德国的角度提出了“不可分裂的民主共和国”的国家愿景，再论述民主德国的制度，

① Die Verfassung der Deutschen Demokratischen Republik, *Gesetzblatt der Deutschen Demokratischen Republik*, Nr. 1, 8. Oktober, 1949, S. 6.

② Die Verfassung der Deutschen Demokratischen Republik, *Gesetzblatt der Deutschen Demokratischen Republik*, Nr. 1, 8. Oktober, 1949, S. 6.

将民主德国作为了德国的一部分。

“民主”（Demokratie）一词的本意是“人民统治”，“Demo”是“人民”的意思，“kratie”是“统治”的意思。民主制度起源于古希腊的城邦政治，当时一些城邦建立了民众集体开会决定城邦事务的直接民主制度。但民主制度在早期名声并不好，经常与暴民专制联系在一起。近代以来，随着代议制民主制度的兴起，民主成为主流正面的政治体制。1905 年，俄国爆发革命，出现了工人代表会议的组织形式，即苏维埃（Soviet），由此产生了社会主义民主体制。苏维埃就是俄语中“代表会议”的意思。1918 年，德国十一月革命期间，这种制度曾发挥重要影响力。1920 年，德国巴伐利亚曾建立了苏维埃共和国，后来遭到镇压。

可见，两个德国的国号中都明确了共和国的政体特征，弥补了魏玛共和国时期的不足，区别在于联邦德国强调分权的联邦体制，民主德国强调社会主义民主制度。

二、两个德国的国号争端

“德意志联邦共和国”（Bundesrepublik Deutschland）这一国号按照德语惯例可以缩写为“BRD”。1949 年 6 月，在联邦德国诞生约一个月后，法学教授威廉·格里弗（Wilhelm Grewe）在一篇论文中使用了这一缩写形式。①之后，BRD 开始在社会上使用。但在冷战期间，这一缩写形式却引发了争议。当时联邦德国和民主德国都自称是德国的合法代表。如何称呼自己和对方便从一个语言问题转变为一个政治问题。

联邦德国在《基本法》中确立了完成国家统一的目标，《基本法》序言中写道：“整个德意志民族应通过自由的自决方式实现德国的统一

① Manfred W. Hellmann, Das ,,kommunistische Kürzel BRD“. Zur Geschichte des öffentlichen Umgangs mit den Bezeichnungen für die beiden deutschen Staaten, in: Irmhild Barz, Marianne Schröder (Hrsg.), *Nominationsforschung im Deutschen. Festschrift für Wolfgang Fleischer zum* 75. *Geburtstag*, Frankfurt a. M.: Lang, 1997, S. 98.

与自由。”①联邦德国认为自身是历史上的德意志国（Das deutsche Reich）的唯一继承国。1949 年 10 月 21 日，联邦总理阿登纳在联邦议院发表了不承认民主德国的宣言。宣言中写道：“德意志联邦共和国是德国统一之前德意志民族唯一合法的国家组织……德意志联邦共和国对生活在苏占区（Sowjetzone）的 1800 万德国人的命运负有责任。”②宣言不承认民主德国政权的合法性，将民主德国称为“苏占区”。

1964 年，联邦德国全德问题事务部（Bundesministerium für Gesamtdeutsche Frage）部长埃里希·门德斯（Erich Mendes）强调要避免使用“德意志民主共和国”这一用法，因为“联邦共和国与中部德国（Mitteldeutschland）不是国与国之间的关系。联邦共和国不承认苏占区（Sowjetische Besatzungszone）是国家”③。这里的“中部德国”和“苏占区”指的都是民主德国。民主德国的疆域位于历史上德意志国中部。这些称呼使“民主德国从概念上成为联邦共和国的一部分”④。同时，联邦德国坚持使用“德国”（Deutschland）这一简称，表示自己是德国的唯一代表，“将 DDR 从 Deutschland 这一概念中排除出去”⑤。

---

① Grundgesetz für die Bundesrepublik Deutschland vom 23. Mai 1949, *Bundesgesetzblatt*, Nr. 1, 1949, S. 1.

② Erklärung von Bundeskanzler Adenauer vor dem Deutschen Bundestag am 21. Oktober 1949, in: Merith Niehuss und Ulrike Lindner (Hrsg.), *Deutsche Geschichte in Quellen und Darstellung*, *Band 10*, *Besatzungszeit*, *Bundesrepublik und DDR 1945-1969*, Stuttgart: Philipp Reclam jun., 1998, 205.

③ Charlotta Seiler Brylla, Strategische Benennungen: Zur Sprachgeschichte des geteilten Deutschland in einem deutsch-schwedischen Kontext, *LiLi*: *Zeitschrift für Literaturwissenschaft und Linguistik*, Vol. 49, 2019, S. 285.

④ Charlotta Seiler Brylla, Strategische Benennungen: Zur Sprachgeschichte des geteilten Deutschland in einem deutsch-schwedischen Kontext, *LiLi*: *Zeitschrift für Literaturwissenschaft und Linguistik*, Vol. 49, 2019, S. 285.

⑤ Manfred W. Hellmann, Das „kommunistische Kürzel BRD“. Zur Geschichte des öffentlichen Umgangs mit den Bezeichnungen für die beiden deutschen Staaten, in: Irmhild Barz, Marianne Schröder (Hrsg.), *Nominationsforschung im Deutschen. Festschrift für Wolfgang Fleischer zum 75. Geburtstag*, Frankfurt a. M.: Lang, 1997, S. 95.

1965 年 7 月，联邦德国全德问题事务部颁布《关于称呼德国、德国内部分界线以及德国内部地点的指导方针》(*Richtlinien für die Bezeichnung Deutschlands, der Demarkationslinien innerhalb Deutschlands sowie der Orte innerhalb Deutschlands*, 下文简称《指导方针》)，规定国名可以简称为“德国”(Deutschland)，建议不使用“BRD”和“Bundesrepublik”(联邦共和国）这两种用法，因为这两种用法中没有“Deutschland”这个词。①但 BRD 这一缩写形式事实上已经被广泛使用。

《指导方针》规定将“1945 年苏联占领的奥德-尼斯河以西的德国地区称为“德国的苏占区”（Sowjetische Besatzungszone Deutschlands），缩写为 SBZ，或简称为“苏占区”（Sowjetzone）。也不反对称之为“中部德国”（Mitteldeutschland）。② 文件避免将民主德国称为“东德”，而是详细描述了其地理方位，还允许将民主德国称为“中部德国”。《指导方针》还规定了对德国历史上拥有的奥德-尼斯河以东地区的称呼为“‘目前外国治下的德国东部领土’(Deutsche Ostgebiet, zur Zeit unter fremder Verwaltung)，简称为‘德国东部领土’（Deutsche Ostgebiet）”③。由于德国东部领土在“二战”后分属苏联和波兰两国，因此，不同区域还有详细的称呼。如将割让给苏联的东普鲁士地区称为“目前苏联治下的德国东部领土”(Deutsche Ostgebiet, zur Zeit unter sowjetischer Verwaltung)，或将其称为“苏联治下的东普鲁士”(Ostpreußen, zur Zeit

---

① Richtlinien für die Bezeichnung Deutschlands, der Demarkationslinien innerhalb Deutschlands sowie der Orte innerhalb Deutschlands, *Ministerialblatt für das Land Nordrhein-Westfalen*, Nr. 117, 17. September 1965, S. 1220.

② Richtlinien für die Bezeichnung Deutschlands, der Demarkationslinien innerhalb Deutschlands sowie der Orte innerhalb Deutschlands, *Ministerialblatt für das Land Nordrhein-Westfalen*, Nr. 117, 17. September 1965, S. 1220.

③ Richtlinien für die Bezeichnung Deutschlands, der Demarkationslinien innerhalb Deutschlands sowie der Orte innerhalb Deutschlands, *Ministerialblatt für das Land Nordrhein-Westfalen*, Nr. 117, 17. September 1965, S. 1220.

unter sowjetischer Verwaltung)。①将割让给波兰的领土称为“波兰治下的德国东部领土（Deutsche Ostgebiete, z. Z. unter polnischer Verwaltung）或者相应的领土名称（如目前波兰治下的波莫瑞［Pommern, z. Z. unter polnischer Verwaltung］）”②。

这些称呼虽然冗长，但表明了联邦德国不承认奥德-尼斯河边境线，仍希望收回东部领土的决心。在当时冷战的背景下，收回这些领土的希望是很渺茫的。1990 年，美苏英法四大国同意德国统一的一个前提便是联邦德国承认奥德-尼斯河边境线。至此，德国才彻底放弃对奥德-尼斯河以东领土的要求。

民主德国建国后，也认为自身继承了历史上的德意志国，并呼吁通过和谈实现德国的统一。民主德国早期将联邦德国称为“西德”(Westdeutschland)或“西德意志联邦共和国”(Westdeutsche Bundesrepublik)或“联邦共和国”，也按照自身的国号 Deutsche Demokratische Repulik 的形式将联邦德国称为“Deutsche Bundesrepublik，缩写为 DBR”③，不使用其正式国号 Bundesrpublik Deutschland，避免将之称为“德国”(Deutschland)。因为两个德国从建国开始，便处于一种敌对和竞争的关系。1961 年，民主德国围绕西柏林修建了一堵墙，名为“反法西斯防卫墙”（Antifaschistischer Schutzwall)，一般称为“柏林墙”（Berliner Mauer)，阻止东德居民通过西柏林进入联邦德国。

20 世纪 60 年代，两个德国分裂的局面逐步固定下来，民主德国放

---

① Richtlinien für die Bezeichnung Deutschlands, der Demarkationslinien innerhalb Deutschlands sowie der Orte innerhalb Deutschlands, *Ministerialblatt für das Land Nordrhein-Westfalen*, Nr. 117, 17. September 1965, S. 1220.

② Richtlinien für die Bezeichnung Deutschlands, der Demarkationslinien innerhalb Deutschlands sowie der Orte innerhalb Deutschlands, *Ministerialblatt für das Land Nordrhein-Westfalen*, Nr. 117, 17. September 1965, S. 1220.

③ Manfred W. Hellmann, Das „kommunistische Kürzel BRD“. Zur Geschichte des öffentlichen Umgangs mit den Bezeichnungen für die beiden deutschen Staaten, in: Irmhild Barz, Marianne Schröder (Hrsg.), *Nominationsforschung im Deutschen. Festschrift für Wolfgang Fleischer zum* 75. *Geburtstag*, Frankfurt a. M.: Lang, 1997, S. 99.

弃了统一德国的目标，希望在平等基础上建立两个德国的正常关系。1968 年，民主德国修改宪法。宪法第一条是："德意志民主共和国是一个德意志民族的社会主义国家。(Die Deutsche Demokratische Republik ist ein sozialistischer Staat deutscher Nation.)"①与 1949 年的《宪法》相比，1968 年的宪法不再从全德国的角度论述，但仍强调自身是德意志民族的国家。《宪法》序言论述了修改宪法的背景："鉴于美国领导的帝国主义和西德的垄断资本（westdeutschen Monopolkapitals）联合起来分裂了德国，将西德（Westdeutschland）建成为帝国主义和反社会主义的基地的历史事实……"②

1969 年，随着联邦德国总理勃兰特提出"新东方"政策，东西德关系好转，联邦德国的全德问题事务部改名为"德国内部关系部"(Bundesministerium für innerdeutsche Beziehung)。1969 年 12 月，民主德国国务委员会主席瓦尔特·乌布利希向联邦德国总统建议两个德国建立外交关系，在提议中称呼了联邦德国的正式国号"德意志联邦共和国"，首次正式使用了"BRD"这一缩写的国号，并将之与民主德国国号的缩写 DDR 相并列。③

1972 年 12 月 21 日，联邦德国与民主德国签订《关于德意志联邦共和国与德意志民主共和国之间关系的基础条约》(*Der Vertrag über die Grundlagen der Beziehungen zwischen der Bundesrepublik Deutschland und der Deutschen Demokratischen Republik*)，相互承认了对方。1973 年 9 月 18 日，联邦德国和民主德国同日加入联合国。

---

① Verfassung der DDR vom 6. April 1968, in: Dieter Grosser, Stephan Bierling und Beate Neuss (Hrsg.), *Deutsche Geschichte in Quellen und Darstellung, Band 11, Bundesrepublik und DDR 1969-1990*, Stuttgart: Philipp Reclam jun., 1996, S. 219.

② Verfassung der DDR vom 6. April 1968, in: Dieter Grosser, Stephan Bierling und Beate Neuss (Hrsg.), *Deutsche Geschichte in Quellen und Darstellung, Band 11, Bundesrepublik und DDR 1969-1990*, Stuttgart: Philipp Reclam jun., 1996, S. 219.

③ Manfred W. Hellmann, Das ,,kommunistische Kürzel BRD". Zur Geschichte des öffentlichen Umgangs mit den Bezeichnungen für die beiden deutschen Staaten, in: Irmhild Barz, Marianne Schröder (Hrsg.), *Nominationsforschung im Deutschen. Festschrift für Wolfgang Fleischer zum 75. Geburtstag*, Frankfurt a. M.: Lang, 1997, S. 103.

1974年，民主德国再次修改宪法。宪法第一条改为："德意志民主共和国是一个工人和农民的社会主义国家……（Die Deutsche Demokratische Republik ist ein sozialitischer Staat der Arbeiter und Bauern……）。"①与1968年的宪法相比，1974年的宪法将"德意志民族的社会主义国家"改为"工人和农民的社会主义国家"，强调了工农政权的属性，去掉了德意志民族的属性。

联邦德国本来就反对使用"BRD"这一国号缩写，在被民主德国官方称为"BRD"后，开始更强烈地规范国内的用法，尤其反对将"BRD"与民主德国的国号缩写DDR相并列。"BRD"被联邦德国官方认为是"共产主义式的缩写"（das kommunistische Kürzel）②。1974年3月31日，联邦德国政府要求各级政府在公文中使用"德意志联邦共和国"这一全称。但事实上，"BRD"这一缩写形式已经在广泛使用。1977年，德语语言协会（Gesellschaft für deutsche Sprache）正式接纳了"BRD"这一缩写作为词条。③

联邦德国官方不断采取措施，抑制对"BRD"的使用，甚至延伸到其他德语国家。1978年初，"BRD"这一缩写形式被奥地利媒体使用后，1978年2月16日，联邦议院讨论了联邦德国驻维也纳大使馆如何制止奥地利媒体使用这个简称。④1979年11月30日，联邦德国内政部

① Verfassung der DDR in der ergänzten und geänderten Version vom 7. Oktober 1974, in: Dieter Grosser, Stephan Bierling und Beate Neuss (Hrsg.), *Deutsche Geschichte in Quellen und Darstellung, Band 11, Bundesrepublik und DDR 1969-1990*, Stuttgart: Philipp Reclam jun., 1996, S. 221.

② Manfred W. Hellmann, Das „kommunistische Kürzel BRD". Zur Geschichte des öffentlichen Umgangs mit den Bezeichnungen für die beiden deutschen Staaten, in: Irmhild Barz, Marianne Schröder (Hrsg.), *Nominationsforschung im Deutschen. Festschrift für Wolfgang Fleischer zum 75. Geburtstag*, Frankfurt a. M.: Lang, 1997, S. 93.

③ Die Diskussion um den Gebrauch der Abkürzung „BRD", *Aktueller Begriff*, Deutscher Bundestag Wissenschafte Dienste, 4. September, 2009, S. 1.

④ Manfred W. Hellmann, Das „kommunistische Kürzel BRD". Zur Geschichte des öffentlichen Umgangs mit den Bezeichnungen für die beiden deutschen Staaten, in: Irmhild Barz, Marinanne Schröder (Hrsg.), *Nominationsforschung im Deutschen. Festschrift für Wolfgang Fleischer zum 75. Geburtstag*, Frankfurt a. M.: Lang, 1997, S. 93.

的议会国务秘书安德烈·冯·薛勒（Andreas von Schoeler）在联邦议院表示，不要使用“BRD”这一缩写。① 1981 年 2 月 12 日，德国文化部长会议决议，在教科书和图表中不能使用“BRD”这一缩写。②但使用更简洁经济的语言表达方式是人的天性，所以官方的努力并没有太大效果。

1989 年 11 月 9 日，柏林墙倒塌。1990 年 10 月 3 日，德国再次统一。统一谈判期间，民主德国末任总理洛塔尔·德梅齐埃（Lothar de Maizière）建议统一后的德国采用“Deutsche Bundesrepublik”作为国号③，这个名称也是“德意志联邦共和国”的意思，与“Bundesrepublik Deutschland”含义相似，区别在于将“Deutschland”（德国）改为了“Deutsch”（德意志的）。这个名称也是冷战时期民主德国对联邦德国的称呼之一。这一建议没有得到采纳。还有人建议采用“德意志共和国”（Deutsche Republik）作为新的国号。④这个国号自魏玛共和国建立之初便被社会民主党等派别呼吁采用为国号，一直没有成功，但其共和的精神早已融合在“二战”后两个德国的国号之中。这次努力仍然没有成功。由此，“Bundesrepublik Deutschland”（德意志联邦共和国）成为这个统一国家的唯一国号，国号问题才彻底解决。

1991 年 11 月 8 日，联邦德国文化部长会议通过决议，确定了教科书和地图册中关于国名的表述方式：“国号为德意志联邦共和国，在小比例尺地图中可以称为‘德国’。”⑤ 新的规定对国号缩写为“BRD”

---

① Die Diskussion um den Gebrauch der Abkürzung „BRD“, *Aktueller Begriff*, Deutscher Bundestag Wissenschafte Dienste, 4. September, 2009, S. 1.

② Die Diskussion um den Gebrauch der Abkürzung „BRD“, *Aktueller Begriff*, Deutscher Bundestag Wissenschafte Dienste, 4. September, 2009, S. 1-2.

③ Frank Brunssen, *Das neue Selbstverständis der Berliner Republik*, Würzburg: Verlag Königshausen & Neumann, 2005, S. 19.

④ Frank Brunssen, *Das neue Selbstverständis der Berliner Republik*, Würzburg: Verlag Königshausen & Neumann, 2005, S. 19.

⑤ Grundsätze für die Darstellung Deutschlands und die Bezeichnung außerhalb der Bundesrepublik Deutschland gelegener Städte und Ortschaften in Schulbüchern und Kartographischen Werken für den Schulunterricht, Beschluß der Kultusministerkonferenz vom 8. 11. 1991. https://www.kmk.org/themen/allgemeinbildende-schulen/weitere-themen/lehr-und-lernmittel.html 访问时间：2020 年 11 月 6 日。

也不再禁止。从此，“BRD”作为德国国号的缩写形式被更加广泛地使用开来。

1949年联邦德国制定的《基本法》本来是临时性的宪法，《基本法》第146条规定：“本基本法在德意志民族经自由决定通过的宪法生效之日起停止生效。”①德国统一后，《基本法》做了适度修改，使其法律效力扩展到整个德国，以适应统一后的德国。由于《基本法》已成功实施多年，且已得到民众的认可，德国没有再制定新的《宪法》。

1991年，德国联邦议院决议，将首都迁回柏林。1999年，德国政府完成了搬迁，柏林重新成为整个德国的政治中心，这个共和国也因此被称为“柏林共和国”（Berliner Republik）②。这不是一个简单的首都搬迁问题和国号的别称，“它清楚地代表着联邦共和国在经历1989年至1990年历史剧变后自我意识的改变”③。经过近半世纪的冷战和分裂后，两个德国的统一“重新建立了一个民族国家，为解决全体德意志民族新的民族认同问题提供了可能”④。而两个德国因长期分离而产生的心理隔阂与经济社会的巨大差异，都将影响这种新的民族认同的构建。“柏林共和国”这一别称代表了德国统一后的一种新的形态。这一名称也遭到了一些政治家的反对。1999年7月1日，联邦议院在迁往柏林前夕召开了一次会议，前总理科尔发表演讲：“我们迁往柏林，但并不是开始一个新的共和国。因此我们应该放弃‘柏林共和国’这一说法。”⑤这回应了当时一些人担心德国首都迁回柏林后重

---

① Grundgesetz für die Bundesrepublik Deutschland vom 23. Mai 1949, *Bundesgesetzblatt*, Nr. 1, 1949, S. 19.

② Frank Brunssen, *Das neue Selbstverständis der Berliner Republik*, Würzburg: Verlag Königshausen & Neumann, 2005, S. 11.

③ Frank Brunssen, *Das neue Selbstverständis der Berliner Republik*, Würzburg: Verlag Königshausen & Neumann, 2005, S. 19.

④ Frank Brunssen, *Das neue Selbstverständis der Berliner Republik*, Würzburg: Verlag Königshausen & Neumann, 2005, S. 20.

⑤ *Deutscher Bundestag*, *Stenographischer Bericht* 50. *Sitzung*, Bonn, 1. Juli, 1999, Plenarprotokoll 14/50, S. 4326.

新成为强权国家的疑虑。

1990年10月6日，德国统一三天之后，就被德国政治学者格哈尔特·雷姆布鲁赫称为“德意志第三共和国”(Die Dritte Deutsche Republik)①，后被称为“第三共和国”（Die dritte Republik），而1949年至1990年的联邦德国则被称为“第二共和国”(Die zweite Republik)②，那魏玛共和国就成了“第一共和国”(Die erste Republik)③。这三个共和国的排列谱系将民主德国排除在外，展现了联邦德国的历史观。

---

① Gerhard Lehmbruch, Die improvisierte Vereinigung: Die Dritte deutsche Republik, *Leviathan*, No. 4, 1990, S. 462.

② Richard Löwentahl und Hans Peter Schwarz (Hrsg.), *Die zweite Republik: 25 Jahre Bundesrepublik Deutschland, ein Bilanz*, Stuttgart: Seewald, 1974.

③ Peter Longerich (Hrsg.), *Die Erste Republik. Dokumente zur Geschichte des Weimarer Staates*, München: Piper Verlag, 1992.

第三章　德国国名与国号的汉译

近代以来，中国在与欧洲国家交往的过程中，形成了对西方诸国国名的译名。到19世纪中叶，“日耳曼”成为中国对德国的主要称呼；19世纪后期，中国将德国的国名Deutschland汉译为“德意志国”，简称为“德国”。美好的国名译名至今影响着中国人对德国的直接认知和感受。在当代德国研究方兴未艾，“国际日耳曼学”和德语语言文学学科蓬勃发展的今天，对“日耳曼”“德意志”“德国”等国家名称的汉译史追根溯源，具有特别的学术意义。

本章试图利用清朝外交档案、传教士墓碑石刻、普鲁士外交报告、外交官书信、19世纪地理著作与中文教科书等原始资料，相互印证，探清“日耳曼”“德意志”“德国”等国名汉译的源流和演变问题。

第一节　中国对德国的早期认识与国名翻译

在历史上，德国这片区域被罗马人称为“日耳曼尼亚”（Germania）。英语的Germany即源于此。“德国”在法语中的名字Allemagne，则是德国西部的阿勒曼部落（Allemanni）的名称。斯拉夫语中称德国为“捏米思”（Niemcy）。拉丁语、英语、法语和斯拉夫语的称呼影响了14世纪以来中国对德国国名的翻译。

1370年，《元史》编撰完成，其中的《列传第八 速不台（兀良合台）》记载：“丙午，（兀良合台）又从拔都讨孛烈儿乃、捏米思部，平之。”①这里记载的是在第二次蒙古西征过程中，兀良合台指挥蒙古大军打到波兰平原，击败了波兰德意志联军。这场战役在西方被称为里格尼茨（Liegnitz）战役。丙午年，即1246年。按《多桑蒙古史》的记载，该战役发生在1241年。②这一说法“更为可信”③。1887年，洪钧被任命为驻德公使。他到任后，搜集了西方关于蒙古西征的记载，在1897年出版《元史译文证补》。书中对《元史》中提到的“捏米思部”进行了解释：“俄罗斯人先时称日耳曼人曰匿密斯，又曰匿姆齐，义谓言语不通……据此，则捏米思即今之德人。元时波兰西北界日耳曼，故募其人为兵。”④洪钧由此论证了“捏米思”即当时蒙古大军对德意志人的称呼。“‘德意志人’一词见诸中国史籍，这大概是最早一次。”⑤在这次战争结束后，中国与德国没有继续接触，对德国还没有明确的认识。

16世纪，中国对德国的认识主要来自晚明以来的耶稣会传教士。1582年，意大利传教士利玛窦（Matteo Ricci，1552—1610）来到中国传教。1584年，他开始向中国人介绍世界地图。1602年，他制作了《坤舆万国全图》，其中将德国标注为“入尔马泥亚”，并注明“入尔马泥亚诸国共一总王，非世及者。七国之王于中常共推一贤者为之”⑥。“入尔马泥亚”译自拉丁语Germania。

1623年，意大利传教士艾儒略（Giulio Aleni，1582—1649）出版《职方外纪》。这是第一部用汉语撰写的关于世界地理的著作，其中将德国称为“亚勒玛尼亚”：“拂郎察之东北有国曰亚勒玛尼亚……国王不

---

① 宋濂等撰：《元史》第121卷，中华书局，1976年版，第2979页。

② 多桑：《多桑蒙古史》，冯承钧译，中华书局，1962年版，第223~227页。

③ 丁建弘：《德国通史》，上海社会科学院出版社，2012年版，第473页。

④ 洪钧：《元史译文证补》上册，商务印书馆，1937年版，第150页。

⑤ 丁建弘：《德国通史》，上海社会科学院出版社，2012年版，第473页。

⑥ 利玛窦：《坤舆万国全图》，收录于：朱维铮主编：《利玛窦中文著译集》，复旦大学出版社，2012年版，第210页。

世及，乃其七大属国之君所共推者。”① “亚勒玛尼亚” 来自日耳曼人的一支阿勒曼人的名称 Allemanni。

1618 年，德国传教士邓玉函（Johannes Terrenz Schreck，1576—1630）和汤若望（Johann Adam Schall von Bell，1591—1666）等人从欧洲出发，前往中国传教，1619 年抵达澳门，1623 年来到北京。邓玉函自 1623 年起在北京钦天监工作，修订历法，翻译科学著作。1627 年，汤若望在北京从事天文历法等工作 4 年后，被派到西安传教。1630 年，邓玉函去世。他的墓碑上刻有拉丁语和汉语的生平介绍，其中中文是：“邓先生，讳玉函，号函璞，大西洋入尔玛泥亚国人。”②这与利玛窦《坤舆万国全图》中对德国的标注名称是一致的。

1630 年，因邓玉函去世，原在西安传教的汤若望奉调入京，接替邓玉函在钦天监的工作，编订历法。1644 年，清朝入关后，汤若望继续受到朝廷重用，尤其受到顺治皇帝的信任。但在 1664 年，汤若望受到陷害，遭受了牢狱之灾。在出狱后不久，1666 年 8 月，汤若望去世。他的墓碑上刻有他的门生李祖白所撰写的悼文，文中写道：“吾师汤道未先生，讳若望，西海热尔玛尼亚人。”③ 碑上将德国称为“热尔玛尼亚”。1669 年，汤若望恢复名誉，康熙皇帝钦赐葬资，重立墓碑。新的墓碑上刻有“汤先生，讳若望，号道未，大西洋日尔玛你亚国人也”④。碑上将德国称为“日尔玛你亚”。汤若望两块墓碑上对德国的称呼与利玛窦的称呼略有不同，但都来自拉丁语。

1674 年，比利时传教士南怀仁（Ferdinand Verbiest，1623—1688）

① 艾儒略著，谢方校释：《职方外纪校释》，中华书局，1996 年版，第 92 页。

② 林华等编：《历史遗痕：利玛窦及明清西方传教士墓地》，中国人民大学出版社，1994 年版，第 24 页。

③ 陈欣雨：《春秋石铭：北京栅栏墓地历史及现存碑文考》，人民出版社，2020 年版，第 159 页。

④ 林华等编：《历史遗痕：利玛窦及明清西方传教士墓地》，中国人民大学出版社，1994 年版，第 29 页。

出版的《坤舆图说》，是当时非常重要的一部地理著作，其中提及："拂郎察东北有国，曰热尔玛尼亚。国王不世及，乃七大属国之君所共推者。"① 这与利玛窦《坤舆万国全图》中对德国的介绍是一致的，但对德国的称呼有所不同，这里沿用了汤若望第一块墓碑上的译名"热尔玛尼亚"。

根据17世纪后期和18世纪来华的传教士的资料，来自德国的庞嘉宾（Kaspar Castner，1665—1709）、纪理安（Bernardus Kilian Stumpf，1655—1720）、戴进贤（Lgnatius Koegler，1680—1746）、鲍友管（Antoine Gogeisl，1701—1771）、魏继晋（Florian Bahr，1706—1771），来自奥地利的费隐（Xavier Ehrenbert Fridelli，1673—1743）和来自斯洛文尼亚的刘松龄（Augustin von Hallerstein，1703—1774）的墓碑上均称他们为"热尔玛尼亚人"。②据《皇清四裔考》："乾隆十八年，钦天监正刘松龄者，热尔玛尼亚人。"③碑刻文字与文献记载可以相互印证。斯洛文尼亚在当时属哈布斯堡奥地利统治，也被误认为属于德国。可见，18世纪，中国对德国的称呼主要是"热尔玛尼亚"，含义包括德语区及德意志邦国统治的区域。

大约在1748年，魏继晋编撰了第一部汉德字典——《额呼马尼雅语》④，这是按照乾隆皇帝命令编撰的《华夷译语》中的一部。"额呼马尼雅"这个名称"是从'德语'的拉丁文名称Germania来的。'呼'字作为提上半格上写的小字，是德文'r'的汉字转写。之所以会将ge译作'额'，很可能是因为转写者是福建闽方言地区人的缘故"⑤。由

① 南怀仁：《坤舆图说》，收录于丁韪良：《西学考略》附二，岳麓书社，2016年版，第256页。

② 林华等编：《历史遗痕：利玛窦及明清西方传教士墓地》中国人民大学出版社，1994年版，第48~94页。

③ 魏源：《海国图志》卷四十四，收录于《魏源全集》第6册，岳麓书社，2005年版，第1252页。

④ 原书中，"呼"字提上半格上书写，字体约小一半。

⑤ 李雪涛：《〈华夷译语〉丁种本与〈额呼马尼雅语〉之研究》，《中国文化》，第53期，2021年春季号，第205页。

于该书一直收藏于皇宫，没有正式出版，因此“额呼马尼雅”这个译名也没有流传开来。

经历了18世纪中西交流的低潮，进入19世纪后，中国与海外的交流逐步增加，由此出现了一系列涉及德国的汉语地理著作。当时德意志一些邦国与中国有贸易往来。1820年出版的《海录》一书，记载了“单鹰国又名带辇，在双鹰西北。疆域、风俗略同。番舶来广东，用白旗画一鹰者是”①。单鹰国即普鲁士，普鲁士当时以单头黑鹰为纹章。这里的“带辇”即丹麦，作者将丹麦与普鲁士误认为一国。“双鹰国又名一大辇……与单鹰国为兄弟，患难相周恤……番舶来广东，有白旗上画一鸟双头者即此国也。”② 双鹰国即奥地利，奥地利当时以双头黑鹰为纹章。这里的“一大辇”，即意大利，作者将奥地利与意大利误认为一国。普鲁士和奥地利是当时德意志邦联最大的两个邦国。在单鹰国一节介绍普鲁士之外，书中还提到“埔鲁写国又名吗西噶比，在单鹰之北”③。埔鲁写即普鲁士，可能是指东普鲁士地区。这里提到的“吗西噶比”可能是指“马佐维亚（Mazovia）”。④书中混淆了多处国名，并将普鲁士误认是两个国家，说明当时对德国地理的认识还不确切。

19世纪30年代，普鲁士的新教传教士郭实猎（Karl Friedrich August Gützlaff，1803—1851）来到中国，1833年在广州创办了杂志《东西洋考每月统记传》。1837年，《东西洋考每月统记传》上刊登了《破路斯国略论》一文，其中提道：“破路斯国在峩罗斯法兰西两国之

① 谢清高口述，杨炳南笔录，安京校释：《海录校释》，商务印书馆，2002年版，第238页。

② 谢清高口述，杨炳南笔录，安京校释：《海录校释》，商务印书馆，2002年版，第240页。

③ 谢清高口述，杨炳南笔录，安京校释：《海录校释》，商务印书馆，2002年版，第243页。

④ 谢清高口述，杨炳南笔录，安京校释：《海录校释》，商务印书馆，2002年版，第245页。

中间，达阿理曼列邦之北方，此为新国。”①文中将普鲁士译为“破路斯”，将德国称为“阿理曼”。1838 年，郭实猎出版了《万国（地理）全图集》，介绍了世界各国的历史。其中对德国的记载是：“日耳曼列国诸侯并兴，自专权势，与中国周之诸侯不异。但有大事，则国王特命大臣赴公会中与列国会议。”②这里将德国称为“日耳曼”，将 19 世纪初的德国邦国体系比拟成中国周朝的封建制度。“公会”在中国古代的含义是“因公事相会晤”③，后成为处理公事的组织或机构，是同业公会（同行业的企业联合组成的行会组织）的简称。④文中提到的公会，就是 1815 年成立的德意志邦联所设立的邦联议会。

1839 年，林则徐被道光皇帝任命为钦差大臣，前往广州处理鸦片走私问题。期间，他以英国人慕瑞（Hugh Murray）于 1836 年出版的《地理百科全书》（*The Encyclopaedia of Geography*）为基础，组织翻译编撰了《四洲志》。该书在德国一节，首先对之前的译名进行了汇总：“耶马尼国，一作热尔玛尼，一作者尔麻尼，一作亚勒马尼，一作亚墨尼，一作日耳曼，一作阿里曼，一作亚咩里隔。”⑤其中，“亚咩里隔”应是 America（美洲、美国），而非德国。该书接着对德国进行了介绍：“耶马尼，旧辖大小部落三十有奇，为欧罗巴洲巨国，于诸蛮中最强。”⑥

在林则徐《四洲志》的基础上，1842 年，魏源进一步编撰了《海国图志》。在涉及德国的章节上，该书继承了《四洲志》的总结：标题

---

① 爱汉者（郭实猎）等编，黄时鉴整理：《东西洋考每月统记传》，中华书局，1997 年版，第 244 页。

② 魏源：《海国图志》卷四十四，收录于《魏源全集》第 6 册，岳麓书社，2005 年版，第 1253 页。

③ 商务印书馆编辑部等编：《辞源》（修订本重排版）上册，商务印书馆，2010 年版，第 342 页。

④ 中国社会科学院语言研究所词典编辑室编：《现代汉语词典》，商务印书馆，2005 年版，第 1368 页。

⑤ 林则徐编译：《四洲志》，收录于《林则徐全集》第 10 册，海峡文艺出版社，2002 年版，第 68 页。

⑥ 林则徐编译：《四洲志》，收录于《林则徐全集》第 10 册，海峡文艺出版社，2002 年版，第 68 页。

中称德国为“耶马尼”，解释为“一作热尔玛尼，一作者尔麻尼，一作亚勒马尼，一作亚墨尼，一作日耳曼，一作阿理曼，一作亚咩里隔”①。这里较之《四洲志》略有改动，仅将“阿里曼”改为“阿理曼”；同样将“亚咩里隔”误认为德国。《海国图志》还汇总了《职方外纪》《海录》《皇清四裔考》、《每月统纪传》（《东西洋考每月统记传》）和《万国（地理）全图集》等文献对德国历史和地理的记载，资料来源非常广泛。

19 世纪 40 年代，生活在澳门的葡萄牙汉学家玛吉士（Jose Martinho Marques，1810—1867）编撰了《新释地理备考全书》，1846 年刊刻。玛吉士对德国的称呼为：“亚里曼国，又名日尔马尼亚。”②

1848 年，徐继畬出版了《瀛寰志略》。他自 1843 年开始撰写此书，吸收了国内外地理著作的成果。该书对德国的介绍是：“日耳曼（阿勒曼、阿里曼、亚里曼、占曼尼、耶马尼、热尔麻尼、亚勒墨尼亚），欧罗巴古大国也。”③《瀛寰志略》将“日耳曼”放在名称的首位，“日耳曼”逐步成为主要的译名。书中介绍了普鲁士：“普鲁士东、西八部，除普鲁士、波森两部外，余六部皆入日耳曼同盟公会。”④“日耳曼同盟公会”即德意志邦联。

1859 年，太平天国后期的重要领导人洪仁玕在《资政新篇》中介绍了世界各国的信仰情况，对德国的介绍为：

> 日耳曼邦内分十余邦，不相统属，亦无侵夺，信奉天父上帝耶稣基督尤慎。其人有太古之风，故国不甚威，而德则独最也。亦有大船往各邦贸易，即各邦之君臣亦肯信任其人办事，因其人不苟于

① 魏源：《海国图志》卷四十四，收录于《魏源全集》第 6 册，岳麓书社，2005 年版，第 1241 页。

② 玛吉士：《新释地理备考全书》（海山仙馆丛书本影印本）三，中华书局，1991 年版，第 532 页。玛吉士著作中的地名均为口旁，文中均改为现代汉字。

③ 徐继畬：《瀛寰志略》，上海古籍出版社，2001 年版，第 147 页。

④ 徐继畬：《瀛寰志略》，上海古籍出版社，2001 年版，第 146 页。

进退，最信皇上帝救世主，而不喜战斗，愿守本分也。①

洪仁玕对德国的称呼为“日耳曼邦”，对德国人抱有很大的好感，尤其强调其“德则独最”，将德国人与“道德”联系在了一起。

可见当时中外人士的汉语著作和译著中对德国的称呼非常多样，如来自拉丁语的“入尔马泥亚”“热尔玛尼亚”，来自英语的“日耳曼”“耶马尼”，来自法语的“阿里曼”“阿勒曼”等，最后“日耳曼”成为19世纪中期中国人对德国的主要称呼。那么，近代以后，“德意志”这个译名是怎么来的？

第二节　中普外交谈判与“德意志”译名的形成

1856年至1860年，英法联军侵华，史称“第二次鸦片战争”。中国战败，被迫同英国、法国签订了《天津条约》《北京条约》等一系列割地赔款的不平等条约。1861年1月，清政府成立了总理各国事务衙门（简称：总理衙门），由恭亲王奕䜣领导，处理外交事务。

普鲁士外交使团正是在这个背景下来到中国的。1859年，为了开辟东亚的贸易渠道和建立外交关系，普鲁士决定派出一个外交使团，代表德意志关税同盟以及三个汉萨自由城市等德意志邦国，前往日本、中国和泰国三国，团长为普鲁士贵族腓特烈·阿尔伯特·楚·艾林波伯爵（Graf Friedrich Albert zu Eulenburg）。

1860年5月，普鲁士外交使团乘坐军舰出发，9月到达日本。1861年1月24日，普鲁士外交使团与日本幕府签署通商和约后，前往中国。1861年3月7日，普鲁士外交使团抵达上海。

普鲁士外交特使团选择了一个尴尬的时间，抵达了一个尴尬的地点，试图完成一件对于清朝政府而言极为尴尬的使命：圆明园的

① 洪仁玕：《资政新篇》，收录于中国史学会主编：《太平天国》（二），上海人民出版社，1957年版，第529页。

> 大火刚刚熄灭五个月，太平军的战火则正在南方燃烧；清廷力图以传统羁縻之术，把普鲁士人拴在上海，而普鲁士人早已悟得破解羁縻术的要诀——北上。①

艾林波了解到中国鸦片战争期间的战乱局面后，本来准备离开上海，直接前往泰国，但他很快获知清政府已经成立了总理衙门，并在努力与外国搞好关系的情况，他感觉有达成和约的希望，于是委派随员马克斯·冯·巴兰德（Max von Brandt）3月9日搭乘法国船只前往天津拜会三口通商大臣②，请他递交使团给总理衙门的信函，并让他通知总理衙门，自己将于4月抵达天津。艾林波自己则留在上海与江苏巡抚兼办理通商事务大臣薛焕谈判。

普鲁士外交使团在中国的行程起初并不顺利，连翻译都没有，直到4月3日从澳门请来的翻译葡萄牙汉学家玛吉士才抵达上海。据艾林波当日的书信：玛吉士“英语和法语说得很好……我马上给他布置工作，让他翻译我起草的条约草案”③。很快，艾林波率领使团拜会了薛焕。薛焕一面向北京汇报，一面努力在上海拖住使团，希望能阻止他们北上，但没有成功。艾林波在上海与薛焕的谈判没有结果，便于4月23日乘坐军舰前往天津。

巴兰德在3月抵达天津后，多次拜会三口通商大臣崇厚，也没有进展。崇厚对巴兰德虚与委蛇，不愿意将艾林波写给总理衙门的信函转交总理衙门。在巴兰德以前往北京相威胁时，崇厚才答应下来。

咸丰皇帝、恭亲王奕䜣等清廷高层获知普鲁士外交使团的来意后，

---

① 王维江、吕澍：《译者按语》，收录于艾林波、巴兰德等著，王维江、吕澍辑译：《德语文献中晚清的北京》，福建教育出版社，2012年版，第1~2页。

② 总理衙门成立后，清朝设立三口通商大臣，负责办理天津、牛庄（后改营口）和烟台三个口岸的通商事务。后改为北洋大臣，由直隶总督兼任。

③ Graf Philipp zu Eulenburg-Hertefeld（Hrsg.），*Ost-Asien 1860-1862 in Briefen des Grafen Fritz zu Eulenburg, Königlich Preußischen Gesandten, betraut mit außerordentlicher Mission nach China, Japan und Siam*, Berlin：Ernst Siegfried Mittler und Sohn Königliche Hofbuchhandlung，1900，S. 200.

开始并不想与普鲁士谈判，因为尽管《海国图志》《瀛寰志略》等书已出版多年，但他们对普鲁士及德国的情况根本不了解。清廷高层在指导大臣与普鲁士使团交涉的同时，也在不断通过各种渠道了解普鲁士。清廷高层向英法外交人员了解到普鲁士是“大国”。1861 年 3 月 29 日（咸丰十一年二月十九日）①，恭亲王奕䜣上奏，提到英国外交官威妥玛称“布鲁西亚距暎三百馀里，系暎主之壻，颇称大国，不可不与换约各等语”②。布鲁西亚即普鲁士的另一种译名。最终，清廷高层决定任命仓场侍郎崇纶为总理衙门帮办大臣，处理与普鲁士的谈判事务。

5 月 1 日，艾林波抵达天津，次日便与三口通商大臣崇厚会面。普鲁士使团很早就开始为谈判做准备。普鲁士使团外交报告对 5 月初条约拟定和翻译过程进行了详细记载：

> 他（艾林波）先用英语和法语写成条约文稿，再由玛吉士先生翻译为中文。玛吉士先生的法语不是很好，但必须仔细检查意思翻译是否准确，这是一个非常艰难的工作。翻译条约一开始就碰到一个很大的问题，那就是如何称呼关税同盟的众多国家。要找如此多的与德语音节类似，而中国人听起来不伤风化或意思可笑的词语，似乎是不可能的……玛吉士先生没有能力，准确地去听和说出德语单词，人们很难想象出，读错的德语音节如何用汉语读出来。特使与玛吉士先生反复研究，尽管不可忍受，但也没有别的办法。③

如何在中文版条约中称呼德意志关税同盟（Deutscher Zollverein）及其内部邦国，首先遇到的便是如何翻译“Deutsch”这个词的问题。

---

① 由于清政府的公文标注为传统纪年，为了便于对照，一些涉及公文的日期同时标注西方纪年和清朝纪年。

② 《奕䜣等又奏布鲁西亚国投文通商可否准其换约片》，收录于贾祯等编：《筹办夷务始末》（咸丰朝）第 8 册，中华书局，1979 年版，第 2778 页。

③ Albert Berg（Hrsg.），*Die Preussische Expedition nach Ost-Asien：nach amtlichen Quellen*. Band 4，Berlin：Verlag der Königlichen Geheimen Ober-Hofbuchdruckerei，1873，S. 42.

根据普鲁士使团的记载，玛吉士没有能力“听和说出德语单词”，因此，他不大可能是“德意志”一词的汉译者。

普鲁士外交使团虽然不懂中文，但却知道德语名称译成汉语后的独特含义。1861年4月，艾林波等人在上海拜访薛焕时，翻译玛吉士为艾林波制作了名帖。外交使团的人注意到，代表团团长“Eulenburg的名字结果就变成了艾、林、波，‘艾’的含义是一种叫艾蒿的花，其他含义还有‘美好’‘芳香’，‘林’的含义是‘树林’，‘波’的含义是‘波浪’，或者是‘发亮’‘闪光’的意思”①。外交使团对个人名字的含义尚且如此注意，对国名的含义肯定会更加重视。“德意志”作为一个饱含褒义的译名必定得到了外交使团的高度认可。这个译名出现在条约中文版上，也必然得到了中方的认可。那么“德意志”这个译名最早出现于何时呢？这个问题必须从中普外交谈判的过程和细节中去探寻。

清政府在获知艾林波抵达天津的消息后，立即派崇纶前往天津，会同崇厚，与普鲁士外交使团谈判。5月8日，崇纶抵达天津。5月9日（咸丰十一年三月三十日），崇纶便拜访了艾林波。艾林波很高兴清政府愿意订立和约，却对崇纶和崇厚是否被皇帝授予“全权”代表身份产生了质疑。该日，艾林波向崇纶发出照会：

> 贵国意在与本国及德意志即日耳曼各国议立和约章程，本大臣批阅之下，不胜欣喜……倘二大臣并不特奉便宜行事全权以便会同本大臣将贵国与本国及德意志通商税务公会各国……和约章程酌议厘定，本大臣实不能会同办理。②

---

① 王维江、吕澍辑译：《另眼相看：晚清德语文献中的上海》，上海辞书出版社，2009年版，第18页。原文参见Albert Berg（Hrsg.），*Die Preussische Expedition nach Ost- Asien*，*nach amtlichen Quellen*，Band 3，Berlin：Verlag der königlichen Geheimen Ober-Hofbuchdruckerei，1873，S. 391.

② 《布鲁斯国照会》，收录于蒋廷黻编：《筹办夷务始末补遗》（咸丰朝）第2册，北京大学出版社，1988年版，第436页。

照会中提到“德意志即日耳曼各国”，应是“德意志”这个译名首次在中文文书中出现。“日耳曼”则是早已有的译名，这里是用旧的名称来解释新的名称。照会提到的“德意志通商税务公会”即德意志关税同盟。可见在1861年5月9日之前，普鲁士一方已经确定了“德意志”作为“Deutsch”的汉语译名。那么，谁是将“Deutsch”翻译为“德意志”的译者呢？

崇纶一面将普鲁士的照会转交总理衙门，解决全权大使身份的问题①；一面与普鲁士外交使团开始谈判。5月13日，艾林波与崇纶等在天津进行了第一次正式会谈。在谈判的过程中首先遇到的便是翻译问题，既包括条约文本的翻译，也包括谈判时的口译。由于清政府当时缺乏翻译人员，在与外国谈判时，多依赖外国代表团的翻译，翻译在外交谈判和条约文本拟定上起了关键性的作用。由于玛吉士并不懂德语，中普外交谈判只能以汉语和法语进行。艾林波曾在7月15日书信中描述了会谈时玛吉士的翻译水平：“我要抱怨，我必须对我的翻译讲法语，告诉他应转达的内容；然后，他对中国人用中文讲出我想说的话。他必须将中国人的回答用法语讲出来，这对他来说很困难，因为他的法语很糟糕。”②这与艾林波初见玛吉士时对他外语水平的评价已大不一样。

由于崇纶等清政府代表不太理解普鲁士与德意志关税同盟其他邦国以及三个自由城市之间的关系，于是在5月13日的谈判中，普方展示了一张德国地图，说明普鲁士与关税同盟各邦国的关系。普方要求代表整个德意志关税同盟和三个自由城市订立和约，在1861年5月14日（咸丰十一年四月初五），艾林波向崇纶发出照会：

---

① 5月16日（咸丰十一年四月初七日），在奕䜣将该问题上奏咸丰皇帝后，咸丰皇帝授予了崇纶全权代表身份。参见贾祯等编：《筹办夷务始末》（咸丰朝）第8册，中华书局，1979年版，第2855~2857页。

② Graf Philipp zu Eulenburg-Hertefeld（Hrsg.），*Ost-Asien 1860-1862 in Briefen des Grafen Fritz zu Eulenburg，Königlich Preußischen Gesandten，betraut mit außerordentlicher Mission nach China，Japan und Siam*，Berlin：Ernst Siegfried Mittler und Sohn Königliche Hofbuchhandlung，1900，S. 258.

> 大布路斯国大皇帝现已特派全权大臣前来会同大清中华国议立和约贸易章程，所立章程不但为本国，且为德意志通商税务公会各国……将来惟布路斯一国特简钦差大臣居住京师办理以上各国交涉事宜……以上各款乃和约章程大概条目，其余与英法两国和约章程相仿，惟贵国或将台湾之鸡笼、浙江之温州二口亦为通商之口……①

普鲁士照会中继续使用“德意志通商税务公会”这一名称来指代德意志关税同盟，将中国称为“大清中华国”。普鲁士在照会中提出了多项要求：（1）由普鲁士代表德意志关税同盟等邦国签订和约；（2）公使驻京；（3）获得与英法相同的特权；（4）开放台湾基隆与浙江温州两个通商口岸。

很快，清政府答应了普鲁士代表关税同盟以及它们享受英法特权的要求，拒绝了开放新口岸的要求，而最在乎的是“公使驻京”问题。崇纶在5月16日（咸丰十一年四月初七）的回复中，同意普鲁士享有英法的通商权利，反对“公使驻京”：

> 大布路斯国大臣现来中国，专为通商一事。京城非通商之区，并无可办之事，且本国与贵国向无往来，不比他国交涉事多，似不必特派钦差大臣驻京。只设总领事一员在通商一口居住，专管贵国以及德意志公会各国三汉谢城等各通商事宜。②

可见，在中普外交谈判期间，普鲁士在1861年5月给中国的照会中多次出现了将德国称为“德意志”的用法，将德意志关税同盟称为“德意志公会”，中方的回复中也采用了这种用法。

① 《布路斯国艾林波给崇纶照会》，收录于蒋廷黻编：《筹办夷务始末补遗》（咸丰朝）第2册，北京大学出版社，1988年版，第453~456页。

② 《崇纶等复艾林波照会及粘单条款》，收录于蒋廷黻编：《筹办夷务始末补遗》（咸丰朝）第2册，北京大学出版社，1988年版，第460页。

5月23日（咸丰十一年四月十四日），奕䜣向咸丰皇帝上奏，汇报普鲁士要求通商一事，其中转述之前收到的普鲁士照会中称："'日尔曼各国通商事务，皆归该国办理'"①，并提及普鲁士的照会中将德意志诸邦国称为"日尔曼各国"；又写道，"据崇纶等函称：询据哥士耆云：日尔曼地方，又名德意志，其地有二十余国。最大之国为布路斯，此外尚有拜晏等二十余国……"②从奕䜣的奏折来看，清方是通过普鲁士的照会和哥士耆得知，"日尔曼"又名"德意志"，"日尔曼"即"日耳曼"，是"Germany"的另一种译法。那么，哥士耆是谁呢？

哥士耆（1818—1886），原名米歇尔·亚历山大·克莱茨科沃斯基（Michel Alexandre Kleczkowski），法国外交官，原籍波兰，"1847年来华，曾在上海、宁波等地法国领事馆任翻译。1850年取得法国籍。1855—1857年转任澳门法国使馆随员，1857—1862年任二等参赞"③。

与普鲁士交涉一开始，清政府就向哥士耆咨询相关事宜，其中涉及中普谈判的最大障碍，即普鲁士坚持派驻公使驻京的问题。早在3月23日（咸丰十一年二月十三日），奕䜣等人上奏："臣等在京询之哥士耆，则称：如只为通商，似可允准，不独免生枝节，并于偷漏税项及该国商人滋事诸弊，亦可饬令严查。若欲换约驻京，必当力为阻止。"④后来，清廷更是请哥士耆与崇纶一起前往天津，劝阻普鲁士人进京。3月29日（咸丰十一年二月十九日），咸丰帝在谕令中写道："哥士耆既称：帮同阻止进京。即令其随同崇纶前往，晓谕迂酋，阻其驻京。"⑤可

① 《奕䜣等又奏艾林波照会日耳曼通商事宜片》，收录于贾桢等编：《筹办夷务始末》（咸丰朝）第8册，中华书局，1979年版，第2865页。

② 《奕䜣等又奏艾林波照会日耳曼通商事宜片》，收录于贾桢等编：《筹办夷务始末》（咸丰朝）第8册，中华书局，1979年版，第2866页。

③ 中国社会科学院近代史研究所翻译室编：《近代来华人名辞典》，中国社会科学出版社，1981年版，第259页。

④ 《奕䜣等又奏布鲁西亚国投文立约通商片》，收录于贾桢等编：《筹办夷务始末》（咸丰朝）第8册，中华书局，1979年版，第2766页。

⑤ 《廷寄》，收录于贾桢等编：《筹办夷务始末》（咸丰朝）第8册，中华书局，1979年版，第2779页。

见，哥士耆刚开始得到了中方的信任。哥士耆在谈判中穿梭于各方之间，对推动谈判起了一定的作用。清廷刚开始坚拒普鲁士派使驻京，希望“以夷制夷”，但高估了哥士耆对普鲁士人的影响力，据恭亲王 6 月 11 日（咸丰十一年五月初四日）的奏折，“哥士耆赴津，允为帮助，于通商各事，无不随处代筹。独此驻京一节，始亦力为阻止，并代拟照会底稿，近则不甚置辩，现已藉故回京”①。咸丰帝对此硃批：“情伪毕现，勿为所愚。”②可见，清廷对哥士耆产生了怀疑。哥士耆建议崇纶谈判普鲁士驻京问题时，提出“为今之计，姑先与换约通商，至驻京则许以五年后再作计议等语”③。奕䜣等人考虑后，决定以十年方案与普鲁士谈判。

在天津谈判期间，哥士耆与艾林波交往密切。据艾林波的书信记载，5 月 8 日，哥士耆先于崇纶，前来与艾林波会面。艾林波对他印象不佳，评价他是“一个傲慢的家伙”④。5 月 12 日晚上，中普正式会谈前一天，哥士耆再次来访，转交法国公使给艾林波的一封信。艾林波对哥士耆的评价是，“真是个不可忍受的家伙”⑤。但艾林波又不得不借助哥士耆与北京打交道。正是在 5 月谈判期间，哥士耆在天津向崇纶提及“日尔曼地方，又名德意志”。这使得哥士耆很有可能就是“德意

① 《奕䜣等又奏艾林波以驻京为重已力筹展缓片》，收录于贾桢等编：《筹办夷务始末》（咸丰朝）第 8 册，中华书局，1979 年版，第 2891～2892 页。

② 《奕䜣等又奏艾林波以驻京为重已力筹展缓片》，收录于贾桢等编：《筹办夷务始末》（咸丰朝）第 8 册，中华书局，1979 年版，第 2892 页。

③ 《奕䜣等又奏艾林波以驻京为重已力筹展缓片》，收录于贾桢等编：《筹办夷务始末》（咸丰朝）第 8 册，中华书局，1979 年版，第 2892 页。

④ Graf Philipp zu Eulenburg-Hertefeld（Hrsg.），*Ost-Asien 1860-1862 in Briefen des Grafen Fritz zu Eulenburg，Königlich Preußischen Gesandten，betraut mit außerordentlicher Mission nach China，Japan und Siam*，Berlin：Ernst Siegfried Mittler und Sohn Königliche Hofbuchhandlung，1900，S. 225.

⑤ Graf Philipp zu Eulenburg-Hertefeld（Hrsg.），*Ost-Asien 1860-1862 in Briefen des Grafen Fritz zu Eulenburg，Königlich Preußischen Gesandten，betraut mit außerordentlicher Mission nach China，Japan und Siam*，Berlin：Ernst Siegfried Mittler und Sohn Königliche Hofbuchhandlung，1900，S. 228.

志”一词的汉译者。

1871年，哥士耆返回法国后，担任巴黎现代东方语学校汉文教授。1876年他出版了一本《中国语文教程》，该教程对“德”“意”“至”①三字的注音分别为“toö”②“y”③“tché”④，将三个字连起来的读音与“Deutsch［dɔitʃ］”的发音非常接近，这也是哥士耆是“德意志”一词汉译者的重要佐证。

综合咸丰朝的奏章档案和普鲁士的外交报告以及两国之间的照会等原始文献，“德意志”这个译名最早出现在1861年5月中普外交谈判期间。基本可以判定，波兰裔法国外交官哥士耆是“德意志”译名的汉译者。第一，哥士耆曾在1861年5月向清政府介绍，日尔曼又名德意志，表明他是“德意志”这一译名很早的使用者；第二，哥士耆的德语和中文都很流利，与清政府和普鲁士代表团接触密切，并参与了一些外交文书的起草；第三，哥士耆编写的汉语教材，对“德、意、至”三个字的注音与Deutsch的发音非常接近。

解决了“Deutsch”这一译名的问题后，中普双方继续谈判，普鲁士方面继续草拟条约的草稿，这主要是由艾林波和玛吉士翻译的。艾林波在1861年5月26日的书信中记载了将条约文本翻译为中文的过程：

> 我与我的翻译玛吉士一起编辑条约的中文版，因为我计划将之提交给（中方）全权代表。只是玛吉士的法语和英语说得很糟糕，他对我们德国的情势完全不知道。现在让他将陌生的概念用陌生的语言清楚地表达出来，对我来说也是一件挑战性的工作。这个可怜的家伙努力将自己没怎么理解的概念用中文表达，并找到合适的文

---

① 《中国语文教程》未收入“志”，可参考对“至”的注音。

② Michel Kleczkowski, *Cours gradual et complet de chinois parlé et écrit*, Paris: Librairie de Maisonneuve et C, 1876, S. 71.

③ Michel Kleczkowski, *Cours gradual et complet de chinois parlé et écrit*, Paris: Librairie de Maisonneuve et C, 1876, S. 79.

④ Michel Kleczkowski, *Cours gradual et complet de chinois parlé et écrit*, Paris: Librairie de Maisonneuve et C, 1876, S. 17.

字，非常紧张。①

这与艾林波初见玛吉士时对他法语和英语的评价已大为不同，艾林波发现玛吉士很难胜任将条约翻译为中文的任务。

由于关于公使驻京等问题的谈判迟迟没有进展，艾林波派巴兰德在6月22日秘密前往北京，并租房准备长住，以此向清政府施压。其间，巴兰德还拜访了哥士耆。这使得清政府大为不满，总理衙门威胁停止谈判，逼迫巴兰德离开北京。6月26日晚上，巴兰德离开北京。这一鲁莽的行为却加快了谈判的进展。“艾林波致崇纶的照会中称：清朝若为此而停止条约谈判，‘此真藉便推诿和好之国所请，而只允交战之邦所索之明证也’，言辞中稍露要挟之意。”②

7月初，双方重新开始谈判。清政府要求十年后再派驻公使，普鲁士使团则只同意推迟五年。在普鲁士使团的软磨硬泡下，清政府被迫让步，同意普鲁士换约五年后派公使驻京，哥士耆的建议变成了现实。

7月底，由于天气炎热，加上工作劳累，“玛吉士在完成条约修订条款的誊清稿后，中风了”③，不能再担任翻译工作，改由法国外交官美里登（de Méritens）担任翻译，完成了最后的谈判工作。

经过多轮谈判，1861年9月2日，清政府代表崇纶、崇厚与普鲁士代表艾林波在天津签订了《通商条约》（*Freundschafts-, Handels- und Schifffahrtsvertrag*）。这是清政府总理衙门成立后，缔结的第一个外交条约。这也是一个不平等条约，“其完全以中英、中法《天津条约》为摹

---

① Graf Philipp zu Eulenburg-Hertefeld (Hrsg.), *Ost-Asien* 1860-1862 *in Briefen des Grafen Fritz zu Eulenburg, Königlich Preußischen Gesandten, betraut mit außerordentlicher Mission nach China, Japan und Siam*, Berlin: Ernst Siegfried Mittler und Sohn Königliche Hofbuchhandlung, 1900, S. 238.

② 茅海建：《近代的尺度：两次鸦片战争军事与外交》，生活·读书·新知三联书店，2018年版，第229页。

③ Albert Berg (Hrsg.), *Die Preussische Expedition nach Ost-Asien: nach amtlichen Quellen*, Band 4, Berlin: Verlag der Königlichen Geheimen Ober-Hofbuchdruckerei, 1873, S. 87.

本，使普鲁士及德意志关税同盟各邦、城获得了大体相当于英、法所得的权益，其中包括领事裁判权、协定关税、片面最惠国待遇等一系列不平等条款。清朝的上下对此竟毫无觉察。"①双方约定在 1862 年换约，从换约之日起算，五年后普鲁士可派驻公使入京。

《通商条约》序言写道："兹大清国大皇帝、大布国大君主为本国并为德意志通商税务公会各国……"②而该条约序言的德语版为："Seine Majestät der König von Preußen, sowohl für Sich, als auch im Namen der übrigen Mitglieder des Deutschen Zoll- und Handelsvereins... einerseits, und Seine Majestät der Kaiser von China andererseits。"③ 可见，"德意志通商税务公会"对译"der Deutsche Zoll- und Handelsvereins"，"德意志"对译"Deutsch"。《清史稿》称此次条约的签订"是为德意志与中国立约之始"④。

中普双方在谈判时，都对和约文本的语言特别重视。中方代表崇纶早在 1861 年 5 月 16 日回复给普方的照会中就写明："中国不晓日耳曼言语文字，将来无论何时商量通商事件，文移往来，总以通商章程原本汉字为凭。"⑤中方要求两国交往中的文件以中文版为准。普鲁士则希望延续英法的特权，"专以布国之文字为凭"⑥，即以自己的德语为有效语言。1858 年的中英《天津条约》第五十款规定："自今以后，遇有文

---

① 茅海建：《近代的尺度：两次鸦片战争军事与外交》，生活·读书·新知三联书店，2018 年版，第 231 页。

② 王铁崖编：《中外旧约章汇编》第一册，上海财经大学出版社，2019 年版，第 151 页。

③ Freundschafts-, Handels- und Schifffahrtsvertrag (Nr. 5705), *Gesetzsammlung für die königlichen Preußischen Staaten*, Nr. 15, 1863, S. 265-266.

④ 赵尔巽等撰：《清史稿》卷一百五十七，中华书局，1977 年版，第 4600 页。

⑤ 《崇纶等复艾林波照会及粘单条款》，收录于蒋廷黻编：《筹办夷务始末补遗》（咸丰朝）第 2 册，北京大学出版社，1988 年版，第 462 页。

⑥ 宝鋆等编：《筹办夷务始末》（同治朝）第 1 册，中华书局，2008 年版，第 2 页。

词辩论之处，总以英文作为正义。”①中法《天津条约》第三款规定：“自今以后，所有议定各款，或有两国文词辩论之处，总以法文作为正义。”②中方自然不同意普鲁士毫无理由地获得此项特权，因为中国是被英法武力打败后，才被迫给予英法特权。最后，经过法国外交官的调解，双方达成妥协，双方文字均有效力，另备一法文版备查。《通商条约》第五款规定：

> 凡大布国秉权大臣以及德意志通商税务公会和约各国领事官有公文照会中国大宪暨地方官，均用德意志字样书写，惟暂时仍以汉文配送，倘配送汉文内有旨义不合之处，仍以德意志字样为正。中国官员有公文照会亦以中国文字为正，不得将翻译文字以为正也。至于现定和约章程，用中国文字并德意志字样合写，两国公同较对无讹。因法国文字系欧罗巴人所通习，是以另备法国字样稿本各一分，倘日后中国与布国有辩论之处，即以法文稿本为证，以免舛错而昭公允。③

这一条款确认了条约以本国文字为准。照会中所称的“日耳曼言语文字”和条约中所称的“德意志字样”，是中国官方对德语的早期称呼。

1862 年 1 月 3 日，普鲁士外交代表李福斯（Guido von Rehfues，又译为列斐士）与江苏藩司刘郇膏会晤，商谈换约事宜。李福斯发给中方的照会称：“德意志公会内，除本国外尚有二十二国，各有君主，推

① 王铁崖编：《中外旧约章汇编》第一册，上海财经大学出版社，2019 年版，第 93~94 页。

② 王铁崖编：《中外旧约章汇编》第一册，上海财经大学出版社，2019 年版，第 96 页。

③ 王铁崖编：《中外旧约章汇编》第一册，上海财经大学出版社，2019 年版，第 152 页。

本国为首领。"①普鲁士照会中对德意志关税同盟的称呼为"德意志公会"，而不是1861年的"德意志通商税务公会"。由于德意志邦国众多，普鲁士要求给每个邦国一份和约。后几经交涉，清政府同意将条约抄录多份，但只在普鲁士的条约上加盖御宝，在其他邦国的条约上则加盖江苏藩司印信。1862年1月14日，两国在上海换约。

1865年，还未满中普约定的"五年之期"，李福斯便开始担任普鲁士驻北京的公使。该年，普鲁士给清政府的照会《请饬福建漳州地方官查办德意志人黑拉尔特被人打死一案（附德人被害情节单）》中提及"德意志人"，简称"德人"。②此时，"德意志人""德人"已成为称呼德国人的官方用法。

1867年，在普鲁士的主导下，德国北部邦国成立了北德意志联邦（Norddeutscher Bund）。1868年12月21日，普鲁士公使李福斯在给清政府的照会中自称"大布钦差大臣代管北德意志公会事务李"。③可见，当时"Norddeutscher Bund"的官方译名为"北德意志公会"。

1871年1月，普鲁士统一德国，建立德意志帝国，普鲁士国王加冕为皇帝。4月24日，德国公使李福斯向中国呈递了《国书》，告知此事："大布国大皇帝问大清国大皇帝好：兹因德意志各国之君，暨自主之三汉谢城，共愿复立德意志一统之国，同心公请朕受德意志国大皇帝尊称。"④清廷回复："大清国大皇帝问大布国大皇帝好：兹接贵国大臣李福斯递到来书，欣悉德意志共愿复立一统之国，因同心公请受德意志国大皇帝尊称。"⑤双方都使用了"德意志国"的国名，但抬头却用的

① 《布使列斐士给刘郇膏照会》，收录于宝鋆等编：《筹办夷务始末》（同治朝）第2册，中华书局，2008年版，第516页。

② 张德泽编：《清季各国照会目录》，文海出版社，1974年版，第248页。

③ 张德泽编：《清季各国照会目录》，文海出版社，1974年版，第245页。

④ 《布国国书》，宝鋆等编：《筹办夷务始末》（同治朝）第8册，中华书局，2008年版，第3249页。

⑤ 《给布国国书》，宝鋆等编：《筹办夷务始末》（同治朝）第8册，中华书局，2008年版，第3249页。

是大布国。

1871年8月2日，奕䜣向朝廷上奏，汇报德国要求修改条约一事，其中写道：“德国即布鲁斯国，前准该使臣照会，以布国现改为德国，以后一切交涉事件，即书写德国字样等因，合并声明。”①奕䜣由此规范了清政府对德国的称呼，但他将普鲁士等同于德国，将普鲁士统一德国并建立德意志帝国认识为“布国现改为德国”，较为狭窄。此后，在朝廷官方文书中使用以“德国”为主。如1876年，李鸿章上书《卞长胜等赴德国学习片》，向朝廷申请派卞长胜等人赴德国学习。奏书中提到：“德国近年发奋为雄，其军政修明，船械精利，实与英俄各邦并峙。”②这得到了清政府的批准，由此开启了中国官派德国留学的先河。又如1877年，刘锡鸿被任命为中国第一任驻德公使。他向德国皇帝呈递国书，颂词答词为：“大清国使臣刘锡鸿谨奉国书，呈递大德国大皇帝。念自各国通商以来，十余年间事故迭出，惟贵国与中国最称友睦，从无纤介之嫌。”③此时德国尚未走上扩张殖民地的侵略道路，中德关系良好。刘锡鸿任职期间写有《英轺私记》，记载了他在英国和德国的见闻。其中有一章《日尔曼纪事》，其中有两节“德国陆兵营制”“德国议政院”④，介绍了德国当时的军事制度和议会制度。《德国议政院》一节标题中用德国，而正文中则称“德意志议政院”，“德国”和“德意志”在这里是通用的。

1875年，曾在1861年参与普鲁士与中国建交谈判的随员马克斯·冯·巴兰德调任驻华公使。1876年，巴兰德照会总理衙门，商谈修订两国条约：“兹届修改大清国 大布国前约之时，本国朝廷愿俟逐节商定

① 《奕䜣等又奏德国欲修改条约宜预为布置折》，宝鋆等编：《筹办夷务始末》（同治朝）第9册，中华书局，2008年版，第3517页。

② 李鸿章：《卞长胜等赴德国学习片》，收录于顾廷龙、戴逸主编：《李鸿章全集 奏议七》，安徽教育出版社，2008年版，第54页。

③ 陆德富、童林珏整理：《驻德使馆档案钞》，上海古籍出版社，2020年版，第22页。

④ 刘锡鸿：《英轺私记》，岳麓书社，2008年版，第220~223页。

之，后即将议定各款一体从新开载，统为大清国 大德国立定之约等。”①巴兰德在照会中自称“大德钦差入华便宜行事大臣”。

可见，“德意志国”是当时德国和清廷对德国国家名称的汉语官方译名，“德国”则为其简称，“大德”“大德国”则是外交文书中对德国的尊称。

1888年，威廉二世皇帝继位，德国开始推行殖民扩张的帝国主义政策。1897年，山东发生“曹州教案”，德国以此为借口，侵占了胶州湾和胶澳。1898年3月6日，清政府被迫与德国签订《胶澳租界条约》，将青岛租借给德国，引发帝国主义瓜分中国的浪潮。该条约开头写道：“山东曹州府教案现已商结，中国另外酬德国前经相助之谊，故大清国国家、大德国国家，彼此愿将两国睦谊益增笃实，两国商民贸易使之格外联络，是以和衷商定专条……”②这里对德国的称呼是“德国”和“大德国国家”。德国的侵略引发了山东、河北等地反对帝国主义侵略的义和团运动。在此背景下，1900年八国联军侵华。1901年，中国被迫与德国、英国、法国等十一国签订《辛丑条约》，其中第一款就规定，为1900年6月德国驻华公使克林德在北京被杀一事，清政府派光绪皇帝的弟弟醇亲王载沣到德国道歉：“大德国钦差男爵克大臣被戕害一事，前于西历本年六月初九日，即中历四月二十三日，奉谕旨钦派醇亲王载沣为头等专使大臣赴大德国大皇帝前，代表大清国大皇帝暨国家惋惜之意。”③这些不平等条约中对德国的称呼都是“德国”和“大德国”。

清末对德国国名译名沿革认识比较准确的是薛福成。薛福成熟悉洋务，曾任职于曾国藩和李鸿章的幕府。1889年，薛福成被任命为出使英国、法国、意大利和比利时的公使。1890年4月21日，薛福成在日

① 张德泽编：《清季各国照会目录》，文海出版社，1974年版，第265页。

② 王铁崖编：《中外旧约章汇编》第一册，上海财经大学出版社，2019年版，第686页。

③ 王铁崖编：《中外旧约章汇编》第一册，上海财经大学出版社，2019年版，第936页。

记中写道：

> 法人称德国为阿里曼，英人则称为日耳曼，其土人则自称为德意志，名异而实同也。中国翻译英书最早，故《瀛寰志略》犹沿日耳曼之称。《海国图志》作“耶马尼”，乃日耳曼之转音。至咸丰十一年与中国通商立约，始知其为德意志，然其时尚未合众为一。考通商约章云：“大布路斯国暨德意志通商税务公会各国。”至同治十一年，其使臣奉其国命，来告德意志变更情形，自是改称为德意志合众国云……考德意志三字本非地名，乃一种人民族类之总称……因普鲁士初强时，惟北方诸邦附之，是为北德意志联邦公会。迨后南方近来因河之四邦亦入公会，遂去南北之畛域，号为德意志合众国云。①

薛福成考查了“德意志”的原本含义，追溯了德国统一的历史，尤其对德国译名的演变进行了清晰的梳理，但他将“北德意志联邦”称为“北德意志联邦公会”，将德意志帝国称为“德意志合众国”，这主要是民间的称谓，非官方的译名。

简而言之，中国人对德国的早期认识主要来自国外的地理著作，对德国的称呼也主要从拉丁语、英语和法语翻译过来，“日耳曼”成为主要的译名。

第一次鸦片战争以来，清廷文书中多将英国人称为“英夷”，引起了英国人的不满。第二次鸦片战争期间，1858年6月26日签订的中英《天津条约》第51款明确规定：“嗣后各式公文，无论京外，内叙大英国官民，自不得提书夷字。”②普鲁士来华时，正值第二次鸦片战争结

① 薛福成：《出使英法义比四国日记》，岳麓书社，2008年版，第118页。

② 王铁崖编：《中外旧约章汇编》第一册，上海财经大学出版社，2019年版，第94页。

束，在这种背景下，清廷采用的德国国名汉译直接使用了褒义词音译，而且是译自德语，不同于此前的国名译名译自拉丁语、英语和法语。

综合清朝外交档案和普鲁士外交报告等原始文献，可以得知，“德意志”这个译名最早出现在1861年中普外交谈判期间。至此，“德意志”成为“Deutsch”的译名。在1871年德国统一后，“德意志国”更是成为德国国名最正式的译名，“德国”则是其简称，沿用至今。从“日耳曼”到“德意志”，从简单音译到褒义词音译，从通过外国了解德国到与德国直接交往，译名的改变反映了中德文化交流的加深。

第三节　“德意志”与“日耳曼”的并用

19世纪后半期，随着中德交往的加深，中国人对当时强大的德意志帝国的印象日益深刻。当时，中国人和在华外国人介绍德国的书籍、驻外使节日记和官方文书等文献的出版日益增多，还兴起了创办报刊的浪潮，其中使用的“德意志”“德国”等词日益为大众所知，尤其是“德意志”这一译名更富有文采和褒义，备受学术界和舆论界青睐。

1868年，美国传教士林乐知（Young John Allen）在上海创办了周刊《中国教会新报》（1872年改称《教会新报》，1874年改名为《万国公报》），在宣传教义之外，也刊登很多中外新闻。1872年，《教会新报》刊登了《大北德意志国事四则》，其中写道：“北德意志，即先之布国也。”①这里将德国称为“北德意志国”，又等同于普鲁士，这可能和德国统一前普鲁士主导成立的“北德意志联邦”有关。又提到“德国宰臣毕嗣马”②。毕嗣马即俾斯麦（Bismarck）。这表明“德意志”和“德国”等用法已经在会汉语的传教士中使用。

1877年，钱德培作为刘锡鸿的随员前往德国。1878年，他在《欧游随笔》中写道：“德意志国本名日耳曼，同盟之列邦，凡二十有五。

① 《大北德意志国事四则》，《教会新报》，1872年，第216期，第108页。

② 《大北德意志国事四则》，《教会新报》，1872年，第216期，第108页。

自同治九、十年间，布鲁斯国王战胜法国后，列邦共尊之为帝。即以柏林为德意志都城。”①这里使用了“德意志国”这个国名全称，该书更多地使用“德国”这一简称。

1882 年，美国传教士丁韪良受总理衙门委托，考察欧美各国后，用中文撰写《西学考略》，其中使用了“德国”② 这一用法；书中介绍各国教育时，单独介绍布国（普鲁士），注明“德意志各邦不在内”。③ 1886 年，英国传教士艾约瑟出版了他翻译的《欧洲史略》和编著的《西学略述》，向中国人介绍了欧洲的历史与文化。《欧洲史略》和《西学略述》中对德国的称呼均是“德国”，对德国作为一个地区的称呼则是“德地”。④

1897 年，陈忠倚编撰的《皇朝经世文三编》刊行，其中有《洋务二 外国军政》，德国部分的标题为“德意志军政”，内文则称“德国”，介绍了德国的义务兵役制度：“德国定例，凡为男子皆须从军⑤。”

1903 年，赵必振根据日文著作编译的《德意志文豪六大家列传》，介绍了可特（歌德）等作家。其中提到“德意志文学”⑥ “德国文学”⑦“德意志语”⑧“德意志文坛”⑨“德意志国之气概”⑩ 等，德国

---

① 钱德培：《欧游随笔》，岳麓书社，2016 年版，第 15 页。

② 丁韪良：《西学考略》，岳麓书社，2016 年版，第 35 页。

③ 丁韪良：《西学考略》，岳麓书社，2016 年版，第 99 页。

④ 弗里曼著，艾约瑟编译编著，王娟、陈德正校注：《〈欧洲史略〉〈西学略述〉校注》，商务印书馆，2018 年版，第 135~136 页、第 304 页。

⑤ 陈忠倚编：《皇朝经世文三编》卷七十，上海书局，1902 年版，第 26 页。

⑥ 大桥新太郎编著：《德意志文豪六大家列传》，赵必振译，作新社，1903 年版，第 1 页。

⑦ 大桥新太郎编著：《德意志文豪六大家列传》，赵必振译，作新社，1903 年版，第 3 页。

⑧ 大桥新太郎编著：《德意志文豪六大家列传》，赵必振译，作新社，1903 年版，第 19 页。

⑨ 大桥新太郎编著：《德意志文豪六大家列传》，赵必振译，作新社，1903 年版，第 30 页。

⑩ 大桥新太郎编著：《德意志文豪六大家列传》，赵必振译，作新社，1903 年版，第 36 页。

国名的全称与简称并用。1904年，王国维发表《叔本华与尼采》，其中写道："十九世纪中，德意志之哲学界有二大伟人焉，曰叔本华，曰尼采。"①

可见，"德国"作为"德意志国"的简称，在官方和民间逐步被广泛使用，成为一个通称，而"德意志"在需要说明国名全称的情境下使用。同时旧的译名"日耳曼"也在使用，"德意志"与"日耳曼"并立，并在具体指代的含义上形成了一定程度上的区分。

1864年，丁韪良翻译出版了《万国公法》(*Elements of International Law*)，原书中对中世纪神圣罗马帝国的称呼是"Germanic Empire"，丁韪良翻译为"日耳曼国"②；丁韪良将书中的"Germany"也翻译为"日耳曼国"③，对中世纪和19世纪的德国未作区分。该译著中对德语的称呼为"日耳曼语"④。

1875年，郭嵩焘被任命为出使英国大臣，是中国历史上第一位驻外使节。1876年出使前，郭嵩焘被慈禧太后召见时，就提到"德国"。⑤1877年，他抵达英国，开设使馆，留意各国情况，均记在日记中。1878年，郭嵩焘在日记中写道："普国统属日耳曼小邦，改称德国。"⑥实际上，普鲁士是主导德国统一的邦国，在德国统一后仍然存在，并不是普鲁士改国号，而是将新建立的国家称为"德意志帝国"。而且，"日耳曼"(Germania)和"德国"(Deutschland)都是德国历史上出现的名称，但郭嵩焘可能受到奕䜣"布国现改为德国"这一说法

① 王国维：《叔本华与尼采》，收录于《王国维全集》第一卷，浙江教育出版社，2009年版，第81页。

② 惠顿著，丁韪良译，何勤华点校：《万国公法》，中国政法大学出版社，2003年版，第40页。

③ 惠顿著，丁韪良译，何勤华点校：《万国公法》，中国政法大学出版社，2003年版，第16页。

④ 惠顿著，丁韪良译，何勤华点校：《万国公法》，中国政法大学出版社，2003年版，第127页。

⑤ 郭嵩焘：《伦敦与巴黎日记》，岳麓书社，2008年版，第2页。

⑥ 郭嵩焘：《伦敦与巴黎日记》，岳麓书社，2008年版，第708页。

的影响，认为这是德国国名的改变。与此类似的还有一些著作，如1895年，上海广学会出版了英国学者罗伯特·麦肯奇（Robert Mackenzie）1889年的著作《泰西新史揽要》（原名《十九世纪史》，*History of the Nineteenth Century*）的中文版。该书由英国传教士李提摩太（Timothy Richard）口译，中国人蔡尔康笔录。该书介绍了德国统一的过程：普法战争后，“日耳曼全部邦无不愿合于普鲁士，于是普鲁士改国号曰德意志，而尊普鲁士王为德意志皇”①。提及国名时，则称“德国”。②又如1901年，钱洵编撰出版《五洲各国政治考》，对德国的国名进行了论述：“日耳曼合众国，近存二十有五。各国连横，互相保护，冀图强盛。七十一年四月，新定章程，推奉布国王总领日耳曼各国，改号德意志国，名曰德意志盖萨（盖萨犹云皇也）。”③钱洵将1871年前的德国称为“日耳曼合众国”；认为统一后改号“德意志国”。盖萨，即德语的kaiser，意思是皇帝。文中介绍了德国的政治体制，并使用了“德国”这一国名：“由他国观德国，其权在布王一人。”④

1870年至1871年，普鲁士与法国之间爆发了战争。王韬根据张宗良等人的翻译资料和新闻报道，撰写了《普法战纪》，详细介绍了普法战争的历史背景、战争经过和善后过程。该书在1873年出版，后多次再版，影响很大。该书介绍了普鲁士：“普鲁士乃日耳曼列国之一，居欧罗巴之中，近时欧洲之雄国也。”⑤这里将德国称为“日耳曼”。王韬对普鲁士国王威廉一世称帝后的称呼是“日耳曼皇帝”⑥。

---

① 麦肯奇：《泰西新史揽要》，李提摩太、蔡尔康译，上海书店出版社，2002年版，第294页。

② 麦肯奇：《泰西新史揽要》，李提摩太、蔡尔康译，上海书店出版社，2002年版，第294页。

③ 钱洵：《五洲各国政治考一》，文听阁图书有限公司，2012年版，第25页。

④ 钱洵：《五洲各国政治考一》，文听阁图书有限公司，2012年版，第26页。

⑤ 王韬：《普法战纪》卷一，中华印务总局，1898年版，第6页。

⑥ 王韬：《普法战纪》卷四，中华印务总局，1898年版，第12页。

1903年3月，梁启超在《新民丛报》上发表《论尚武》。他在该文中写道："独不见德意志乎？十九世纪之中叶，日耳曼民族，分国散立，萎靡不振，受拿破仑之蹂躏，既不胜其屈辱，乃改革兵制，首创举国皆兵之法。……故其国民勇健奋发，而德意志遂为世界唯一之武国。"①在这里日耳曼成为民族的称呼，德意志则成了国家的名称。又如康有为在戊戌变法失败后，流亡海外，期间遍访欧美，对德国更是访问多次。1904年，康有为写成《意大利游记》，其中议论天主教时说："当时教皇之权，能召日耳曼帝显理跪雪三日，若非马丁路德教兴，则至今教皇尚为欧洲共主也。"②这里说的"日耳曼帝显理"就是在11世纪与教皇发生主教叙任权之争的神圣罗马帝国皇帝亨利四世。而康有为在1904年撰写的《德国游记》中提到："德意志之自立也，以全邦语言文字一致也。奥十四州分十四种语，故政党亦分十八，支离散漫，故不能强。奥国中日耳曼人千馀万。"③可见，在康有为眼中，日耳曼主要指历史上的德国和当时的民族，而德意志则指当时的德国。

1912年，中华民国建立，清朝灭亡。1914年，中华民国北洋政府组织赵尔巽等人编撰《清史》。1927年，《清史稿》出版，其中《邦交篇》中写道："德意志者，日耳曼列国总部名也，旧名邪马尼，居欧洲中原，同盟三十六国，而中惟布路斯最强。"④这概括了当时中国人对德国的认识，即"德意志"用于国名的正式称呼，并用于与德语地区相关的领域；日耳曼则成为历史的和民族的称谓。

与对国家称号的翻译相应，中国对德国人语言的认识也有一个过程。1862年8月，清政府正式开设京师同文馆，培养外语人才，先后设立了英文馆和法文馆，又并入乾隆年间即已存在的俄文馆。1871年，普鲁士打败法国统一德国后，京师同文馆增设布文馆，"布文"即德

① 梁启超：《新民说》，商务印书馆，2016年版，第182页。
② 康有为：《欧洲十一国游记两种》，岳麓书社，2008年版，第181页。
③ 康有为：《德意志等国游记》，岳麓书社，2016年版，第112页。
④ 赵尔巽等撰：《清史稿》卷一百五十七，中华书局，1977年版，第4599页。

语，来自普鲁士旧译名布路斯。这里将德语称为“布文”，没有继承1861年中普《通商条约》中对德语的称呼“德意志字样”和1864年《万国公法》中使用的“日耳曼语”，没有从中继续概括，这可能与清政府一直在与代表德意志各邦国的普鲁士打交道有关。布文馆后改名为“德文馆”。按照1876年同文馆的学制规定：“馆中肄习洋文四种，即英、法、俄、德四国文字也。”① 1888年，总理衙门奏请在该衙门培养英、法、俄、德四语的翻译人才，文中写道，“臣等公同商酌，拟添设英、法、俄、布文翻译官正副各一员”②，其中将德语称为“布文”，而京师同文馆至迟在1876年已改称，可见当时官员守旧之深。

第四节　德国国号的含义与汉译

随着中德政治和文化交往的加深，中国人在对德国国名进行汉译的基础上，对德国国号进行了汉译，这首先是从直接交往时的国号开始翻译的。

1871年，德意志帝国建立后，呈递给中国的国书以及清朝的回复中，“Das Deutsche Reich”的中文译名便是“德意志国”③，一般简称为“德国”。晚清时期，没有将“Das Deutsche Reich”翻译为“德意志帝国”，可能与当时清朝还没有形成“帝国”概念有关。早在1748年左右德国传教士魏继晋编撰的汉德词典《额呼马尼雅语》中，将“中国”译为“Das Sinesische Reich”④。这里将“国”译为“Reich”，肯

① 高时良编：《中国近代教育史资料汇编 洋务运动时期教育》，上海教育出版社，1992年版，第86页。

② 《总理衙门片》（光绪十四年六月二十二日），《军机处录副》03-9434-034。转引自李文杰：《中国近代外交官群体的形成》，生活·读书·新知三联书店，2017年版，第204页。

③ 《布国国书》，收录于宝鋆等编：《筹办夷务始末》（同治朝）第8册，中华书局，2008年版，第3249页。

④ 《额呼马尼雅语》（影印本），收录于故宫博物院编：《故宫博物院藏乾隆年编华夷译语》第16卷，故宫出版社，2018年版，第66页。

定会影响 Reich 的汉译。尽管 19 世纪早期，已有传教士和中国学者将英语中的“empire”译为“帝国”，但尚未流行开来。整体而言，“19 世纪末以前，中国文化阶层的词汇中并没有‘empire’或‘帝国’这样的词”①。

1815 年，英国传教士马礼逊（Robert Morrison，1782—1834）在马六甲创办了中文刊物《察世俗每月统记传》，由米怜（William Milne，1785—1822）主编。1820 年，该刊物上发表了一篇文章《论亚非利加列国》，其中写道：“亚非利加之分有侯国、有王国、有帝国，又有多小国未有一定的朝政者。”②这是最早将 empire 翻译为“帝国”的用法。③

1873 年，王韬出版的《普法战纪》介绍了拿破仑建立法兰西帝国的过程：“（一千）八百四年十二月二日建号称恩伯腊”，并解释“西人立国有三等：君为王者称帝，西语曰恩伯腊；民为主者称总统，西语曰伯理玺天德；君民共为主者称王，西语曰京”④。这里区分了帝国、共和国和王国三种政体，将英语的“empire”（帝国）音译为“恩伯腊”，将“president”（总统）音译为“伯理玺天德”，将“king”（王）音译为“京”。1879 年，黄遵宪在《日本杂事诗·立国》中介绍日本：“立国扶桑近日边，外称帝国内称天。”⑤但这一时期对“帝国”一词的使用比较少，影响还不大。1895 年，中国在甲午战争中战败。3 月 30 日，中国与日本在马关签订《停战条款》，条约将两国称呼为“大日本帝国”和“大清帝国”。⑥ 4 月 17 日，中国与日本签订的《马关新约》沿

---

① 欧立德：《当我们谈“帝国”时，我们谈些什么——话语、方法与概念考古》，《探索与争鸣》，2018 年第 6 期，第 53 页。

② 米怜主编：《察世俗每月统记传》，刘美华编校，上海古籍出版社，2021 年版，第 297 页。

③ 欧立德：《当我们谈论“帝国”时，我们谈些什么——话语、方法与概念考古》，《探索与争鸣》，2018 年第 6 期，第 54 页。

④ 王韬：《普法战纪》卷一，中华印务总局，1898 年版，第 5 页。

⑤ 黄遵宪：《日本杂事诗》，岳麓书社，2008 年版，第 581 页。

⑥ 王铁崖编：《中外旧约章汇编》第一册，上海财经大学出版社，2019 年版，第 566~567 页。

用了这种称号。中国官方对“帝国”一词的正式使用，使得“帝国”一词流行开来。19世纪末，严复在译著《原富》① 中译有“一国并兼数部号英拜尔”，将英语的“empire”音译为“英拜尔”，并注明“英拜尔近人译帝国，亦译一统。或译天下。亚洲之英拜尔若古印度、波斯、今日本皆是。其欧洲则古希腊、罗马、西班牙、法兰西。今俄、英、德、奥。其王皆称帝者也”②。严复对帝国的理解为“一国并兼数部”，“虽然严复没有接受用帝国去对译 empire，但这个说明可视为帝国一词在当时流行的一个旁证”③。

随着中国人对“帝国”概念的接受，中国人开始将“Reich/empire”翻译为“帝国”，由此形成了一系列新的德国历史国号的汉译名称。

一、中世纪至20世纪初的德国国号

早期关于欧洲史的著作通常将中世纪的德国称为“日耳曼”或“德国”，通常会介绍德国君主的罗马皇帝称号，没有对中世纪的帝国类国号进行翻译。

1864年，丁韪良翻译出版的《万国公法》中，介绍了中世纪德国皇帝在国际交往中所受的礼遇：“昔者日耳曼有皇时，诸国归之礼款较重于他国之君，盖以为继续罗马古皇之位故也。”④书中还介绍了当时的德意志邦联：“日耳曼现为众盟邦，即系自主之国各邦平行，会盟永合者也。”⑤丁韪良于1880年至1882年访问了欧美各国，1883年出版

① 现通译为《国富论》或《国民财富的性质和原因的研究》。

② 亚当·斯密：《原富》，严复译，北京时代华文书局，2014年版，第504页。

③ 曹龙虎：《近代中国帝国主义概念的输入及衍化》，《武汉大学学报》（人文科学版），2017年第4期，第112页。

④ 惠顿著，丁韪良译，何勤华点校：《万国公法》，中国政法大学出版社，2003年版，第125页。

⑤ 惠顿著，丁韪良译，何勤华点校：《万国公法》，中国政法大学出版社，2003年版，第49页。

《西学考略》，其中提到他在德国亚琛参观了查理大帝之墓，并介绍：

> 按“槎理”在唐中叶仅为小邦（德国之小邦）储贰，因才智越众，有王者之德，故克大承鸿绪，归并西欧洲诸邦，而称帝于罗马焉，自彼时至嘉庆十一年，德国统领之君皆沿罗马皇帝尊号，相继弗替。①

1868年，清政府派曾任美国驻华公使的蒲安臣为使节，率领中国外交使团访问欧美多国。1869年9月，使团到达德国的“罕布尔克”(即汉堡)。使团成员志刚记载：“公处为商会地，不立君主，但公拣会长议事，归北日尔曼公会。”②这里的北日尔曼公会，即1867年成立的北德意志联邦。

1886年，英国传教士艾约瑟编译出版《西学略述》一书，其中的史学一节，介绍了“德国帝号”：

> 按当赵宋太祖之时，德君得有今意大利地，遂即帝位于罗马旧都，因自号罗马皇，而称众预推定代其帝位之人，曰罗马王也。至中朝同治年间，德人大败法人。德之诸侯王毕集于法京城外之一离宫内，公推布君即皇帝位，不复袭罗马皇之虚名，更号德皇，且以旌武功也。③

该文准确地介绍了中世纪德国的皇帝与国王制度，但也有纰漏。它提到德国在1871年统一时“不复袭罗马皇之虚名”。事实上，在1806年神圣罗马帝国灭亡时，德国就已经放弃了这个虚名。该年，艾约瑟还编译了《罗马志略》一书，书中提到800年查理大帝被加冕为罗马皇

① 丁韪良：《西学考略》，岳麓书社，2016年版，第35页。

② 志刚：《初使泰西记》，岳麓书社，2008年版，第325页。

③ 弗里曼著，艾约瑟编译编著，王娟、陈德正校注：《〈欧洲史略〉〈西学略述〉校注》，商务印书馆，2018年版，第304页。

帝一事：“罗马城复立西罗马帝。”①书中接着介绍了中世纪德国的国号：“后此西罗马号：曰圣国，其帝亦号曰日耳曼王。此王据罗马城，称罗马帝，自谓已得主有西地诸国之人民矣。”②这里的“圣国”即中世纪的神圣帝国或神圣罗马帝国。

1887 年至 1890 年，张德彝作为随员随洪钧出使德国。他每次出国必详细记录，命名为“述奇”。他这次是第五次出国，撰写了《五述奇》，详细记录了他在德国的见闻，以及对德国历史和政治的理解，如书中记载了德国国名的含义和 1871 年统一后的国号：“日耳曼之名，惟别国称之，土人自古名其地曰德义志。至是，始又统名各邦曰德义志国。”③这里将 Das Deutsche Reich 翻译为“德义志国”。书中又写道：“按德义志总国之权，乃列邦会合之权，非一邦所能作主也。”④这里将 Reich 理解为“总国”。可见，张德彝将国号中的 Reich 译为“国”，将用于与国内各邦相对应的国家层面的 Reich 译为“总国”。书中还提到“德国本日耳曼合众国”⑤，这里的日耳曼合众国指的是神圣罗马帝国；并将北德意志联邦称为“北日耳曼合众国”，没有提及两者之间的德意志邦联。⑥

1901 年，钱洵在其著作《五洲各国政治考》中将 1871 年前的德国称为“日耳曼合众国”，将北德意志联邦称为“北德合盟国”。⑦

19 世纪末“帝国”等词在汉语中日益广泛使用，对中世纪德国国号新的更准确的翻译也得以形成。1903 年 6 月，杨择翻译出版了日本学者白石真编著的《德意志史》，将“Frankenreich”翻译为“佛兰克

---

① 法伊夫、克莱顿著，艾约瑟编译，陈德正、韩薛兵校注：《〈希腊志略〉〈罗马志略〉校注》，商务印书馆，2014 年版，第 317 页。

② 法伊夫、克莱顿著，艾约瑟编译，陈德正、韩薛兵校注：《〈希腊志略〉〈罗马志略〉校注》，商务印书馆，2014 年版，第 317 页。

③ 张德彝：《五述奇》上册，岳麓书社，2016 年版，第 97 页。

④ 张德彝：《五述奇》上册，岳麓书社，2016 年版，第 99 页。

⑤ 张德彝：《五述奇》上册，岳麓书社，2016 年版，第 96 页。

⑥ 张德彝：《五述奇》上册，岳麓书社，2016 年版，第 96 页。

⑦ 钱洵：《五洲各国政治考一》，文听阁图书有限公司，2012 年版，第 27 页。

王国"①，843 年后的"Ostfrankenreich"翻译为"东佛兰克"②，将奥托一世赴罗马加冕为皇帝，称为"此为对峙于东罗马帝国之新西罗马帝国即神圣罗马帝国 Das Heilige Romische Reich der Deutschen Nation 之起源"③。该书附上了"德意志民族神圣罗马帝国"的德语原文，但没有将"德意志民族"翻译出来。书中将"神圣罗马帝国"简称为"德意志帝国"，这正符合 18 世纪以来德国国内对国号的简称；将 1871 年建立的帝国称为"新德意志帝国"，以此与之前的帝国进行区别。④

1903 年，富士英翻译出版了日本学者有贺长雄的著作《近世政治史》中关于德国的部分，即《近世德意志政治史》，介绍了德意志帝国统一的过程及这一时期的政府、政党、政教斗争、军事、法律、外交、社会主义运动、对外侵略等多方面的内容。其中评价："合十数联邦而成一德意志……自其成立而言之，则德一共和政体也。德皇除帝国宪法中所有权力之外，毫无实权，行政诸事，均束缚于联邦会议之决议。详言之，即德皇不过一联邦会议之议长。"⑤该书将德国称为"德意志帝国"⑥，将北德意志联邦称为"北德联邦"⑦。这表明，中国已开始用"联邦"来翻译德国国号。联邦是"由若干具有国家性质的地区联合组成的统一国家。1878 年汪凤藻、凤仪译，丁韪良鉴定《公法便览》续卷：'英认美之联邦为自主之国。'"⑧

1905 年，清廷为了预备立宪，派出载泽、端方、戴鸿慈等五大臣

---

① 白石真编：《德意志史》上编，杨择译，开明书社，1903 年版，第 21 页。
② 白石真编：《德意志史》上编，杨择译，开明书社，1903 年版，第 32 页。
③ 白石真编：《德意志史》上编，杨择译，开明书社，1903 年版，第 42 页。
④ 白石真编：《德意志史》下编，杨择等译，开明书社，1903 年版，第 171 页。
⑤ 有贺长雄：《近世德意志政治史》，富士英译，作新社，1903 年版，第 1 页。
⑥ 有贺长雄：《近世德意志政治史》，富士英译，作新社，1903 年版，第 10 页。
⑦ 有贺长雄：《近世德意志政治史》，富士英译，作新社，1903 年版，第 9 页。
⑧ 黄河清编著：《近代现辞源》，上海辞书出版社，2010 年版，第 479 页。

出访欧美日九国。1906 年归国后，戴鸿慈出版了《出使九国日记》。他们访问德国莱比锡的帝国法院后，记载道："游大审院。此德意志帝国最高法堂也。"①这里将德国称为"德意志帝国"。1913 年，德意志帝国的宪法等法律被译为中文，宪法名译为《德国宪法》，序言中将"Der Norddeutsche Bund"译为"北德意志联邦"，将国号译为"德意志帝国"。②

中国官方则继续沿用晚清时期使用的"德意志国"这一译名。1912 年，中华民国成立后，开展了一系列外交活动，希望得到列强的承认。1913 年 2 月，中华民国的《政府公报》中刊载了关于驻德使馆启用新印信的公文，其中写道：

> 驻德意志国全权公使颜惠庆呈 大总统报明启用印信日期文并批
>
> 为呈明事，中华民国二年一月三十日准外交部函送银印一颗，文曰中华民国驻德意志特命全权公使印，请即查收，并将启用日期报部……③

该公文对德意志帝国的官方称呼为"德意志国"。

1914 年，第一次世界大战爆发，交战双方为德国、奥地利所属的同盟国阵营和英国、法国、俄国所属的协约国阵营，中国则开始严守中立。1917 年初，德国实施无限制潜艇战，很多中立国船只遇袭，美国遂与德国断交。2 月 9 日，中华民国北洋政府对德国提出抗议，要求取消无限制潜艇战。3 月 11 日，德国政府回复表示拒绝。在段祺瑞政府的力主之下，3 月 14 日，总统黎元洪发表《大总统为与德国断绝外交关系之布告》："昨十一日接德国正式答复，碍难取消其封锁计划，实

① 戴鸿慈：《出使九国日记》，岳麓书社，2008 年版，第 466 页。

② 商务印书馆编译所编译：《德国六法》，商务印书馆，1913 年版，第 1 页。

③ 《驻德意志国全权公使颜惠庆呈大总统报明启用印信日期文并批》，《政府公报》，1913 年 2 月 15 日，第 279 号。

出我愿望之外。兹为尊崇公法，保护人民生命财产计，自今日始，与德国断绝现有之外交关系。特此布告。”①

1917年8月14日，北洋政府代理大总统冯国璋发布《大总统关于中国对德奥立于战争地位布告》，对德国和奥地利宣战，布告中写道：

> 爰自中华民国六年八月十四日上午十时起，对德国、奥国宣告立于战争地位，所有以前我国与德、奥两国订立之条约、合同、协约及其他国际条款、国际协议属于中德、中奥间之关系者，悉依据国际公法及惯例，一律废止。②

北洋政府在断交布告和宣战布告中，都将德国直接称为“德国”，没有使用之前公文中的“德意志国”的用法。

一些译者和作者将译自“Germany”的“日耳曼”作为德国国名。20世纪20年代，陈衡哲出版《西洋史》，该书被列入“新学制高级中学教科书”，影响很大。该书绝大多数地方将德国称为“日耳曼”，例如，将“North German Federation”译为“北日耳曼联盟”。③陈衡哲描述了德意志帝国建立时的情景：“在一八七一年正月十八日，当普军正在围攻巴黎的时候，普王维廉第一在法王旧宫凡尔赛之内，于刀光剑影之下，拥戴欢呼声中，戴上了一个日耳曼皇帝的冠。”④该书仅在少数几个国名简写中，用的是“德”，如“胶州湾的割于德”。⑤ 1933年，康选翻译出版陶森的《德国史》，将中世纪的“德意志民族神圣罗马帝

---

① 辽宁省档案馆历史部：《有关1917年中德断交的一组史料》，《民国档案》，1991年第1期第9页。

② 《大总统关于中国对德奥立于战争地位布告》，收录于中国社会科学院近代史研究所、中国第二历史档案馆史料编辑部编：《五四爱国运动档案资料》，中国社会科学出版社，1980年版，第123页。

③ 陈衡哲：《西洋史》，辽宁教育出版社，1998年版，第270页。

④ 陈衡哲：《西洋史》，辽宁教育出版社，1998年版，第272页。

⑤ 陈衡哲：《西洋史》，辽宁教育出版社，1998年版，第299页。

国”译为“日耳曼民族的神圣罗马帝国”①，将1871年建立的帝国译为“日耳曼帝国”（German Empire）②。

1933年，余祥森出版《德意志文学史》，其中提及“卡尔大王统一日耳曼各民族，建设‘德意志民族罗马帝国’”③。卡尔大王（Karl der Große）即查理大帝。这里认为中世纪的神圣罗马帝国的起点在于查理大帝统治时期。书中提到843年，“路易分得东法兰克，来因右岸及左岸少部之地，是为德意志国之始基”④。这里使用了“德意志国”这一国名的全称。

1934年，胡涵真翻译出版英国学者雅各所著的《神圣罗马帝国》，详细介绍了神圣罗马帝国的兴亡历史。“公元九六二年，那西部帝国第二次建造起来，我们便给他这个徒有其名的称号，叫做‘神圣罗马帝国’（Holy Roman Empire）。”⑤该书认为：“这个新帝国包含着两种要素，倒是相互对抗的。因为他一方已结合了德意志王国，他方又联属着意大利。”⑥可见，该书既将神圣罗马帝国视为罗马帝国的重建，又视之为一个新的帝国。该书虽然译自英语，但使用“德意志”这个译名。书中将德国地区称为“德意志王国”，将神圣罗马帝国简称为“德意志帝国”⑦，将“confederation of the Rhine”（莱茵邦联）翻译为“莱茵同盟”⑧，将“Germanic Confederation”（德意志邦联）翻译为“德意志同盟”⑨。

1935年，魏以新翻译出版哈勒尔的《德国史纲》，概述了德国从古代至19世纪后半期德意志帝国时期的历史。该书对德国国号的起源和

---

① 陶森：《德国史》，康选译，商务印书馆，1933年版，第130页。

② 陶森：《德国史》，康选译，商务印书馆，1933年版，第31~32页。

③ 余祥森：《德意志文学史》，商务印书馆，1933年版，第18页。

④ 余祥森：《德意志文学史》，商务印书馆，1933年版，第2页。

⑤ 雅各：《神圣罗马帝国》，胡涵真译，商务印书馆，1934年版，第5页。

⑥ 雅各：《神圣罗马帝国》，胡涵真译，商务印书馆，1934年版，第5页。

⑦ 雅各：《神圣罗马帝国》，胡涵真译，商务印书馆，1934年版，第12页。

⑧ 雅各：《神圣罗马帝国》，胡涵真译，商务印书馆，1934年版，第76页。

⑨ 雅各：《神圣罗马帝国》，胡涵真译，商务印书馆，1934年版，第78页。

演变进行了论述：

> 他们最初简直没有称呼这个特别新国的专名。九世纪中，人们谈到法朗克帝国东部时，开始称为条顿国（regnum theutonicum），但从未成为正式称号。原来条顿（theutonicum）这个字是读书人从 theotiscum 变出来的，无大意义，德国古文为 thiutick，意思只是“通俗的”“非罗马的”：即不说罗马话，说俗话的国土。这样经过了许久，直到大众承认德国 Deutsches Reich 一名词时为止，这个名字在国法上正式发生效力，是一八七〇年，熟悉此事的人甚少。那在九一一年成立，在一八〇六年瓦解的古国，从未用这个名字，大家都知道，它采用的名字是“神圣罗马帝国”。①

这段话非常清楚地论述了德国国名的词源，但论述国号时有不准确之处。“Deutsches Reich”成为正式的国号是在 1871 年，在神圣罗马帝国末期作为国号的简称被官方正式使用，并非“从未用过这个名字”。值得注意的是，该书将神圣罗马帝国的起点定为 911 年，即东法兰克王国的加洛林王朝绝嗣，康拉德一世继承王位的那一年。该书论述了历史观念中“德意志民族神圣罗马帝国”的含义：“一种具有宗教灵光的世界帝国，德意志民族的‘神圣’罗马帝国，要把古代席卷天下的罗马帝国，加以革新，使人在教会方面奉若神明。”②该书将中世纪的帝国简称为“德意志帝国”③，将“Rheinbund”译为“莱茵同盟”④，将“Deutscher Bund”译为“德意志同盟”⑤。

1935 年，王家鸿出版《第三德意志》一书，其中介绍了德国早期的历史，将中世纪的德国称为“德种民族神圣罗马帝国”，并解释了国

---

① 哈勒尔：《德国史纲》，魏以新译，商务印书馆，1935 年版，第 17 页。
② 哈勒尔：《德国史纲》，魏以新译，商务印书馆，1935 年版，第 44~45 页。
③ 哈勒尔：《德国史纲》，魏以新译，商务印书馆，1935 年版，第 44 页。
④ 哈勒尔：《德国史纲》，魏以新译，商务印书馆，1935 年版，第 302 页。
⑤ 哈勒尔：《德国史纲》，魏以新译，商务印书馆，1935 年版，第 340 页。

号的含义：

> 纪元九百六十二年一月三十一日鄂图大帝由教皇加冕为罗马皇帝。自是遂有德种民族神圣罗马帝国之称。Das heilige Roemische Kaiserreich der Deutschen Nation 所谓神圣者，谓人民全系基督教徒。所谓罗马者，表示西罗马帝国复兴。所谓德种者，表示由德种民族统治也。①

该书后又称之为“德意志神圣罗马帝国”②。该书将“Rheinbund”翻译为“来因联邦”③；将“Deutscher Bund”翻译为“德意志联邦”④，评价它“此种联邦，既非继承来因联邦，亦非继承神圣罗马帝国，对内各保存其独立性，对外亦无强力结合，非真正统一也”⑤。该书还将德意志帝国称为“德国国社党所称之‘第二国’”（Das Zweite Reich）⑥，又称为“第二德意志”⑦，应该是受到了范登布鲁克《第三帝国》中划分三个帝国思想的影响。

1936年，卢文迪出版《德国史》，评论了“神圣罗马帝国”这个国号：“神圣罗马帝国这个名称，是很特色的。‘神圣’是教会的分子，‘帝国’是武力的代表，是德意志的分子，‘罗马’则是两方的公有物。这样，已告诉我们：教皇和皇帝将因这公有的罗马而起冲突。”⑧作者从这个国号里分析出了中世纪皇帝与教皇政教冲突的原因，但实际上，“神圣罗马帝国”这个国号是腓特烈一世皇帝时期政教冲突的结果；在形成之后，又对政教关系进一步产生影响。该书将“Rheinbund”翻译

① 王家鸿：《第三德意志》，新中华日报社，1935年版，第3页。
② 王家鸿：《第三德意志》，新中华日报社，1935年版，第5页。
③ 王家鸿：《第三德意志》，新中华日报社，1935年版，第4页。
④ 王家鸿：《第三德意志》，新中华日报社，1935年版，第6页。
⑤ 王家鸿：《第三德意志》，新中华日报社，1935年版，第6页。
⑥ 王家鸿：《第三德意志》，新中华日报社，1935年版，第4页。
⑦ 王家鸿：《第三德意志》，新中华日报社，1935年版，第5页。
⑧ 卢文迪：《德国史》，中华书局，1936年版，第12页。

为“莱茵同盟”①；将“Deutscher Bund”翻译为“德意志联邦”②；将“Norddeutscher Bund”翻译为“北德意志联邦”③，同时又称之为“北德意志同盟”④；将“Das Deutsche Reich”翻译为“德意志帝国”⑤。

可见，在民国时期，“德意志”“德国”已成为对德国的主要称呼，对“神圣罗马帝国”这一国号的含义也有了很深的理解，一些分歧主要来自对“Bund”，是翻译为“同盟”还是“联邦”，这一分歧一直延续到现在。

19世纪以来，对“Rheinbund”的翻译主要有“莱茵同盟”“莱茵联邦”和“莱茵邦联”，对“Der Deutsche Bund”的翻译主要有“德意志同盟”“德意志联邦”和“德意志邦联”。对“Norddeutscher Bund”的翻译有“北德意志公会”“北德意志联邦”和“北德意志同盟”。后来随着对“Bund”含义理解的加深，又出现了“莱茵邦联”和“德意志邦联”这两种译名。如1926年，陈茹玄的《联邦政治》一书中专门论述了德国联邦制的历史，将德意志邦联称为“德意志同盟”，并注明“或称邦联”。⑥该书根据德意志帝国时期的政体和国家结构将之称为“德意志联邦帝国”⑦。又如1933年，余楠秋等翻译的俄国学者沙比罗所著的《欧洲近现代史》一书中，提及了维也纳会议后建立的“德意志邦联”，并指出“‘邦联’是许多自主国很散漫的组合，不如美国依《邦联条例》（*Articles of Confederation*）所成立的坚固”⑧。随着对“Rheinbund”的研究日益深入，使用“莱茵邦联”这一译名也越来越多。⑨

---

① 卢文迪：《德国史》，中华书局，1936年版，第60页。
② 卢文迪：《德国史》，中华书局，1936年版，第77页。
③ 卢文迪：《德国史》，中华书局，1936年版，第90页。
④ 卢文迪：《德国史》，中华书局，1936年版，第90页。
⑤ 卢文迪：《德国史》，中华书局，1936年版，第92页。
⑥ 陈茹玄：《联邦政治》，商务印书馆，1926年版，第93~94页。
⑦ 陈茹玄：《联邦政治》，商务印书馆，1926年版，第92页。
⑧ 沙比罗：《欧洲近现代史》，余楠秋等译，世界书局，1933年版，第12页。
⑨ 参见王世英：《联邦与邦联》，《德语学习》，1996年第4期。

不同的译名体现了译者和使用者对“Bund”国家性质的不同理解。1806年的“Rheinbund”和1815年的“Der Deutsche Bund”都有从邦联发展成为联邦的趋势，尤其是“Der Deutsche Bund”代表了整个德国，还履行了中央的部分职能，但从政治结构上看，仍是一个具有独立地位的邦国的联盟，因此翻译为“莱茵邦联”和“德意志邦联”较为合适。“Norddeutscher Bund”则具备完全的联邦制国家形态，应翻译为“北德意志联邦”。

二、魏玛共和国

将中世纪直至1918年德国国号中的“Reich”译为“帝国”都没有问题，比较复杂的是魏玛共和国和纳粹德国时期，国号仍然为“Das Deutsche Reich”。1919年7月，德国立宪会议确定沿用之前的国号，并写在宪法中。1919年8月，《魏玛宪法》颁布后，其先进的立法精神立刻引起了中国知识界的关注。一些知识分子将其译为中文，希望能从中找到对中国的借鉴之处。对这一时期国号的正式翻译就是从宪法的汉译开始的。

1919年，骆继汉将日本学者美浓部达吉校译的《魏玛宪法》(刊于《日本法学协会杂志》第三十八卷第二号）翻译为中文，题为《德意志国之新宪法》，分四期发表于《世界大势》杂志上。他将国号“Das Deutsche Reich”翻译为“德意志国”，并明确表示反对将之翻译为“德意志帝国”。他在前言中进行了解释：“查Reich单不过国字之义，其自身毫不含帝政意味，译之为帝国，绝非正当，故本篇于Reich单译为‘国’。”①他的国号翻译是正确的，但对“Reich”词义的理解较为狭隘，“Reich”在德语中有“统治”“王国”“帝国”和“国家”等多层含义。他将宪法中的“Reich”均译为国，如“国议会”，避免了将“Reich”翻译为帝国，却不太符合现代汉语推崇双字词的表达习惯。

① 骆继汉译:《德意志国之新宪法》,《世界大势》,1919年第10期，第17页。

1920 年 3 月，李剑农以“沧海”为笔名①在自己创办的《太平洋》杂志第 2 卷第 4 号上发表了他从英语版翻译的《魏玛宪法》前半部分。他所依据的英语版《魏玛宪法》题为《德意志共和国宪法》（*Constitution of the German Republic*），李剑农将宪法名翻译为《德意志共和新宪法》。英语版将宪法第一条中的国号“Das Deutsche Reich”翻译为“The German National State”②，李剑农将之仅译为“德意志”③，未涉及“Reich”的问题；第六条“Das Reich hat die ausschließliche Gesetzgebung über…”（国家在以下事项上享有独占的立法权），英文版将“Reich”译为“政府”（Government），李剑农将之翻译为“‘国’政府”，综合了德语和英语两个版本的意思，将中央与地方关系中的“Reich”，翻译为“国”。1920 年 8 月，李剑农在《太平洋》第 2 卷第 6 号上发表了《魏玛宪法》的后半部分。

1920 年 4 月，张君劢在《解放与改造》杂志上发表了他从德语原文翻译的《魏玛宪法》。此事源于他的欧洲之行。1918 年底，德国投降后，战胜国在巴黎召开和会，中国派代表团参加了和会。梁启超决定以“中国赴巴黎和会代表团非正式顾问的身份”④ 前往欧洲。1918 年 12 月 28 日，张君劢作为梁启超的助手之一一同出发。1919 年上半年，梁启超、张君劢等人在巴黎目睹了中国“弱国无外交”的局面，非常悲愤，后在欧洲其他国家游历和学习。1919 年 12 月，张君劢前往德国，拜访了《魏玛宪法》的起草人普罗伊斯。张君劢对《魏玛宪法》的评价很高。他认为：“美国宪法所代表者，十八世纪盎格鲁-撒逊民族之个人主义也；法国宪法所代表者，十九世纪民权自由之精神也；今之德宪

① 李富鹏：《魏玛宪法社会权的中国转化》，《环球法律评论》，2020 年第 3 期，第 134 页。

② Constitution of the German Republic，*Current History*，Vol. 11，1919—1920，p. 86.

③ 沧海（李剑农）译：《德意志共和新宪法全文》，《太平洋》，1920 年第 2 卷第 4 号，第 1 页。

④ 郑大华：《张君劢传》，商务印书馆，2012 年版，第 43 页。

法所代表者，则二十世纪社会革命之潮流也。”①

张君劢很快将《魏玛宪法》翻译为中文。宪法的名称“Die Verfassung des Deutschen Reichs”译为“德意志国宪法”，将德国的国号译为“德意志国”；文中将“Reich”译为“宗国”，如“宗国议会”。②他对此的解释是：“原文 Reich 沿昔日帝国之旧名，今以帝字已不适用，故改宗字。”③《魏玛宪法》第一条“Das Deutsche Reich ist eine Republik”，张君劢翻译为“德意志宗国为共和国”。④“宗国”在古汉语中是“本族的国家”⑤的意思，《左传》载：鲁哀公八年，吴国准备讨伐鲁国，征询鲁国人叔孙辄的意见，叔孙辄表示赞同。由此，公山不狃指责叔孙辄说：“今子以小恶而欲覆宗国，不亦难乎！”⑥可见，张君劢对“Reich”有两种译法：一是“国”，用于国号；二是“宗国”，用于指称国家的最高权力层级，尤其强调这是德意志民族的国家。“宗国”这个译名比较典雅，但只能与权力机构名称连用，无法用于国号，因此，这个译名没有沿用下来。张君劢注意到了《魏玛宪法》将邦国改称“Land”。他评论道：“新宪法中不列举各邦之名，且对于邦字，废去不用，而改称之曰州（Länder），是所以明示其可分可合。”⑦这里的“可分可合”指的是根据《宪法》，国家可根据需要变更各州的疆域或设立新州。

---

① 张君劢：《德国新共和宪法评》，收录于张嘉森（张君劢）：《新德国社会民主政象记》，商务印书馆，1922 年版，第 66 页。

② 张君劢译：《德意志国宪法》，《解放与改造》，1920 年第 2 卷第 8 号，第 39 页。

③ 张君劢：《德国新共和宪法评》，收录于张嘉森（张君劢）：《新德国社会民主政象记》，商务印书馆，1922 年版，第 70 页。

④ 张君劢译：《德意志国宪法》，《解放与改造》，1920 年第 2 卷第 8 号，第 44 页。

⑤ 商务印书馆编辑部等编：《辞源》（修订本重排版）上册，商务印书馆，2010 年版，第 892 页。

⑥ 杨伯峻编著：《春秋左传注》六，中华书局，2016 年版，第 1838 页。

⑦ 张君劢：《德国新共和宪法评》，收录于张嘉森（张君劢）：《新德国社会民主政象记》，商务印书馆，1922 年版，第 72 页。

将国号译为“德意志国”的还有 1923 年朱和中出版的《德国宪法》和 1924 年邓毓怡出版的《德意志国宪法》，这一译法沿用了张君劢的国号译名，他们都将与“Land”（邦、州）相对应的“Reich”译为“国”，沿用了李剑农（沧海）的译法。①

1922 年，王揖唐将日本学者美浓部达吉翻译的《欧洲诸国战后之新宪法》从日文翻译为中文出版，题为《世界最新之宪法》，其中将《魏玛宪法》的名称翻译为《德国宪法》，第一条翻译为“德国为共和政体”②，同样将与“Land”（邦、州）相对应的“Reich”译为“国”③。

有的译者采用“Reich”在德意志帝国时期国号中的“帝国”之意，仍将之译为“帝国”。如 1922 年 8 月，法学家吴昆吾出版了他译注的《德国新宪法》，将宪法名称译为《德意志帝国宪法》，正文中对“Reich”的翻译也是“帝国”。他在注释中解释道：

> “帝国”二字，在德文为 Reich，有强大包括之意，乃联邦帝国之称，与“各邦”Länder 恰为对待之名词。革命以后，政体虽改为共和，而德意志联邦，依然如故。彼既沿用 Reich 一字，译者遂依名从主人之例，仍译作帝国，且以为另译他名，反失其真。此宪法第一条，各国学者，多非笑之，然德人竟不顾他人之品评，仍沿用 Reich 一字，德人性质，固如是也。当议会讨论此宪法时，德国独立社会党议员孔氏 Cohn 曾建议将“帝国”Reich 字样，统改为“共和国”Republik 字样，竟归无效。④

① 朱和中译：《德国宪法》，民智书局，1923 年版，第 39 页。邓毓怡编译：《德意志国宪法》，收录于《欧战后各国新宪法》，宪法学会，1922 年版，第 1 页。

② 王揖唐译：《德国宪法》，收录于《世界最新之宪法》，译者自刊，1922 年版，第 1 页。

③ 王揖唐译：《德国宪法》，收录于《世界最新之宪法》，译者自刊，1922 年版，第 2 页。

④ 吴昆吾译注：《德国新宪法》，同益印书局，1922 年版，第 1~2 页。

从该注释中可以看出，吴昆吾对“Reich”的含义和德国的立宪过程有较为具体的了解，翻译时“名从主人”，但实际上未理解“Reich”的多方面含义，所以沿用了“帝国”这个译名。

有学者对“Reich”采用音译。如1934年，钱端升出版《德国的政府》，研究了魏玛德国的宪法和政治体制。该书将1871年至1918年的“Das Deutsche Reich”译为“德意志帝国”，但将魏玛共和国的国号“Das Deutsche Reich”译为“德意志莱希”，① “Reichspräsident”译为“莱希总统”②。钱端升的考虑是：“在昔，皇帝本为莱希的元首……今日新总统犹昔日的皇帝。”③ 他认识到“总统”是共和国的元首，不适合与“帝国”连用，所以采用了音译。类似的译名还有：“Reichsregierung”译为“莱希政府”，④ “Reichsrat”翻译为“莱希院”。⑤ 音译虽然避免了出现“帝国总统”这样矛盾的词语，但也导致意思不明确。这种音译出现较早，如1901年，钱洵的《五洲各国政治考》中，将德意志帝国的“议院”（Reichstag）翻译为“立斯塔”。⑥

还有译者将“Reich”翻译为“共和国”“联邦”，均不太符合“Reich”的原意。如陈锡符和萨孟武1922年翻译出版的《德意志共和国宪法》中，将国号翻译为“德意志共和国”，将与“Land”（邦、州）相对的“Reich”翻译为“联邦”。⑦又如1939年，刘迺诚出版《比较政治制度》第二卷，介绍了德国、意大利和苏联等国的政治制度。该书将魏玛共和国称为“德意志共和国”，沿用了陈锡符和萨孟武的翻

① 钱端升：《德国的政府》，北京大学出版社，2009年版，第280页。

② 钱端升：《德国的政府》，北京大学出版社，2009年版，第86页。

③ 钱端升：《德国的政府》，北京大学出版社，2009年版，第98页。

④ 钱端升：《德国的政府》，北京大学出版社，2009年版，第100页。

⑤ 钱端升：《德国的政府》，北京大学出版社，2009年版，第144页。

⑥ 钱洵：《五洲各国政治考一》，文听阁图书有限公司，2012年版，第25页。

⑦ 陈锡符、萨孟武等译：《德意志共和国宪法》，收录于《世界新宪法》，商务印书馆，1922年版，第1页。

译。书中将宪法第一条译为“德国（Reich）为共和国”。①刘迺诚将由民众普选产生的“Reichstag”翻译为“国会”，② 将各邦派遣代表组成的“Reichsrat”翻译为“联邦院”。③ 这表明他认为魏玛共和国仍是一个联邦性质的共和国。又如1944年，卢惠君编著的《世界各国宪法汇编》中收入了《德意志联邦宪法》，即《魏玛宪法》，该版本将魏玛共和国的国号译为“德意志联邦”。④

“联邦”一词违背了“Reich”的本义。尽管魏玛共和国仍维持了联邦制的国家结构，但整体的趋势是加强了中央集权。魏玛宪法制定期间，立宪会议否定了将“Bund”和“合众国”（Vereinigten Staaten）作为国号的提议，就是要加强中央的权力。相较之下，“共和国”虽然也不符合“Reich”的原意，但却较符合立法者的意图和当时的政体特征。汉语中的“共和”源于西周时期。公元前841年，残暴的周厉王被逐后，“召公、周公二相行政，号曰‘共和’”⑤。据考证，“‘共和’在中国古典本义为‘共同协和行政’，后传入日本，江户幕府末期（1845年），箕作省吾撰《坤舆图识》，以‘共和’译republic，至明治时代，又借以翻译英语republicanism”⑥。这种用法后来传入中国，以“共和”或“共和国”翻译“Republik”成为固定的译名。

---

① 刘迺诚：《比较政治制度》第二卷第一册，商务印书馆，1939年版，第11页。

② 刘迺诚：《比较政治制度》第二卷第一册，商务印书馆，1939年版，第33页。

③ 刘迺诚：《比较政治制度》第二卷第一册，商务印书馆，1939年版，第44页。

④ 卢蕙君编：《世界各国宪法汇编》，知行出版社，1944年版，第114页。

⑤ 司马迁：《史记·周本纪》第1册，中华书局，1982年版，第144页。

⑥ 冯天瑜：《“革命”、“共和”：清民之际政治中坚概念的形成》，《武汉大学学报》（人文科学版），2002年第1期，第10~11页。

表 3-1　　**民国时期对魏玛共和国国号与中央部门的翻译列表**

译者	《魏玛宪法》第一条 Das Deutsche Reich ist eine Republik.	国号 Das Deutsche Reich	Reich	Reichs-präsident	Reichs-tag	Reichs-rat	时间	文献来源
骆继汉	德意志国定为共和政体。	德意志国	国	国大总统	国议会	国参议院	1919	《世界大势》1919年第10—13期
李剑农(沧海)	德意志全体为一共和国。	德意志	国、联邦	总统	国会	联邦参议院	1920	《太平洋》第2卷第4、6号
张君劢	德意志宗国为共和国。	德意志国	国、宗国	宗国总统	宗国议会	宗国参议院	1920	《解放与改造》第2卷8号
吴昆吾	德意志帝国为共和政体。	德意志帝国	帝国	帝国元首	帝国议会	帝国参议院	1922	《德国新宪法》
王揖唐	德国为共和政体。	德国	国	国大总统	国议会	国参议院	1922	《世界最新之宪法》
陈锡符、萨孟武	德国为共和政体。	德意志共和国	共和国、联邦	联邦大总统	联邦议会	联邦参议院	1922	《世界新宪法》
朱和中	德意志国乃共和政体。	德意志国	国	国总统	国会	国务参政	1923	《德国宪法》
邓毓怡	德意志国为共和政体。	德意志国	国	国大总统	国议会	国参议院	1924	《欧战后各国新宪法》
钱端升		德意志莱希	莱希	莱希总统	国会	莱希院	1934	《德国的政府》

续表

译者	《魏玛宪法》第一条 Das Deutsche Reich ist eine Republik.	国号 Das Deutsche Reich	Reich	Reichs-präsident	Reichs-tag	Reichs-rat	时间	文献来源
刘迺诚	德国为共和国。	德意志共和国	德国、联邦	联邦总统	国会	联邦院	1939	《比较政治制度》第二卷第一册
卢惠君	德意志联邦为共和政体。	德意志联邦	联邦	联邦大总统	联邦国会	联邦参政会	1944	《世界各国宪法汇编》

1919 年，《魏玛宪法》颁布的当年，中国就出现了 1 种中译本，至 1944 年，民国时期至少出现了 9 种《魏玛宪法》的译本，可见当时知识界对《魏玛宪法》的推崇，这有着深刻的社会背景：

> 民初移植西方代议制民主失败，政治体制处于结构性涣散的危机当中。究竟怎样的制度模式才能适合中国自身的政治现状，深深地刺激着中国知识界。怀疑主义的情绪上升为理性的思考，中国知识界开始寻找替代性方案，把希望的目光投向西方新制度、新思潮。魏玛宪政模式即迎合了中国知识界“改造代议制”的愿望。①

张君劢、李剑农等人将《魏玛宪法》的理念实施到了他们参与的中央和地方宪法起草工作中，《魏玛宪法》对民国时期的制宪产生了一定的影响。

① 邓丽兰：《魏玛宪法在中国的传播》，《中国政法大学学报》，2008 年第 3 期，第 28 页。

民国知识界对魏玛共和国国号的翻译和称呼有“德意志国”“德意志帝国”“德意志共和国”“德意志联邦”等，其中使用较多的是“德意志共和国”。20世纪30年代，有多本德国史译著称呼魏玛德国为“德意志共和国”。1931年，余祥森在《德意志文学》一书中认为，“德意志文学之范围，固不仅囿于现在德意志共和国版图以内之德语文学作品，乃兼及奥国、瑞士二国之德语文学作品而言”①。1935年，胡景襄编著的《德意志独裁政治发展史》，其中将希特勒推翻的共和国称为“德意志共和国”。② 1939年，魏以新翻译了斯提腓的著作《德国史略》，该书论述德国从部落时代到希特勒上台的历史。书中将魏玛共和国称为“德意志共和国”，③ 在标题中又简称为“民国”。④ 1940年，圣辅编著出版的《德国复兴史》提到：“经过国民议会的推选，这位马鞍匠出身的亚柏特，成为德意志共和国第一任大总统。”⑤可见，将“Das Deutsche Reich”译为“德意志共和国”是当时的一种重要译法，概括出了当时德国的政体特征。

比较特别的是，1926年陈茹玄在《联邦政治》一书中将魏玛共和国的建立描述为：“而德意志遂由联邦帝国，一变而为联邦共和国焉。”⑥ 这里的“联邦共和国”主要是对魏玛共和国国家结构和政体的描述，而非国号。但在1949年，德国的确建立了一个“德意志联邦共和国”，继承了魏玛共和国的联邦与共和体制。还有1936年卢文迪出版的《德国史》将魏玛共和国称为“德意志民主共和国”。⑦ 这正好是1949年建立的民主德国国号的汉译名称。

对魏玛共和国国号最权威的翻译是中国政府与德国政府在外交活动中确定的译名。由于巴黎和会拒绝了中国收回山东的要求，中国没有签

① 余祥森：《德意志文学》，商务印书馆，1931年版，第1~2页。
② 胡景襄编：《德意志独裁政治发展史》，民族书局，1935年版，第4页。
③ 斯提腓：《德国史略》，魏以新译，商务印书馆，1939年版，第140页。
④ 斯提腓：《德国史略》，魏以新译，商务印书馆，1939年版，第130页。
⑤ 圣辅编著：《德国复兴史》，世界书局，1940年版，第18页。
⑥ 陈茹玄：《联邦政治》，商务印书馆，1926年版，第123页。
⑦ 卢文迪：《德国史》，中华书局，1936年版，第118页。

订对德的《凡尔赛和约》。在20世纪20年代，中国与德国单独签订一系列条约，处理战后善后事宜。1921年5月20日，德国政府代表卜尔熙（Herbert von Borch）声明，放弃1898年通过不平等条约获得的在中国山东的权利，“允认取消在华之领事裁判权”① 等不平等特权。当日，中国与德国签订《中德协约》，恢复了中断4年的邦交。条约中写道：“大中华民国政府、大德意志共和国政府，意愿以本日大德意志共和国声明文件为依据，两国订立协约，恢复友好及商务关系，并觉悟领土主权之尊重与夫平等相互各种原则之实行为维持各民族间睦谊之唯一方法。”②由此，两国建立了平等的外交关系。

1924年6月6日，为解决德国的德华银行事宜，中华民国北洋政府外交总长在致德国的照会中提及“照会大德意志共和国全权公使博”③。1921年和1924年的条约中都将魏玛共和国称为“德意志共和国”。“大”在这里是一个表示国号尊称的前缀，本身不是国号的一部分。

1927年4月，蒋介石成立南京国民政府。1928年8月17日，南京国民政府与德国签订《关税条约》，德国以此承认了南京国民政府。中德签订《关税条约》后，经贸关系迅速发展。同时，蒋介石特别欣赏德国的军事技术和体制，邀请了大批德国军官前往中国担任顾问，两国合作日益密切。

《关税条约》开头为“大中华民国、大德意志民国因欲增进两国间固有之睦谊并发展及便利两国商业关系起见，决定缔结条约……”④这份条约将魏玛共和国称为“德意志民国”。“民国”就是“共和国”的

---

① 王铁崖编：《中外旧约章汇编》第三册，上海财经大学出版社，2019年版，第161页。

② 王铁崖编：《中外旧约章汇编》第三册，上海财经大学出版社，2019年版，第159页。

③ 王铁崖编：《中外旧约章汇编》第三册，上海财经大学出版社，2019年版，第418页。

④ 王铁崖编：《中外旧约章汇编》第三册，上海财经大学出版社，2019年版，第588页。

意思，类同于中国当时的国号“中华民国”。最早将“republic”翻译为“民国”的是孙中山，1903年，孙中山改组兴中会，提出了“驱除鞑虏，恢复中华，创立民国，平均地权”的誓词；次年8月，他用英语发表《中国问题之真解决》，文中提出，“把过时的满清君主政体改变为‘中华民国’（National Republic of China），才能真正解决中国问题”①。1906年，孙中山正式用汉语宣布了“中华民国”这一国号设想。② 1912年，“中华民国”正式成了中国国号。由于两国均为共和政体，中国官方将德国国号翻译为“德意志民国”。而到了1931年8月13日，行政院长蒋介石发布的《国民政府令》再次将德国称为“德意志国”：“驻德意志国兼驻奥地利国特命全权公使蒋作宾另有任用……任命蒋作宾为中华民国驻日本国特命全权公使。”③可见，在民国时期，从北洋政府到国民政府，官方对德国国号的译名有“德意志国”“德意志共和国”“德意志民国”，并没有固定下来。

1929年，德国国内开始使用“魏玛共和国”（Weimarer Republik）来称呼当时的共和国，这一用法逐步被大众所接受，后来也传到中国。1935年，《德意志独裁政治发展史》中写道：“国社党政府并不去否定维玛宪法，亦不宣告维玛共和国的死刑，国社党的聪敏，便表现在这里。”④这里使用了“维玛共和国”这一称呼。1959年，民主德国历史学家维纳·洛赫1955年至1958年在北京大学历史系授课的讲稿《德国史》被翻译为中文。该书将1919年至1933年的共和国称为“魏玛共和国”，书中写道：“1919年1月19日，在得到工人叛徒们的鼓励的反革命部队的恐怖笼罩下举行了所谓魏玛共和国的第一次德国国民议会，即最高人民代议机构的选举，这次选举的结果在这时就已显示出旧势力的

① 胡阿祥：《吾国与吾名：中国历代国号与古今名称研究》，江苏人民出版社，2018年版，第262页。

② 胡阿祥：《吾国与吾名：中国历代国号与古今名称研究》，江苏人民出版社，2018年版，第263页。

③ 《国民政府令》，《国民政府公报》，1931年第848号。

④ 胡景襄编：《德意志独裁政治发展史》，民族书局，1935年版，第92页。

复辟。"①这里用的"所谓魏玛共和国"，表明洛赫对魏玛共和国国家本身及其名称的一种否定性的态度。

1959 年 10 月，金刘翻译出版了德国格·艾斯勒（G. Eisler）等历史学家的著作《德国的教训——德国史指南》。该书原版出版于 1945 年"二战"结束之时，总结了魏玛共和国时期纳粹上台的历史教训。在该书中，"德意志共和国"和"魏玛共和国"两个名词在书中交替使用，"德意志共和国"一般用于比较积极的论述，"魏玛共和国"一般用于比较消极的论述。如书中写道，谢德曼高呼"德意志共和国万岁"后，"第一次世界大战于十一月十一日结束前两天，德意志共和国诞生了"②。该书批评了艾伯特等人对帝国统治阶层的宽容态度："魏玛共和国的领袖们，在他们在位的最初几个月间，就把那些已在十一月九日随着君主政体同时被推翻的反动分子恢复了职位。这条道路导向后退而不是导向前进。"③该书谈及国民议会迁到魏玛召开的原因时说："政府感到柏林也不太保险，因为在那里甚至于戒严令也压制不住工人们反对军事独裁的抗议，因而就和国民大会一起逃到魏玛去了。"④这里对政府和国民议会转移到魏玛一事持否定态度。可见，该书对"德意志共和国"和"魏玛共和国"的用法褒贬分明，从中可以看出作者对于共和国掌权阶层的否定态度。

由于这些著作的广泛影响，"魏玛共和国"成为国内学术界称呼相关历史阶段的通用名称。

---

① 维纳·洛赫：《德国史》，北京大学历史系世界近现代史教研室译，生活·读书·新知三联书店，1959 年版，第 390 页。

② 格·艾斯勒等著：《德国的教训：德国史指南》，金刘译，生活·读书·新知三联书店，1959 年版，第 66 页。

③ 格·艾斯勒等著：《德国的教训：德国史指南》，金刘译，生活·读书·新知三联书店，1959 年版，第 74 页。

④ 格·艾斯勒等著：《德国的教训：德国史指南》，金刘译，生活·读书·新知三联书店，1959 年版，第 78 页。

三、纳粹德国

1933年希特勒的上台，是当时国际上一件非常重大的事件，这也引起了很多中国人的关注，很多中国媒体报道了纳粹德国的新闻。为了突出德国这一时期的政权特征，一般称之为“纳粹德国”(Nazi-Deutschland)，将希特勒的“德意志民族社会主义工人党”称为“纳粹党”。1933年，《社会新闻》杂志发表了《德国“纳粹”实力增长》一文，介绍了纳粹党掌握政权后的发展情况。① 1939年，《中美周刊》发表《纳粹德国的反纳粹运动》一文，介绍了1938年以来德国民众对纳粹统治的反抗。②该文将希特勒统治的德国称为“纳粹德国”，这一称呼沿用至今。“纳粹”一词来自德语的“Nazi”，Nazi就是“Nationalsozialismus”的缩写，意思是“民族社会主义”，是希特勒的核心政治思想。该文对该词的译法是“国家社会主义”，现一般译为“民族社会主义”。

对Nazi的翻译，还有根据这个缩写形式音译的译名，如“那齐党”③。又如1934年，董霖和佩萱将《我的奋斗》的一个英语节译本翻译为中文，书前面的《希特勒年表》中提道：“一九二八年（五月），那捷士（Nazis）在国会中得十二议席。”④ 1936年8月23日，《新天津画报》刊登了一幅纳粹党的照片，题为“德那其斯党创立十周年纪念庆祝会场上希特勒之演说”⑤。“那捷士”和“那其斯”，音译自“Nazis”，Nazis是“Nazi”的复数。

对纳粹党还有根据其意识形态和政治主张意译的译名，如“国家社会主义党”⑥“国家社会党、国家社会德国劳工党、德国国社党、国

---

① 许思邦：《德国“纳粹”实力增长》，《社会新闻》，1933年第4卷第11期。

② Ewald Recht：《纳粹德国的反纳粹运动》，朱雯译，《中美周刊》，1939年第1卷第3期。

③ 黄河清编著：《近现代辞源》，上海辞书出版社，2010年版，第541页。

④ 希特勒：《我的奋斗》，董霖、佩萱译，黎明书局，1934年版，第3页。

⑤《德那其斯党创立十周年纪念庆祝会场上希特勒之演说》，《新天津画报》，1936年8月23日，第2版。

⑥ 希特勒：《我的奋斗》，董霖、佩萱译，黎明书局，1934年版，第175页。

社党、民族社会党、民社党”①，以及根据纳粹党早期党徒穿褐色外衣而出现的译名“褐衫党”②。

在Nazi的众多译名中，“纳粹”这一译名使用最为广泛。1941年，教育部公布了国立编译馆编订的《社会学名词》，其中收录有“Nazism，纳粹主义”③。“纳粹”这一译名得到了官方的认可。

“纳粹”一词现在已臭名昭著，是希特勒反人类暴政的代名词，但其字面含义是“吸纳精粹”，“粹”还有“纯一”“不杂”的意思④，这一含有褒义的翻译美化了希特勒种族主义的意识形态，产生于20世纪30年代初期中国与德国良好关系的背景之下。蒋介石对德国的印象很好，很早就关注到了纳粹党的发展。

1933年，纳粹党上台。当时，中国政府对纳粹时期德国的称呼一般为“德意志国”“德意志”和“德国”。如1935年，中德关系从公使级升格为大使级，程天放被任命为首任驻德大使，他的正式头衔为“驻德意志国大使”。⑤这时中德关系还较好，但随着1936年11月25日德国与日本缔结《反共产国际协定》，并在1938年2月承认“伪满洲国”，又在1941年7月1日承认“伪汪精卫政权”，中国与纳粹德国的关系彻底破裂。

1941年7月2日，国民政府发表了对德国和意大利的《断交宣言》：

> 德义两国政府竟已承认南京伪组织，是其侵略政策显已推及远东，且又充分证明纳粹德国与法西斯义大利已与中国之敌人同恶相济……中国政府对于任何国家承认伪组织之举，早经一再声明态

① 黄河清编著：《近现代辞源》，上海辞书出版社，2010年版，第541页。

② 黄河清编著：《近现代辞源》，上海辞书出版社，2010年版，第541页。

③ 国立编译馆编订：《社会学名词》，正中书局，1945年版，第16页。

④ 王力主编：《王力古汉语字典》，中华书局，2000年版，第904页。

⑤ 张朋园、沈怀玉编：《国民政府职官年表》（1925—1949）第一册，“中央研究院”近代史研究所，1987年版，第577页。

度，兹特正式宣告，中国与德义二国断绝外交关系。①

在《断交宣言》中，中国对德意两国的称呼是“纳粹德国”和“法西斯义大利”，对纳粹和法西斯进行了区分，这两种意识形态的确既有相同之处，又有区别。纳粹主义和法西斯主义都主张对内独裁，对外扩张，反民主体制，反共产主义；区别在于纳粹主义更强调种族主义和反犹主义。法西斯主义出现更早，含义更宽泛，纳粹主义可以视为法西斯主义的一种表现形式，纳粹德国和意大利都是当时的法西斯主义国家。

1941 年 12 月 7 日凌晨，日本偷袭珍珠港。12 月 8 日，美国对日本宣战。12 月 9 日，中国对日本宣战，并对日本的盟国纳粹德国和意大利宣战，国民政府主席林森发表《国民政府对德意志义大利宣战布告》：

自去年九月德意志义大利与日本订立三国同盟以来，同恶共济，显已成一侵略集团。德义两国，始则承认伪满，继复承认南京伪组织，中国政府业经正式宣布与该两国断绝外交关系。最近德义与日本竟扩大其侵略行动，破坏全太平洋之和平，此实为国际正义之蟊贼，人类文明之公敌，中国政府与人民对此实难再予容忍。兹正式宣布自中华民国三十年十二月九日午夜十二时起，中国对德意志义大利两国立于战争地位，所有一切条约、协定、合同，有涉及中德或中义间之关系者，一律废止，特此布告。②

在这篇《宣战布告》中，对德国和意大利的正式称呼是“德意志”

① 秦孝仪主编：《中华民国重要史料初编——对日抗战时期　第三编战时外交（二）》，中国国民党中央委员会党史委员会，1981 年版，第 703~704 页。

② 《国民政府对德意志义大利宣战布告》，《国民政府公报》，渝字第 421 号，1941 年 12 月 10 日，第 1 页。

和“义大利”，简称为“德”和“义”。讽刺的是，两个侵略国既无“德”，又无“义”。

而早在1941年6月，纳粹德国就发动了对苏联的战争，苏德战场成为“二战”规模最大的战场。1942年，国民新闻社译述出版《战时德意志》，详细介绍了希特勒发动的闪电战以及对苏联的战争，该书将希特勒统治时期的德国称为“纳粹德国”①。

纳粹德国在当时也被称为“第三帝国”（Das dritte Reich），这一说法也被介绍到中国。1935年，王家鸿在著作《第三德意志》中写道：

> 德国国社党认为德国历史上有两个黄金时代，一为神圣罗马帝国时代之德意志，一为俾士麦克时代之德意志。希特勒所标榜之“第三国”Das Dritte Reich乃赓续以往之两个黄金时代而言。可见今日之德人，不甘以破落自居，无时不以恢复德意志民族以往之光荣为念也。②

该书将“Das dritte Reich”译为“第三国”，避免将之翻译为“帝国”。但“第三国”的含义指代不明，书名中又称之为“第三德意志”。

1938年5月7日，《华美》杂志上刊登了一篇文章《第三帝国的主人——克虏伯》，认为德国幕后的主人是“军火工业的大老板克虏伯”③。由此，出现了“第三帝国”的用法。1939年刘迺诚的学术著作《比较政治制度》也将纳粹德国称为“第三帝国”。④这表明，“第三帝国”这个概念已经开始被学术界使用。

1945年5月，纳粹德国覆灭。为了庆祝世界反法西斯战争的伟大

---

① 国民新闻社译述：《战时德意志》，国民新闻图书印刷公司，1942年版，第1页。

② 王家鸿：《第三德意志》，新中华日报社，1935年版，第1页。

③ 宜闲：《第三帝国的主人——克虏伯》，《华美》，1938年第1卷第3期，第67页。

④ 刘迺诚：《比较政治制度》第二卷第一册，商务印书馆，1939年版，第145页。

胜利，当年10月号的《良友》杂志刊登了文章《第三德意志帝国瓦解》①，并配有德国签署投降书的照片。这篇文章将纳粹德国称为“第三德意志帝国”，综合了“Das Deutsche Reich”（德意志帝国）与“Das dritte Reich”（第三帝国）的用法。

四、联邦德国与民主德国

1949年，德意志联邦共和国与德意志民主共和国分别成立。由于中国人对联邦、民主与共和等概念已经有了较深的理解，所以很快形成了标准的译名。“联邦”和“共和”早在晚清和民国时期已经用于对德国国号的翻译，1949年后，“民主”一词开始用来翻译民主德国的国号。

民主，在中国古代是“民之主”的意思，如《尚书·多方》记载：“天惟时求民主，乃大降显休命于成汤，刑殄有夏。”②。意思是：上天这个时候正在寻找做人民之主的人，于是降下光荣的使命给成汤，消灭夏朝。到了近代，“民主”这个词被用来翻译“republic”和“democracy”，使之具有了“人民参与统治”和“人民统治”的新含义。如1864年，丁韪良翻译出版了《万国公法》，其中提到“若民主之国，则公举首领官长”③。这里的“民主之国”译自republic。④又如1890年，薛福成出使欧洲，在日记中写道：“而立泼勃立克，译言民主国，主政者伯理玺天德，俗称总统民间公举，或七岁或四岁而一易。”⑤“而立泼勃立克”即republic。薛福成将republic理解为“民主”，这与18世纪以来西方的政治思潮有很大关联。1777年，美国开国元勋汉密尔顿首次使用了

① 《第三德意志帝国瓦解》，《良友》，1945年10月，第172期，第12~13页。

② 金兆梓译注：《尚书诠释》，中华书局，2010年版，第228页。

③ 惠顿著，丁韪良译，何勤华点校：《万国公法》，中国政法大学出版社，2003年版，第72页。

④ 惠顿著，丁韪良译，何勤华点校：《万国公法》，中国政法大学出版社，2003年版，第25页。

⑤ 薛福成：《出使英法义比四国日记》，岳麓书社，2008年版，第104页。

"代议民主"一词，"麦迪逊（1751—1836）则把汉密尔顿称为'代议民主'的体制叫做'共和政体'"①。随着中国人对西方政治思想的了解日益深入，"民主"用来翻译 democracy。如 1902 年出版的《华英英韵字典集成》对 democracy 的解释为"民政，百姓操权，民主之国政"②。Republic 则翻译为"共和"。"民主"和"共和"得以区分开来。

两个德国在筹备期间，中国的媒体都予以了报道，并在这个过程中翻译了国号。1948 年 10 月 22 日，苏占区的德国人民委员会通过宪法草案。10 月 23 日，《中央日报》发表《莫斯科批准东德国宪草》，报道此事，文中将苏占区称为"东德国"。③

1948 年 10 月 31 日，《人民日报》发表文章《德国人民委员会举行五届会议 通过民主共和国宪草》。文中写道：

> 德国人民委员会二十二日在柏林举行第五届会议，讨论德国民主共和国宪法草案。……委员会在通过草案的决议中郑重声明，作为德国人民唯一合法的代表机关，人民委员会要求实践由德国人民建立自由民主的德意志共和国及缔结和约的权利。④

该文提及苏占区的德国人民委员会通过宪法草案，将准备建立的国家称为"德国民主共和国"和"德意志共和国"，都不是正式的国号，只是对即将建立的国家的政体的描述。

1949 年 10 月 7 日，德意志民主共和国正式成立。1949 年 10 月 13 日，《人民日报》发表社论《向德国人民致贺》，写道：

---

① 王绍光：《民主四讲》，生活·读书·新知三联书店，2008 年版，第 41 页。

② 熊月之：《晚清几个政治词汇的翻译与使用》，《史林》，1999 年第 1 期，第 62 页。

③ 《莫斯科批准东德国宪草》，《中央日报》，1948 年 10 月 23 日，第 3 版。

④ 《德国人民委员会举行五次会议 通过民主共和国宪草》，《人民日报》，1948 年 10 月 31 日，第 2 版。

中国人民以极大的喜悦庆贺以威廉·皮克为首的德意志民主共和国临时政府的成立。这是德国人民在争取德意志和平民主统一及保卫世界和平的斗争中的一个重大胜利和贡献，这是代表着全德人民的民族利益并符合於全世界人民共同愿望的历史性的成就。①

这篇社论中采用了“德意志民主共和国”这一译名，这是民主德国国号标准的官方译名。1949 年 10 月 27 日，中国与民主德国正式建交。

联邦德国方面，1949 年 5 月 3 日，《人民日报》发表文章《美代表再访马立克 续商柏林问题》，报道美国驻联合国代表耶赛普于 4 月 27 日在纽约拜访苏联驻安理会代表马立克，讨论柏林问题。该报道批判美国正“加紧推行分裂的西德国家的活动”，提及德国西部各占区将成立“德意志联邦共和国”。②这是对“Bundesrepublik Deutschland”的正式翻译。1949 年 5 月 23 日，德意志联邦共和国正式成立。

中国与民主德国同属社会主义阵营，建立了良好的关系，但中德两国因 1941 年宣战引发的国际法意义上的战争状态并没有因为纳粹德国的覆亡和中国国内的政权更替而结束。1954 年，苏联提出了缔结对德和约的建议，得到了社会主义阵营的响应。1955 年 4 月 7 日，中国国家主席毛泽东颁布了《关于结束中华人民共和国同德国之间的战争状态的命令》：

由于希特勒德国发动破坏世界和平的法西斯侵略战争和支持日本对中国的侵略战争，中国于一九四一年十二月九日宣布同德国处于战争状态。希特勒侵略者被消灭以后，一九四五年的波茨坦会议决定了德国应当发展成为和平、民主、统一的国家和缔结对德和约

① 《向德国人民致贺》，《人民日报》，1949 年 10 月 13 日，第 1 版。

② 《美代表再访马立克 续商柏林问题》，《人民日报》，1949 年 5 月 3 日，第 3 版。

的途径。

但是由于美、英、法三国一贯奉行分裂德国、使西德复活军国主义和加入侵略性的军事集团的政策，德国仍然处于分裂状态，对德和约仍然未能缔结。

……

中华人民共和国坚决支持德意志民主共和国和全德人民以及苏联和所有爱好和平的国家和人民为争取德国和平统一、促进对德和约的缔结、保障欧洲集体安全和维护世界和平的斗争，同时为了中国人民和全德人民的利益，现根据中华人民共和国第一届全国人民代表大会常务委员会一九五五年四月七日第九次会议的决议，宣布：

一、中华人民共和国和德国之间的战争状态从此结束。两国之间的和平关系应当建立起来。

二、中华人民共和国同德国之间的战争状态的结束并不改变德国的国际义务，同时并不影响中华人民共和国根据有关德国的国际协定而享有的权利和承担的义务。①

这份命令表明，中国官方将纳粹德国称为“希特勒德国”，将当时尚未建交的联邦德国称为“西德”，将“德国”作为对民主德国和联邦德国的整体称呼。这份命令对中德关系具有非常重要的意义：

毛泽东颁发的这份命令，标志着中国同整个德国（民主德国和联邦德国）之间已结束战争状态。由于中国早已同民主德国建交，这份命令针对的主要对象是当时的联邦德国，而对民主德国来说，毛泽东主席的命令则有着从国际法意义上进一步推动两国友好

① 《中华人民共和国主席关于结束中华人民共和国同德国之间的战争状态的命令》，《人民日报》，1955年4月9日，第1版。

合作关系的作用。①

1972年2月，美国总统尼克松访华，推动了西方阵营国家同中国建交的浪潮。中国也希望同联邦德国建交，“从1972年开始，中国新闻媒介中通常提到联邦德国时所用的‘军国主义’‘德国法西斯主义’‘西德复仇主义’等攻击性字眼都不见了”②。

中国与联邦德国经过相互试探后，都了解到对方有建交的意愿，于是着手安排谈判。谈判从1972年8月18日开始，9月25日结束，整体上较为顺利，但出人意料的是，联邦德国方面在谈判期间对中国早已确定的德方国号译名“德意志联邦共和国”提出了反对。据当年参与谈判的梅兆荣（1988年至1997年担任中国驻联邦德国大使）在《中德建交谈判回顾》一文中的回忆，1972年9月8日，联邦德国外交部翻译处处长库斯特勒在汉语专家的陪同下，向中方提出联邦德国国号的翻译问题，表示“联邦政府非常关心把‘Bundesrepublik Deutschland’同‘Deutsche Bundesrepublik’区分开来，中国把西德国名Bundesrepublik Deutschland译成‘德意志联邦共和国’不符合德文原文，正确的译法应是‘德国联邦共和国’。‘德意志’是形容词，而德文原文是名词‘德国’按中文现在的译法，倒译过来就变成了‘Deutsche Bundesrepublik’”③。梅兆荣马上表示反对，并解释：“德意志联邦共和国”是个习惯译法，也是正确译法，“要照顾各国语言的习惯和特点”。④库斯特勒表示，“为了照顾译名的正确性，有时可以牺牲语言”⑤。梅兆荣反对这个看法。库斯特勒接着又提出：“比如芬兰、爱尔兰、荷兰，中

① 潘琪昌主编：《百年中德关系》，世界知识出版社，2006年版，第106页。
② 潘琪昌主编：《百年中德关系》，世界知识出版社，2006年版，第198页。
③ 梅兆荣：《中德建交谈判回顾》，《德国研究》，2002年第3期，第11页。
④ 梅兆荣：《中德建交谈判回顾》，《德国研究》，2002年第3期，第11页。
⑤ 梅兆荣：《中德建交谈判回顾》，《德国研究》，2002年第3期，第11页。

文里都把‘land’译为‘兰’，把西德国名译为‘德意志兰联邦共和国’行不行?”①梅兆荣再次拒绝，并向中国政府汇报了这个问题。中国国内接到报告后，表示赞同梅兆荣的观点和解释，并补充新的论据：

> （一）“德意志联邦共和国”是根据中文的文法规律、特点和习惯所作的完全正确的译法，“Deutschland”可译为“德国”，也可译为“德意志”。
>
> （二）按中文习惯，国家名称中国名均放在前面，如中华人民共和国、美利坚合众国等，这里的“中华”和“美利坚”都是名词而非形容词。倒译时均须根据原文，绝不会混淆。
>
> （三）“德意志联邦共和国”是习惯译法，不仅在报刊上运用，而且在正式文件中也一贯如此。
>
> （四）德方提出的两种方案均不能成立。首先，中文国名里不能同时出现两个“国”字；其次，如接受德方新译法，人们会以为出现了第三个德意志国家，从而将引起混乱。②

新的论据解释了汉译国号的文法规律，同时表示“倒译时均需根据原文”，即“德意志联邦共和国”回译为联邦德国官方使用的Bundesrepublik Deutschland，而不会回译为Deutsche Bundesrepublik这一民主德国对联邦德国的一种称呼。由于中国对芬兰、爱尔兰、荷兰三国国号的翻译分别是芬兰共和国、爱尔兰共和国和荷兰王国，“兰”字进入国号在理论上是可行的，所以中方反对的理由，一是遵循习惯用法，二是新译名会产生严重的政治后果，即让人误以为出现了第三个德意志国家。这是致力于统一的联邦德国绝对无法接受的。因此，德方最后接受了中方意见，但要求中方在使用德语的德国国号时，一定要使用德国国号的官方名称。从这一谈判过程可以看出，德方请汉语专家对汉语国

① 梅兆荣：《中德建交谈判回顾》，《德国研究》，2002年第3期，第11页。
② 梅兆荣：《中德建交谈判回顾》，《德国研究》，2002年第3期，第12页。

号进行了仔细研究，Bundesrepublik Deutschland 直译为汉语就是“联邦共和国德国”，进而调整词序写成“德国联邦共和国”。德方必然也知道这一名称不符合汉语的表达习惯，但为了政治正确，即避免使用民主德国对联邦德国的称呼，宁可“牺牲语言”。让联邦德国接受“德意志联邦共和国”这一国号的原因不是语言问题，而是新译名可能引发的政治问题。

中德建交谈判中还涉及西柏林的名称问题。联邦德国将西柏林称为“柏林（西）”[Berlin（West）]，目的是坚持柏林在法律上是一个整体。名称与法律地位有着密切的关联。在联邦德国1965年颁布的《关于称呼德国、德国内部分界线以及德国内部地点的指导方针》中，反对使用“West-Berlin（西柏林）”这一名称，但可以使用“Ostberlin（东柏林）”这一名称。③联邦德国承认东柏林不归自己管辖，但反对将自己的西柏林与东柏林并列，而是称之为“柏林（西）”，表示“柏林属于联邦领土”④，而括号中的“西”作为一个附属信息，代表实际控制区域。德方强调，这一用法得到了美苏英法四大国的认可。中方当时按惯例，使用的是“西柏林”这一名称，后鉴于民主德国已接受了这个用法，同意了德方的要求。⑤

1972年9月底，中国与联邦德国完成建交谈判。10月11日，两国正式建交，德方采用了“德意志联邦共和国”这一国号。1972年联邦德国代表在谈判过程中提出的“德意志兰”在正式国号中虽未采用，但后来成为中国历史学界对1871年前尚未统一的德意志地区的一种称呼。这主要是一个地理概念，与芬兰、爱尔兰、荷兰等名称仍有不同之处，因为这三个名称既表达地理概念，也是当代通用的国名，而“德

③ Richtlinien für die Bezeichnung Deutschlands, der Demarkationslinien innerhalb Deutschlands sowie der Orte innerhalb Deutschlands, *Ministerialblatt für das Land Nordrhein-Westfalen*, Nr. 117, 17. September 1965, S. 1220.

④ Richtlinien für die Bezeichnung Deutschlands, der Demarkationslinien innerhalb Deutschlands sowie der Orte innerhalb Deutschlands, *Ministerialblatt für das Land Nordrhein-Westfalen*, Nr. 117, 17. September 1965, S. 1220.

⑤ 梅兆荣：《中德建交谈判回顾》，《德国研究》，2002年第3期，第12页。

意志兰”不是国名，德国通用的国名是“德国”。

1990 年 10 月 3 日，联邦德国和民主德国实现了和平统一，“德意志联邦共和国”成为德国唯一的国号。中国与德国的友好关系继续发展，对世界政治经济格局产生着重要影响。

第四章　结　　语

德国的国名“Deutschland”源于中世纪早期日耳曼民族的语言和民族的名称，国号则根据统治者的统治理念不断改变。中世纪以来，德国的国号有东法兰克王国、罗马帝国、神圣帝国、神圣罗马帝国、德意志民族神圣罗马帝国、德意志邦联、北德意志联邦、德意志帝国、德意志国（魏玛共和国和纳粹德国）、大德意志国（纳粹德国）、德意志联邦共和国和德意志民主共和国。

长期以来，德国特殊的政治体制和政治状态导致了中世纪以来德国国号与地理名称长期分离的特点。1815 年成立的德意志邦联是当时德意志民族在政治上联合的一个象征，履行了一部分中央的职权，但整体上仍是一个邦联，不具备国家的形态。北德意志联邦是一个联邦国家，但不是全国性的政权，是走向统一前的过渡阶段。直到 1871 年，“Deutsch”（德意志）才成为一个统一的德国的国号“德意志帝国”的主要部分；1949 年，“Deutschland”（德国）才成为德国国号“德意志联邦共和国”的组成部分。

国号体现了统治者的理念和理想。早期与罗马帝国相关的国号体现了德意志统治者试图继承古罗马帝国的传统，同时又通过“神圣”这一称号构建帝国的神圣性，并以此与教皇进行斗争。“德意志民族神圣罗马帝国”这一国号集合了古罗马、基督教和日耳曼人的三大传统，体现了中世纪德意志君主建立基督教普世帝国的统治理想。1871 年至 1945 年的“德意志（帝）国”（Das Deutsche Reich）用于德意志帝国、魏玛共和国和纳粹德国三个时期，体现了德国历史的延续性。1949 年建立了德意志联邦共和国和德意志民主共和国，两个国号则体现了德国在经历纳粹暴政后的建国理念和历史反思，即通过联邦、共和与民主的途径去改正纳粹的错误，以实现德国人的理想。

通常，一个新的国号的出现会替代之前的国号。值得注意的是，德国这些国号在历史上依次出现，并不完全是依次替代的关系，即使是同一个政权内部也会同时使用多个国号。如 12 世纪后期“神圣罗马帝国”这一国号产生后，“罗马帝国”和“神圣帝国”这两个国号并没有消失，而是根据需要和惯例继续使用。又如 1943 年至 1945 年，纳粹德国同时使用“德意志国”和“大德意志国”这两个国号。

除了正式的国名国号，德国还有很多非正式的名称，用于指称历史上的特定时期。如 1918 年至 1933 年的共和国时期，由于没有更改国号，一般称为“魏玛共和国”。按照这种命名方式，1949 年至 1990 年的联邦德国被称为“波恩共和国”，德国 1990 年统一后被称为“柏林共和国”。由于有清晰的国号，这两种称谓并没有普及。又如神圣罗马帝国、德意志帝国和纳粹德国还有“第一帝国”“第二帝国”“第三帝国”的别称。

通过对德国历史上国名与国号的梳理，可以澄清历史的一些误解。如历史上虽然存在“德意志王国”这一称呼，但它并未成为德国国号。通常认为神圣罗马帝国开创于 962 年，但其国号实际上经历了多次累加，12 世纪后期“神圣罗马帝国”这一国号才得以确定。16 世纪初，“德意志民族神圣罗马帝国”的国号才稳定下来。这种国号的演变体现了德国历史的特殊性和延续性。

德国国号的演变，记录了德国从帝国发展成为民族国家和共和国的历程。国号蕴含了丰富的政治含义，历史上国号的争议，不仅是语言之争，更是一种政治理念之争和政治权力之争。魏玛共和国和联邦德国建立前后，对国号的讨论和争议，既是政治权力的斗争，又反映德国人对“Reich”的复杂感情。联邦德国与民主德国的国号争议，反映了对代表德国资格的争夺。德国历史上建议的和最终采用的国号都反映了当时德国人对各种政治体制的认识和态度。如魏玛共和国时期左派和右派对共和国国号都加以嘲弄辱骂，实际上是他们不认同共和国体制和理念的直接表现。又如社会民主党在魏玛共和国和联邦德国建立前后多次建议“德意志共和国”这一国号，实际上是该党对“共和”理念的坚持。

德语中表示国号的政治术语含义丰富，如“Bund”，有“联邦”“邦联”和“同盟”等多重含义；又如“Reich”，有“统治”“王国”“帝国”和“国家”等多重含义。因此，在翻译德国历史上的国号时，应根据其具体的国家结构和政体特征进行不同的翻译。如 1806 年至 1813 年的“Rheinbund”应译为“莱茵邦联”，1815 年至 1866 年的“Der Deutsche Bund”应译为“德意志邦联”，1867 年至 1870 年的“Der Norddeutsche Bund”应译为“北德意志联邦”；1871 年至 1918 年的“Das Deutsche Reich”应译为“德意志帝国”，1918 年至 1945 年的“Das Deutsche Reich”应译为“德意志国”。

表 4-1　　　　　　**德国历代国号列表**

<table>
<tr><th>国号</th><th>德语国号</th><th>使用时间</th><th>备　注</th></tr>
<tr><td>东法兰克王国</td><td>Ostfrankenreich</td><td>843—1034</td><td rowspan="5">一般 962 年至 1806 年的帝国统称为“神圣罗马帝国”；后期被简称为“德意志帝国”，仍使用“神圣罗马帝国”和“罗马帝国”等国号。
别称：德意志王国/条顿王国、第一帝国、老帝国。</td></tr>
<tr><td>罗马帝国</td><td>Das Römische Reich</td><td>1034—1806</td></tr>
<tr><td>神圣帝国</td><td>Das Heilige Reich</td><td>1157—18 世纪</td></tr>
<tr><td>神圣罗马帝国</td><td>Das Heilige Römische Reich</td><td>1184—1806</td></tr>
<tr><td>德意志民族神圣罗马帝国</td><td>Das Heilige Römische Reich der Deutschen Nation</td><td>1512—1806</td></tr>
<tr><td>德意志邦联</td><td>Der Deutsche Bund</td><td>1815—1866</td><td>不是国家，但履行部分中央职权，是德意志邦国政治上联合的象征。</td></tr>
</table>

续表

国号	德语国号	使用时间	备　　注
北德意志联邦	Der Norddeutsche Bund	1867—1870	
德意志帝国	Das Deutsche Reich	1871—1918	1871年1月1日至5月4日的宪法称《德意志联邦宪法》。别称：第二帝国、俾斯麦帝国。
德意志国（魏玛共和国）	Das Deutsche Reich	1918—1933	通称：魏玛共和国； 别称：德意志共和国、第一共和国；1918—1925，艾伯特共和国；1925—1933，兴登堡共和国； 贬称：钱袋共和国、剥削者共和国、十一月共和国、犹太共和国等。
德意志国（纳粹德国）	Das Deutsche Reich	1933—1945	通称：纳粹德国； 1943—1945年同时使用两种国号；“大德意志国”为自用尊称。 别称：第三帝国、千年王国、希特勒德国。
大德意志国（纳粹德国）	Großdeutsches Reich	1943—1945	
德意志联邦共和国	Bundesrepublik Deutschland	1949至今	别称：1949—1990年，波恩共和国、第二共和国、西德；1990年至今，柏林共和国、第三共和国； 简称：联邦德国。
德意志民主共和国	Deutsche Demokratische Republik	1949—1990	别称：苏占区、中部德国、东德； 简称：民主德国。

国号中一般会有标示政体的词，如“德意志帝国”中的“帝国”（Reich），这些词也会使用在行政、立法等中央国家机构上。国号的改变，也会影响中央机构名称的改变。但也有政体改变，国号却未变的情况。在这种情形下，对机构名称的翻译要根据实际的政体进行调整。将德国历史上国家机构中的 Reich 均译为“帝国”是不妥当的，如不能将魏玛共和国时期的总统（Reichspräsident）译为“帝国总统”，可译为“总统”或“国家总统”。又如民主德国仍在使用 Reich 的“国家”含义，如当时的国有铁路被称为“德国国家铁路”（Deutsche Reichsbahn）。

表 4-2 **德国历代中央机构名称列表**

	时间	国家元首	政府首脑	民选议会	各邦/州代表组成的议会	其他
神圣罗马帝国	962—1806	Römischer Kaiser 罗马皇帝/Römischer König 罗马国王	Reichskanzler 帝国首相/总理		Reichstag 帝国议会	
德意志邦联	1815—1866				Bundesversammlung 邦联议会	
北德意志联邦	1867—1870	Präsidium des Bundes 联邦主席	Bundeskanzler 联邦首相/总理	Reichstag 帝国议会	Bundesrat 联邦参议院	
德意志帝国	1871—1918	Deutscher Kaiser 德意志皇帝	Reichskanzler 帝国首相	Reichstag 帝国议会	Bundesrat 联邦参议院	

续表

	时间	国家元首	政府首脑	民选议会	各邦/州代表组成的议会	其他
魏玛共和国	1918—1933	Reichspräsident（国家）总统	Reichskanzler（国家）总理	Reichstag（国家）议会/国会	Reichsrat（国家）参议院	
纳粹德国	1933—1945	Führer und Reichskanzler 元首兼（国家）总理（1933年1月30日纳粹党上台时，希特勒担任总理，总统为兴登堡。总理与总统两个职位合并于1934年8月2日，即兴登堡去世之日。）		Reichstag（国家）议会/国会（1933年3月《授权法》颁布后，失去权力。）	Reichsrat（国家）参议院（1934年2月14日被废止）	
联邦德国	1949至今	Bundespräsident 联邦总统	Bundeskanzler 联邦总理	Bundestag 联邦议院	Bundesrat 联邦参议院	Bundesversammlung 联邦大会（专司选举总统）
民主德国	1949—1990	Präsident（1949—1960）总统；Vorsitzender des Staatsrats（1960—1990）国务委员会主席	Ministerpräsident 总理（1949—1964）Vorsitzender des Ministerrats 部长会议主席（1964—1990）Ministerpräsident 总理（1990）	Volkskammer 人民议院	Länderkammer 联邦议院（1952年行政区划改革废除州后，停止发挥作用，1958年废止）	

随着中西交往的展开，中国出现了多种对德国国名国号的译名。17

世纪以来，西方传教士著作中对德国的称呼 Germania 以及由此派生的 Germany 等词出现了多种音译词，最后“日耳曼”成了最主要的译名。1861 年，清政府与普鲁士使团的建交谈判，使得中德首次建立了官方的外交关系。在谈判期间，出现了“德意志”这一饱含褒义的译名来翻译“Deutsch”，为国人所乐于使用。

“日耳曼”与“德意志”两个词都被广泛使用至今，含义既有重叠，又有很多不同。“日耳曼”有多重含义：一是作为欧洲历史上早期族群的名称，德国人或德意志人是历史上日耳曼人的后代之一；二是与德意志民族语言和历史相关的含义，如作为与德意志民族的语言、文学与文化研究相关的一门学问，被称为“日耳曼学”（Germanistik）。“德意志”具有语言、民族、地理、文化和政治等多方面的含义，就其涉及的地理而言，从广义上讲，包括德国，还包括奥地利、瑞士等德语区；从狭义上讲，则只指称德国（德意志联邦共和国）。

19 世纪末，在西学东渐的潮流下，“民主”“共和”“联邦”“帝国”等西方政治学术语进入中国，中国将这些政治词汇用于翻译德国历代国号，反映了对德国历史与政治的了解日益深入。魏玛共和国的正式国号为 Das Deutsche Reich，1926 年陈茹玄称之为“联邦共和国”，1936 年卢文迪称之为“德意志民主共和国”，这两种名称概括出了魏玛共和国最为重要的联邦制国家结构形式和民主共和的政体特征。巧合的是，1949 年建立的两个德国的国号正是“德意志联邦共和国”和“德意志民主共和国”，这表明中国人对魏玛共和国的认识与“二战”后德国人试图继承的魏玛共和国的精神遗产之间存在着一致之处。

从通过传教士了解到的译自拉丁语和英语的简单音译“日耳曼”，到与德国人直接交往后译自德语的褒义词音译“德意志”，从西方的政治术语传入中国，到中国用这些新的术语翻译德国历代国号，中国对德国国名和国号汉译的变化反映了中国对德国认识的加深，是中德文化交流史的重要见证。

参考文献

一、外文文献

[1] Althammer, Beate. *Das Bismarckreich 1871-1890*. Paderborn: Verlag Ferdinand Schöningh, 2009.

[2] Beck, Heinrich. etc. (Hrsg.) *Zur Geschichte der Gleichung ,,germanisch- deutsch"*: *Sprache und Namen, Geschichte und Institutionen*. Berlin: Walter de Gruyter, 2004.

[3] Berg, Albert. (Hrsg.) *Die Preussische Expedition nach Ost-Asien*: *nach amtlichen Quellen*. Band 3-4. Berlin: Verlag der Königlichen Geheimen Ober- Hofbuchdruckerei, 1873.

[4] Bernhardt, Rudolf. *Deutschland nach* 30 *Jahren Grundgesetz*. Berlin: Walter de Gruyter & Co., 1980.

[5] Berschin, Helmut. *Deutschland—ein Name im Wandel*: *die Deutsche Frage im Spiegel der Sprache*. München: Olzog, 1979.

[6] Brandt, Bettina. *Germania und ihre Söhne*: *Repräsentation von Nation, Geschlecht und Politik in der Moderne*. Göttingen: Vandenhoeck & Ruprecht, 2010.

[7] Borchmeyer, Dieter. *Was ist Deutsch? Die Suche einer Nation nach sich Selbst*. Berlin: Rowohlt · Berlin Verlag, 2017.

[8] Bruck, Moeller Van den. *Germany's Third Empire*. London: George Allen & Unwin Ltd., 1934.

[9] Brunner, Otto. Werner Conze & Reinhart Koselleck. (Hrsg.)

Geschichtliche Grundbegriffe: *Historisches Lexikon zur politisch-sozialen Sprache in Deutschland*. Band 1-8. Stuttgart: J. G. Gotta'sche Buchhandlung Nachfolger GmbH, 2004.

[10] Brunssen, Frank. *Das neue Selbstverständis der Berliner Republik*. Würzburg: Verlag Königshausen & Neumann, 2005.

[11] Bryce, James. *The Holy Roman Empire*. London: Macmillan and Co., 1871.

[12] Brylla, Charlotta Seiler. Strategische Benennungen: Zur Sprachgeschichte des geteilten Deutschland in einem deutsch-schwedischen Kontext. *LiLi*: *Zeitschrift für Literaturwissenschaft und Linguistik*, Vol. 49, 2019.

[13] Bührer, Peter. Studien zu den Beinamen mittelalterlicher Herrscher. *Schweizerische Zeitschrift für Geschichte*. Band 22, Heft 2, 1972.

[14] Busse, Dietrich. Hailig Reich, Teutsch Nacion, Tutsche Lande: Zur Geschichte kollektiver Selbstbezeichnungen in frühneuhochdeutschen Urkundentexten// Dietrich Busse, etc. *Begriffsgeschichte und Diskursgeschichte. Methodenfragen und Forschungsergebnisse der historischen Semantik*. Opladen: Westdeutscher Verlag, 1994.

[15] Butzer, Hermann. Das „Dritte Reich" im Dritten Reich: Der Topos „Drittes Reich" in der nationalsozialistischen Ideologie und Staatslehre. *Der Staat*, No. 4, 2003.

[16] Caesar, Gaius Iulius. *Commentaria De Bello Gallico*. London: L. Hawes, W. Clarke and R. Collins, 1798.

[17] Chmel, Joseph (Hrsg.). *Actenstücke und Briefe zur Geschichte des Hauses Habsburg im Zeitalter Maximilian's I*, Band 1. Wien: Aus der kaiserlich-königlichen Hof- und Staatsdruckerei, 1854.

[18] Demel, Walter und Uwe Puschner (Hrsg.), *Deutsche Geschichte in Quellen und Darstellung*, *Band* 6, *Von der Französichen Revolution bis zum Wiener Kongreß 1789-1815*. Stuttgart: Philipp Reclam jun., 1997.

[19] Deutinger, Roman. Königswahl und Herzogserhebung Arnufls von Bayern. Das Zeugnis der älteren Salzburger Annalen zum Jahr 920. *Deutsches Archiv für Erforschung des Mittelalters*, Band 58, 2002.

[20] Dudenredaktion (Hrsg.). *Duden, Band 7, Das Herkunftswörterbuch: Etymologie der deutschen Sprache*. Mannheim: Dudenverlag, 2007.

[21] Ebert, Friedrich. Ansprache an die Heimkehrenden Truppen, *Vorwärts*, Nr. 340, 11. Dezember, 1918.

[22] Eckermann, Johann Peter. *Gespräche mit Goethe in den letzten Jahren seines Lebens*, Band 1. herausgeben von Gustav Moldenhauer. Leipzig: Verlag von Philipp Reclam jun., 1899.

[23] Engels, Friedrich. Ergänzung der Vorbemerkung von 1870 zu „Der deutsche Bauernkrieg", in: Karl Marx & Friedrich Engels, *Karl Marx · Friedrich Engels Werke*, Band 18, Berlin: Dietz Verlag, 1962.

[24] Eulenburg-Hertefeld, Graf Philipp zu (Hrsg.). *Ost-Asien 1860-1862 in Briefen des Grafen Fritz zu Eulenburg, Königlich Preußischen Gesandten, betraut mit außerordentlicher Mission nach China, Japan und Siam*. Berlin: Ernst Siegfried Mittler und Sohn Königliche Hofbuchhandlung, 1900.

[25] Falck, N.. (Hrsg.). *Sammlung der wichtigsten Urkunden, welche auf das Staatsrecht der Herzogthümer Schleswig und Holstein Bezug haben*. Kiel: Carl Schröder und Comp, 1847.

[26] Freund, Michael. *Deutsche Geschichte* I. München: C. Bertelsmann Verlag, 1979.

[27] Frötscher, Maria. *Heimat zwischen Nationalsozialismus und Faschismus-von der Südtiroler Option* 1939 *bis heute*. Wien: Universität Wien, 2018.

[28] Funk, Albert. *Föderalismus in Deutschland: Vom Fürstenbund zur Bundesrepublik*. Bonn: Buneszentrale für politische Bildung, 2010.

[29] Geyer, Helen. Kiril Georgiev. Stefen Alschner (Hrsg.). *Wagner*

Weimar Eisenach, Richard Wagner im Spannungsfeld von Kultur und Politik. Bielefeld: Transcript Verlag, 2020.

[30] Gierke, Otto. *Das alte und das neue deutsche Reich*. Berlin: C. G. Lüderiß' sche Verlagsbuchhandlung, 1874.

[31] Grosser, Dieter. Stephan Bierling und Beate Neuss (Hrsg.). *Deutsche Geschichte in Quellen und Darstellung, Band 11, Bundesrepublik und DDR 1969-1990*. Stuttgart: Philipp Reclam jun., 1996.

[32] Han Yongfu, Kenntnisse der Chinesen von Deutschland in den 1840er Jahren, in: Mechthild Leutner (Hrsg.). *Preußen, Deutschland und China: Entwicklungslinien und Akteure (1842-1911)*, Berlin: Lit Verlag, 2014.

[33] Hardtwig, Wolfgang. und Helmut Hinze (Hrsg.). *Deutsche Geschichte in Quellen und Darstellung, Band 7, Vom Deutschen Bund zum Kaiserreich 1815-1871*. Stuttgart: Philipp Reclam jun., 1997.

[34] Hellmann, Manfred W. Das „kommunistsche Kürzel BRD". Zur Geschichte des öffentlichen Umgangs mit den Bezeichnungen für die beiden deutschen Staaten, in: Irmhild Barz, Marianne Schröder (Hrsg.). *Nominationsforschung im Deutschen. Festschrift für Wolfgang Fleischer zum* 75. *Geburtstag*. Frankfurt a. M.: Lang, 1997.

[35] Herbers, Klaus & Helmut Neuhaus, *Das heilige Römische Reich*. Weimar: Böhlau Verlag, 2010.

[36] Hitler, Adolf. *Hitler, Mein Kampf: Einekritische Edition*. Band 1. München: Institut für Zeitgschichte, 2016.

[37] Hoops, Johannes (Hrsg.). *Reallexikon der Germanischen Altertumskunde*. Straßburg: Verlag von Karl J. Trübner, 1911-1913.

[38] Hürten, Heinz. (Hrsg.). *Deutsche Geschichte in Quellen und Darstellung, Band 9, Weimarer Republik und Drittes Reich 1918-1945*. Stuttgart: Philipp Reclam jun., 1995.

[39] Jordan, Silvester. *Lehrbuch des allgemeinen und deutschen Staatsrechts*.

Cassel: J. Chr. Krieger, 1831.

[40] Kausch, Oskar. *Die Namenkunde der Länder und Städte des Deutschen Reiches*, Leipzig: Verlag von Ernst Heitmann, 1890.

[41] Kleczkowski, Michel. *Cours gradual et complet de chinois parlé et écrit*. Paris: Librairie de Maisonneuve et C, 1876.

[42] Koester, Craig R. (Edit.) *The Oxford Handbook of the Book of Revelation*. Oxford: Oxford University Press, 2020.

[43] Kriegk, Georg Ludwig. *Die Völkerstämme und ihre Zweige nach den neuesten Ergebnissen der Ethnographie*. Frankfurt a. M.: Heinrich Ludwig Brönncr, 1848.

[44] Lehmbruch, Gerhard. Die improvisierte Vereinigung: Die Dritte deutsche Republik. *Leviathan*, No. 4, 1990.

[45] Lichtenberger, Elisabeth. *Österreich*. Darmstadt: Wissens-chaftliche Buchgesellschaft, 2002.

[46] Longerich, Peter. (Hrsg.) *Die Erste Republik. Dokumente zur Geschichte des Weimarer Staates*. München: Piper Verlag, 1992.

[47] Löwentahl, Richard und Hans Peter Schwarz (Hrsg.) *Die zweite Republik*: 25 *Jahre Bundesrepublik Deutschland*, *ein Bilanz*. Stuttgart: Seewald, 1974.

[48] Luther, Martin. *D. Martin Luthers Werke. Kritische Gesamtausgabe*. Weimar: Verlag Hermann Böhlaus Nachfolger, 1883-2009.

[49] Maurer, Friedrich & Heinz Rupp (Hrsg.). *Deutsche Wortgeschichte*. Band 1. Berlin: Walter de Gruyter, 1974.

[50] Moser, Johann Jacob (Hrsg.). *Diplomatisches Archiv des XIIX. Jahrhunderts*. Frankfurt a. M.: Verlag Reinhard Eustachii Möllers, 1743.

[51] Moser, Johann Jacob. *Von Deutschland und dessen Staats-Verfassung*. Stuttgart: der Johann Benedict Mezler, 1766.

[52] Niehuss, Merith. und Ulrike Lindner (Hrsg.). *Deutsche Geschichte in*

Quellen und Darstellung, *Band 10*, *Besatzungszeit*, *Bundesrepublik und DDR 1945-1969*. Stuttgart: Philipp Reclam jun. , 1998.

[53] Pagán, Victoria Emma. *A Companion to Tacitus*. Oxford: Blackwell Publishing Ltd. , 2012.

[54] Pasley, Malcolm (Ed.). *Germany: A Companion to German Studies*. London: Methuen & Co. Ltd. , 1982.

[55] Pikart, Eberhard & Wolfram Werner (hrsg.). *Der Parlamentarische Rat 1948-1949: Akten und Protokolle*, *Band* 5 Ⅰ, *Ausschuß für Grundsatzfragen*. Boppard am Rhein: Harald Boldt Verlag, 1993.

[56] Piper, Ernst. *Geschichte des Nationalsozialismus*. Bonn: Bundeszentrale für politische Bildung, 2018.

[57] Reichel, Peter. *Schwarz- Rot- Gold: Kleine Geschichte deutscher Nationalsymbole nach 1945*. München: Verlag C. H. Beck, 2005.

[58] Roediger, Max (Hrsg.). *Das Annolied*. Hannover: Hahnsche Buchhandlung, 1895.

[59] Röding-Lange, Ute. *Bezeichnungen für Deutschland in der Zeit der ,,Wende"*. Würzburg: Königshausen & Neumann, 1997.

[60] Rosenberg, Alfred. Der Grundstein zum Dritten Reich. *Völkische Beobachter*. 31. Januar, 1933.

[61] Schiller, Friedrich. *Schillers Sämmtliche Schriften*, *historisch-kritische Ausgabe*, *erster Theil*. Stuttgart: Verlag der J. G. Gotta'schen Buchhandlung, 1871.

[62] Shirer, William L. *The Rise and Fall of the third Reich: A History of Nazi Germany*. New York: Simon & Schuster, 1960.

[63] Schneider. Reinhard. *Das Frankenreich*. München: R. Oldenbourg Verlag, 1995.

[64] Schröder, Edward (Hrsg.). *Kaiserchronik eines Regensburger Geistlichen*. Hannover: Hahnsche Buchhandlung, 1895.

[65] Schweickhardt, Franz Xavier Joseph. *Reihenfolge der Österreichischen*

Regenten, von Carl dem Großen bis in die neuesten Zeiten. Band 1. Wien: Wallishausser, 1833.

[66] Solling, Gustav. *Diutiska, An Historical and Critical Survey of the Literature of Germany, from the Earliest Period to the Death of Göthe*. London: Trübner & Co., 1863.

[67] Steinmeyer, Elias von (Hrsg.). *Die kleineren althochdeutschen Sprachedenkmäler*. Zürich: Verlag Weidmann, 1971.

[68] Tacitus, *Germania*, herausgegeben von Manfred Fuhrmann. Stuttgart: Philipp Reclam jun., 2007.

[69] Toeche-Mittler, Theodor. *Die Kaiserproklamation in Versailles am 18. Januar 1871*. Berlin: Ernst Siegfried Mittler und Sohn königliche Hofbuchhandlung, 1896.

[70] Triepel, Heinrich. *Die Reichsaufsicht, Untersuchungen zum Staatsrecht des Deutschen Reiches*. Heidelberg: Springer-Verlag, 1917.

[71] Ullrich, Sebastian. Mehr als Schall und Rauch, Der Streit um den Namen der ersten deutschen Demokratie 1918-1949// Moritz Föllmer, Rüdiger Graf (Hrsg.). *Die „Krise“ der Weimarer Republik. Zur Kritik eines Deutungsmusters*. Frankfurt a. M.: Campus Verlag, 2005.

[72] Wackernagel, Wilhelm (Hrsg.). *Der Schwabenspiegel*. Zürich: Verlag von Christian Beyrl, 1840.

[73] Wieland, Christoph. *C. M. Wielands Sämmtliche Werke*. Band 21. Leipzig: Verlag von Georg Joachim Gdschen, 1840.

[74] Zeumer, Karl (Hrsg.). *Quellensammlung zur Geschichte der Deutschen Reichsverfassung in Mittelalter und Neuzeit*//Band 2. Tübingen: Verlag von J. C. B. Mohr, 1913.

[75] Zeumer, Karl. *Heiliges römisches Reich deutscher Nation. Eine Studie über den Reichstitel*. Weimar: Hermann Böhlaus Nachfolger, 1910.

[76] Constitution of the German Republic. *Current History*, Vol. 11, 1919-1920.

[77] *Deutscher Bundestag*, *Stenographischer Bericht* 50. *Sitzung*, Bonn, 1. Juli, 1999, Plenarprotokoll 14/50.

[78] *Deutsches Wörterbuch von Jacob Grimm und Wilhelm Grimm*. Band 1-16. Leipzig: Verlag von S. Hirzel, 1854-1961.

[79] Die Diskussion um den Gebrauch der Abkürzung ,,BRD". *Aktueller Begriff*, Deutscher Bundestag Wissenschafte Dienste, 4. September, 2009.

[80] Die Verfassung der Deutschen Demokratischen Republik. *Gesetzblatt der Deutschen Demokratischen Republik*, Nr. 1, 8. Oktober, 1949.

[81] Die Verfassung des Deutschen Reichs. Vom 11. August 1919. *Reichs-Gesetzblatt*, Nr. 152, 1919.

[82] Eintragung der Staatsangehörigkeit in das Arbeitsbuch; hier: Bezeichnung der deutschen Staatsangehörigen auf Widerruf in den eingegliederten Ostgebieten. *Reichsarbeitsblatt*, Nr. 23, 1943.

[83] Erlaß des Reichsministers und Chefs der Reichskanzlei vom 26. Juni 1943, RK. 7669E.

[84] Gesetz über den Friedenschluss zwischen Deutschland und den alliierten und assoziierten Mächten. *Reichs-Gesetzblatt*, Nr. 140, 1919.

[85] Gesetz vom 21. Oktober 1919 über die Staatsform. *Staatsgesetzblatt für den Staat Deutschösterreich*, Nr. 484, 1919.

[86] Grundgesetz für die Bundesrepublik Deutschland vom 23. Mai 1949. *Bundesgesetzblatt*, Nr. 1, 1949.

[87] Freundschafts-, Handels- und Schifffahrtsvertrag (Nr. 5705). *Gesetzsammlung für die königlichen Preußischen Staaten*, Nr. 15, 1863.

[88] Karl Liebknchts Proklamtion der sozialistischen Republik, in: Rüdiger vom Bruch und Björn Hofmeister (Hrsg.). *Deutsche Geschichte in Quellen und Darstellung*, *Band* 8, *Kaiserreich und Erster Weltkrieg 1871-1918*. Stuttgart: Philipp Reclam jun., 2000.

[89] *Neue und vollständigere Sammlung der Reichs-Abschiede*. Frankfurt

a. M.: Ernst August Koch, 1747.

[90] Protokoll, betreffend die Vereinbarung zwischen dem Norddeutschen Bunde, Baden und Hessen über Gründung des Deutschen Bundes und Annahme der Bundesverfassung. Vom 15. November 1870. *Norddeutsches Bundesgesetzblatt*, Nr. 51.

[91] Richtlinien für die Bezeichnung Deutschlands, der Demarkationslinien innerhalb Deutschlands sowie der Orte innerhalb Deutschlands. *Ministerialblatt für das Land Nordrhein-Westfalen*, Nr. 117, 17. September 1965.

[92] Staatsvertrag von Saint-Germain-en-Laye vom 10. September 1919. *Staatsgesetzblatt für die Republik Österreich*, Nr. 303, 1920.

[93] *Stenographische Berichte über die Verhandlungen des Reichstages des Norddeutschen Bundes.* Ⅰ. *Legislatur-Periode*, Band 15. Berlin: Verlag der Buchdruckerei der „Norddeutschen Allgemeinen Zeitung", 1870.

[94] Verfassung des Deutschen Bundes. *Bundes-Gesetzblatt des Norddeutschen Bundes*, Nr. 51, 1870.

[95] *Verfassung des deutschen Reichs.* Kördlingen: Verlag der C. P. Beck'schen Buchhandlung, 1849.

[96] *Verhandlungen der verfassunggebenden Deutschen Nationalversammlung.* Band 326, Band 327, Band 336, Berlin: Verlag der Norddeutschen Buchdruckerei und Verlags-Anstalt, 1920.

[97] Verordnung des Führers und Reichskanzlers über eine Volksabstimmung sowie über Auflösung und Neuwahl des Reichstag vom 18. März 1938. *Reichsgesetzblatt*, Nr. 28, 1938.

[98] Vierundzwanzigste Bekanntmachung über die Eintragung von verzinslichen Schatzanweisungen des Deutschen Reichs in das Reichsschuldbuch vom 9. Februar 1944. *Reichsgesetzblatt*, 16. Februar 1944, Nr. 9.

二、中文文献

[1] 阿·米尔．德意志皇帝列传．李世隆，等译．北京：东方出版社，1995.
[2] 爱德华·吉本．罗马帝国衰亡史．黄宜思，黄雨石，译．北京：商务印书馆，1997.
[3] 爱汉者（郭实猎），等编．黄时鉴整理．东西洋考每月统记传．北京：中华书局，1997.
[4] 爱克曼，辑录．歌德谈话录．朱光潜，译．北京：人民文学出版社，1978.
[5] 埃里克·埃克．俾斯麦与德意志帝国．启蒙编译所，译．上海：上海社会科学院出版社，2020.
[6] 艾林波，巴兰德，等．德语文献中晚清的北京．王维江，吕澍，辑译．福州：福建教育出版社，2012.
[7] 艾伦·帕麦尔．俾斯麦传．高年生，张连根，译．北京：商务印书馆，1982.
[8] 艾儒略．职方外纪校释．谢方，校释．北京：中华书局，1996.
[9] 艾因哈德．查理大帝传．戚国淦，译．北京：商务印书馆，1979.
[10] 奥托·冯·俾斯麦．思考与回忆——俾斯麦回忆录．杨德友，同鸿印，等译．北京：生活·读书·新知三联书店，2006.
[11] 宝鋆，等编．筹办夷务始末（同治朝）．北京：中华书局，2008.
[12] 白石真．德意志史．杨择，等译．上海：开明书社，1903.
[13] 彼得·威尔逊．神圣罗马帝国，1495—1806．殷宏，译．北京：北京大学出版社，2013.
[14] 曹龙虎．近代中国帝国主义概念的输入及衍化．武汉大学学报（人文科学版），2017（4）.
[15] 曹卫东，主编．危机时刻：德国保守主义革命．上海：上海人民出版社，2014.
[16] 沧海（李剑农），译．德意志共和新宪法全文．太平洋．第2卷第

4、6号，1920.
[17] 陈动．论国名与国号．厦门大学学报（社会科学版），2006（3）.
[18] 陈航柱，编著．德语简史．北京：外语教学与研究出版社，2000.
[19] 陈衡哲．西洋史．沈阳：辽宁教育出版社，1998.
[20] 陈茹玄．联邦政治．上海：商务印书馆，1926.
[21] 陈锡符，萨孟武，等译．德意志共和国宪法//世界新宪法．上海：商务印书馆，1922.
[22] 陈文海，译注．法兰克人史纪．北京：人民出版社，2018.
[23] 陈晓春，编著．德语史概述．上海：上海外语教育出版社，2005.
[24] 陈欣雨．春秋石铭：北京栅栏墓地历史及现存碑文考．北京：人民出版社，2020.
[25] 陈忠倚，编．皇朝经世文三编（卷七十）．上海：上海书局，1902.
[26] 大桥新太郎，编著．德意志文豪六大家列传．赵必振，译．上海：作新社，1903.
[27] 戴鸿慈．出使九国日记．长沙：岳麓书社，2008.
[28] 邓丽兰．魏玛宪法在中国的传播．中国政法大学学报，2008（3）.
[29] 邓毓怡，编译．德意志国宪法//欧战后各国新宪法．北京：宪法学会，1922.
[30] 迪特·博希迈尔．何谓德意志？//姜林静，译．黄燎宇，主编．北大德国研究（第八卷）．北京：北京大学出版社，2019.
[31] 迪特尔·拉夫．德意志史——从古老帝国到第二共和国．波恩：Inter Nationes，1985.
[32] 丁建弘．德国通史．上海：上海社会科学出版社，2002.
[33] 丁韪良．西学考略．长沙：岳麓书社，2016.
[34] 多桑．多桑蒙古史．冯承钧，译，北京：中华书局，1962.
[35] 恩格斯．德国农民战争．中共中央马克思恩格斯列宁斯大林著作编译局，编译．北京：人民出版社，2016.
[36] 法伊夫·克莱顿．艾约瑟，编译．陈德正，韩薛兵，校注．《希腊

志略》《罗马志略》校注. 北京：商务印书馆，2014.
[37] 冯天瑜．“革命”、“共和”：清民之际政治中坚概念的形成. 武汉大学学报（人文科学版），2002（1）.
[38] 冯天瑜．新语探源——中西日文化互动与近代汉字术语生成. 北京：中华书局，2004.
[39] 伏尔泰．风俗论. 梁守锵，等译. 北京：商务印书馆，1997.
[40] 弗里曼，著．艾约瑟，编译编著．王娟，陈德正，校注．《欧洲史略》《西学略述》校注. 北京：商务印书馆，2018.
[41] 高时良，编．中国近代教育史资料汇编 洋务运动时期教育. 上海：上海教育出版社，1992.
[42] 格·艾斯勒，等. 德国的教训：德国史指南. 金刘，译. 北京：生活·读书·新知三联书店，1959.
[43] 顾廷龙，戴逸，主编．李鸿章全集 奏议七. 合肥：安徽教育出版社，2008.
[44] 郭嵩焘．伦敦与巴黎日记. 长沙：岳麓书社，2008.
[45] 国民新闻社，译述．战时德意志. 上海：国民新闻图书印刷公司，1942.
[46] 国立编译馆，编订．社会学名词. 南京：正中书局，1945.
[47] 哈罗德·D·拉斯韦尔. 政治学：谁得到什么？何时和如何得到？杨昌裕，译. 北京：商务印书馆，1992.
[48] 哈罗德·D·拉斯韦尔. 世界大战中的宣传技巧. 张洁，田青，译. 北京：中国人民大学出版社，2003.
[49] 哈勒尔．德国史纲. 魏以新，译. 上海：商务印书馆，1935.
[50] 海因茨·奥夫．普鲁士国王. 王小卓，译. 长春：吉林出版集团，2019.
[51] 赫伯特·格隆德曼，等．德意志史：第一卷. 张载扬，等译. 北京：商务印书馆，1999.
[52] 洪钧. 元史译文证补. 上海：商务印书馆，1937.
[53] 黄河清，编著．近代现辞源. 上海：上海辞书出版社，2010.

[54] 黄遵宪．日本杂事诗．长沙：岳麓书社，2008.
[55] 洪仁玕．资政新篇//中国史学会．太平天国：二．上海：上海人民出版社，1957.
[56] 胡阿祥．吾国与吾名：中国历代国号与古今名称研究．南京：江苏人民出版社，2018.
[57] 胡景襄，编．德意志独裁政治发展史．上海：民族书局，1935.
[58] 惠顿著，丁韪良，译．何勤华，点校．万国公法．北京：中国政法大学出版社，2003.
[59] 贾桢，等编．筹办夷务始末（咸丰朝）．北京：中华书局，1979.
[60] 蒋劲松．德国代议制：第一至三卷．北京：中国社会科学出版社，2009.
[61] 蒋廷黻，编．筹办夷务始末补遗（咸丰朝）．北京：北京大学出版社，1988.
[62] 杰弗里·瓦夫罗．普法战争：1870—1871 年德国对法国的征服．林国荣，译．北京：社会科学文献出版社，2020.
[63] 金兆梓，译注．尚书诠释．北京：中华书局，2010.
[64] 康拉德·阿登纳．阿登纳回忆录（1945—1953）．杨寿国，等译．上海：上海人民出版社，2018.
[65] 康有为．德意志等国游记．长沙：岳麓书社，2016.
[66] 康有为．欧洲十一国游记两种．长沙：岳麓书社，2008.
[67] 克里斯托弗·克拉克．沉重的皇冠：威廉二世权谋的一生．盖之珉译．北京：中信出版集团，2017.
[68] 李伯杰．德国文化研究．北京：北京师范大学出版社，2015.
[69] 李富鹏．魏玛宪法社会权的中国转化．环球法律评论，2020（3）.
[70] 李隆国．查理曼称帝与神圣罗马帝国的形塑．史学集刊，2018（3）.
[71] 李文杰．中国近代外交官群体的形成．北京：生活·读书·新知三联书店，2017.
[72] 李雪涛．《华夷译语》丁种本与《额呼马尼雅语》之研究．中国文

化，第 53 期，2021 年春季号.
[73] 利玛窦. 坤舆万国全图//朱维铮，主编. 利玛窦中文著译集. 上海：复旦大学出版社，2012.
[74] 梁启超. 新民说. 北京：商务印书馆，2016.
[75] 辽宁省档案馆历史部. 有关 1917 年中德断交的一组史料. 民国档案，1991（1）.
[76] 林华，等编. 历史遗痕：利玛窦及明清西方传教士墓地. 北京：中国人民大学出版社，1994.
[77] 林则徐，编译. 四洲志//林则徐全集：第 10 册. 福州：海峡文艺出版社，2002.
[78] 刘迺诚. 比较政治制度：第二卷第一册. 长沙：商务印书馆，1939.
[79] 刘锡鸿. 英轺私记. 长沙：岳麓书社，2008.
[80] 刘新利. 德意志历史上的民族与宗教. 北京：商务印书馆，2009.
[81] 卢蕙君，编. 世界各国宪法汇编. 北京：知行出版社，1944.
[82] 卢文迪. 德国史. 上海：中华书局，1936.
[83] 陆德富，童林珏，整理. 驻德使馆档案钞. 上海：上海古籍出版社，2020.
[84] 吕西安·费弗尔. 莱茵河. 许明龙，译. 北京：商务印书馆，2010.
[85] 骆继汉，译. 德意志国之新宪法. 世界大势，1919（10）（13）.
[86] 马克思，恩格斯. 马克思恩格斯全集：第 25 卷. 中共中央马克思恩格斯列宁斯大林著作编译局，译. 北京：人民出版社，1974.
[87] 玛吉士. 新释地理备考全书（海山仙馆丛书影印本）. 北京：中华书局，1991.
[88] 玛丽·富布卢克. 剑桥德国史. 高旖嬉，译. 北京：新星出版社，2017.
[89] 马文·佩里，主编. 西方文明史：上卷. 胡万里，等译. 北京：商务印书馆，1991.

[90] 茅海建．近代的尺度：两次鸦片战争军事与外交．北京：生活·读书·新知三联书店，2018.
[91] 麦肯奇．泰西新史揽要．李提摩太，蔡尔康，译．上海：上海书店出版社，2002.
[92] 梅兆荣．中德建交谈判回顾．德国研究．2002（3）．
[93] 孟钟捷．什么是“Reich”？——从魏玛初期的国名之争看德国的帝国理念．历史教学问题，2017（1）．
[94] 米怜，主编．察世俗每月统记传．刘美华，编校．上海：上海古籍出版社，2021.
[95] 南怀仁．坤舆图说//丁韪良．西学考略：附二．长沙：岳麓书社，2016.
[96] 欧立德．当我们谈“帝国”时，我们谈些什么——话语、方法与概念考古．探索与争鸣，2018（6）．
[97] 潘琪昌．百年中德关系．北京：世界知识出版社，2006.
[98] 钱德培．欧游随笔．长沙：岳麓书社，2016.
[99] 钱端升．德国的政府．北京：北京大学出版社，2009.
[100] 钱洵．五洲各国政治考一．台中：文听阁图书有限公司，2012.
[101] 秦孝仪，主编．中华民国重要史料初编——对日抗战时期：第三编 战时外交（二）．台北：中国国民党中央委员会党史委员会，1981.
[102] 沙比罗．欧洲近现代史．余楠秋，等译．上海：世界书局，1933.
[103] 商务印书馆编辑部，等编．辞源：修订本重排版．北京：商务印书馆，2010.
[104] 商务印书馆编译所，编译．德国六法．北京：商务印书馆，1913.
[105] 塞巴斯蒂安·哈夫纳．不含传说的普鲁士．周全，译．北京：北京大学出版社，2016.
[106] 塞巴斯蒂安·哈夫纳．从俾斯麦到希特勒．周全，译．南京：译林出版社，2016.

[107] 圣辅，编著．德国复兴史．上海：世界书局，1940.
[108] 司马迁．史记．北京：中华书局，1982.
[109] 斯提腓．德国史略．魏以新，译．上海：商务印书馆，1939.
[110] 宋濂，等撰．元史．北京：中华书局，1976.
[111] 塔西佗．日耳曼尼亚志．马雍，傅正元，译．北京：商务印书馆，1959.
[112] 陶森．德国史．康选，译．上海：商务印书馆，1933.
[113] 王国维．叔本华与尼采//王国维全集：第一卷．杭州：浙江教育出版社，2009.
[114] 王力，主编．王力古汉语字典．北京：中华书局，2000.
[115] 王绍光．民主四讲．北京：生活·读书·新知三联书店，2008.
[116] 王铁崖编．中外旧约章汇编：第一至三册．上海：上海财经大学出版社，2019.
[117] 王维江，吕澍，辑译．另眼相看：晚清德语文献中的上海．上海：上海辞书出版社，2009.
[118] 王世英．联邦与邦联．德语学习，1996（4）.
[119] 王世英．关于莱茵同盟和莱茵邦联的译名问题．德语学习，2009（1）.
[120] 王韬．普法战纪．香港：中华印务总局，1898.
[121] 王揖唐，译．德国宪法//世界最新之宪法．合肥：译者自刊，1922.
[122] 王亚平．德国通史：第一卷．南京：江苏人民出版社，2019.
[123] 王悦．从治权到帝国——从拉丁文“帝国”概念的衍生看罗马人的帝国观．古代文明，2016（2）.
[124] 威廉·冯·施特恩堡，主编．从俾斯麦到科尔——德国政府首脑列传．许右军，等译．北京：当代世界出版社，1997.
[125] 维克多·克莱普勒．第三帝国的语言：一个语文学者的笔记．印芝虹，译．北京：商务印书馆，2013.
[126] 威廉·吉塞布莱希特．德意志皇帝史：第一卷．邱瑞晶，译．长

春：吉林出版集团，2018.

[127] 威廉·夏伊勒．第三帝国的兴亡．董乐山，等译．北京：世界知识出版社，2012.

[128] 维纳·洛赫．德国史．北京大学历史系世界近现代史教研室，译．北京：生活·读书·新知三联书店，1959.

[129] 魏源．海国图志//魏源全集：第 4—7 册．长沙：岳麓书社，2005.

[130] 乌尔夫·迪尔迈尔，等．德意志史．孟钟捷，等译．北京：商务印书馆，2018.

[131] 吴昆吾，译注．德国新宪法．北京：同益印书局，1922.

[132] 希特勒．我的奋斗．董霖，佩萱，译．上海：黎明书局，1934.

[133] 夏征农，陈至立，主编．辞海．上海：上海辞书出版社，2010.

[134] 谢贵安．从固守天朝立场到融入世界文明秩序——从西方汉译国名演变看中国人对西方列强的认知过程．学习与探索，2008（1）.

[135] 熊月之．晚清几个政治词汇的翻译与使用．史林，1999（1）.

[136] 谢清高，口述．杨炳南，笔录．安京，校释．海录校释．北京：商务印书馆，2002.

[137] 徐继畬．瀛寰志略．上海：上海古籍出版社，2001.

[138] 许思邦．德国“纳粹”实力增长．社会新闻，1936，4（11）.

[139] 薛福成．出使英法义比四国日记．长沙：岳麓书社，2008.

[140] 亚当·斯密．原富．严复，译．北京：北京时代华文书局，2014.

[141] 雅各．神圣罗马帝国．胡涵真，译．上海：商务印书馆，1934.

[142] 杨伯峻，编著．春秋左传注．北京：中华书局，2016.

[143] 宜闲．第三帝国的主人——克虏伯．华美，1938，1（3）.

[144] 一言．1840 年代中国人的德国观——以《海国图志》和《瀛寰志略》为例．历史档案，2012（3）.

[145] 有贺长雄．近世德意志政治史．富士英，译．上海：作新社，1903.

[146] 宇信潇，宫秀华．试析塔西佗《日耳曼尼亚志》中的“Germani”．古代文明，2018（4）.
[147] 余祥森．德意志文学．上海：商务印书馆，1931.
[148] 余祥森．德意志文学史．上海：商务印书馆，1933.
[149] 约阿希姆·席尔特．简明德语史．袁杰，译．上海：同济大学出版社，2012.
[150] 詹姆斯·布赖斯．神圣罗马帝国．孙秉莹，等译．北京：商务印书馆，2016.
[151] 詹姆斯·威克利夫·黑德勒姆-莫雷．奥托·冯·俾斯麦与德意志帝国建立．叶颖，译．北京：华文出版社，2020.
[152] 张德彝．五述奇．长沙：岳麓书社，2016.
[153] 张德泽，编．清季各国照会目录．台北：文海出版社，1974.
[154] 张君劢．德国新共和宪法评．张嘉森（张君劢）．新德国社会民主政象记．上海：商务印书馆，1922.
[155] 张君劢，译．德意志国宪法．解放与改造，1920，2（8）.
[156] 张朋园，沈怀玉，编．国民政府职官年表（1925—1949）：第一册．台北：“中央研究院”近代史研究所，1987.
[157] 张一兵．马克思“必然王国”向“自由王国”转换的理论真谛．哲学研究，1994（8）.
[158] 赵尔巽，等撰．清史稿：卷一百五十七．北京：中华书局，1977.
[159] 郑大华．张君劢传．北京：商务印书馆，2012.
[160] 郑寅达．德国史．北京：人民出版社，2014.
[161] 郑寅达，孟钟捷，等．德国通史：第五卷．南京：江苏人民出版社，2019.
[162] 志刚．初使泰西记．长沙：岳麓书社，2008.
[163] 中国第二历史档案馆，编．中德外交秘档（1927—1947）．桂林：广西师范大学出版社，1994.
[164] 中国社会科学院语言研究所词典编辑室，编．现代汉语词典．北

京：商务印书馆，2005.
[165] 中国社会科学院近代史研究所翻译室，编．近代来华人名辞典．北京：中国社会科学出版社，1981.
[166] 朱和中，译．德国宪法．上海：民智书局，1923.
[167] 大北德意志国事四则．教会新报，1872（216）.
[168] 大总统关于中国对德奥立于战争地位布告//中国社会科学院近代史研究所，中国第二历史档案馆史料编辑部，编．五四爱国运动档案资料．北京：中国社会科学出版社，1980.
[169] 德国人民委员会举行五次会议 通过民主共和国宪草．人民日报，1948-10-31（2）.
[170] 德那其斯党创立十周年纪念庆祝会上希特勒之演说．新天津画报，1936-08-23（2）.
[171] 第三德意志帝国瓦解．良友，1945（10）：172.
[172] 额呼马尼雅语（影印本）//故宫博物院，编．故宫博物院藏乾隆年编华夷译语：第16卷．北京：故宫出版社，2018.
[173] 国民政府对德意志义大利宣战布告．国民政府公报，渝字第421号，1941-12-10.
[174] 国民政府令．国民政府公报，1931（848）.
[175] 美代表再访马立克 续商柏林问题．人民日报，1949-05-03（3）.
[176] 莫斯科批准东德国宪草．中央日报，1948-10-23（3）.
[177] 圣经（简体和合本）．上海：中国基督教三自爱国运动委员会，中国基督教协会，2007.
[178] 向德国人民致贺．人民日报，1949-10-13（1）.
[179] 中华人民共和国主席关于结束中华人民共和国同德国之间的战争状态的命令．人民日报，1955-04-09（1）.
[180] 驻德意志国全权公使颜惠庆呈大总统报明启用印信日期文并批．政府公报，1913-02-15（279）.
[181] Ewald Recht．纳粹德国的反纳粹运动．朱雯，译．中美周刊，1939，1（3）.

三、网址

Grundsätze für die Darstellung Deutschlands und die Bezeichnung außerhalb der Bundesrepublik Deutschland gelegener Städte und Ortschaften in Schulbüchern und kartographischen Werken für den Schulunterricht, https：//www. kmk. org/themen/allgemeinbildende-schulen/weitere-themen/lehr-und-lernmittel. html 访问时间：2020 年 11 月 6 日。

附　　录

附录一　关于称呼德国、德国内部分界线以及德国内部地点的指导方针（1965 年）⑥

内政部部长 1965 年 9 月 7 日通令

IC 2/17—50. 19

联邦全德问题事务部已经发布了关于称呼的指导方针，参见附件；该文件也在 1965 年的《部会公报》上发表（第 227 页）。

我要求，在公文、报告、致辞、包括且不限于日常交际中注意这些称号。

附件：关于称呼的指导方针

一、德国

二、德国内部的边界线

三、德国内部的地名

（“称呼指导方针”）

1965 年 7 月

⑥ Richtlinien für die Bezeichnung Deutschlands, der Demarkationslinien innerhalb Deutschlands sowie der Orte innerhalb Deutschlands, *Ministerialblatt für das Land Nordrhein-Westfalen*, Nr. 117, 17. September 1965, S. 1220-1221.

一、德国

1. 德意志联邦共和国（尽管在事实上它的主权区域目前受限于《基本法》生效的地区）在国际法上继承了德意志国（das Deutsche Reich）的法律身份。按照《基本法》的规定，国号明确为“德意志联邦共和国”。当不需要使用全称时，应简称为“德国”。同样，“德意志联邦共和国政府”应简称为“德国政府”（Deutsche Regierung）或“联邦政府”。

在为和平条约准备的最终方案出台之前，将德意志国1937年12月31日的领土作为德国的国家领土。德意志国在1937年12月31日的状态是国际法上的有效边界。

“BRD”这一缩写或没有写明Deutschand的“联邦共和国”的称呼不应使用。

德意志联邦共和国的领土可以称为“联邦领土”（Bundesgebiet）。

在称呼中“deutsch”只能作为形容词使用。在一些特定情况下，必须使用第二格的表达方式“der Bundesrepublik Deutschland”（德意志联邦共和国的）。不能使用“bundesdeutsch”(联邦德国的)、“bundesrepublikanisch”（联邦共和国的）等形容词的表达方式。

当德国持续分裂，“Deutschland”（德国）这一简称或“Deutsch”（德国的）容易造成误解的情况下，必须使用“德意志联邦共和国”这一国号。因此，特别是在德国的自由部分与另一个部分相对立的情况下，使用“德意志联邦共和国”这一全称是必要的。

2. 德国的首都一般称为“柏林州”（Land Berlin）或“柏林”。局限于西边的12个市区，应称为“柏林（西）”[Berlin(West)]。尽管“Berlin（West）”一词几乎不用于口头使用，对流畅的书写也不是很合适，不要考虑在例外情况下使用“West-Berlin”（形容词形式“West-Berliner”）的口头或书面表达，即使是为了表达得更清楚；这种表达方式在法律、行政文件和官方公告中都没有使用。

通常情况下，“德意志联邦共和国”这一称号已包括柏林州。“包含柏林州”（einschließlich des Landes Berlin）这一后缀只在特别需要表明柏林属于联邦领土的情况下使用。在对照情况下，可以使用“联邦领土（不含柏林州）”、“柏林州和德意志联邦共和国的其他州”这些称呼。

柏林的苏占区在政治术语中称为“柏林苏占区”（Sowjetsektor von Berlin），简称为“苏占区”（Sowjetsektor）。通常也可以称为“东柏林”（Ostberlin）。

3. 1945 年苏联占领的奥德—尼斯河以西的德国地区称为“德国的苏占区”（Sowjetische Besatzungszone Deutschlands），缩写为“SBZ”，或简称为“苏占区”（Sowjetzone），也不反对称之为“中部德国”（Mitteldeutschland）。可以使用第二格用法“der SBZ”（苏占区的），而不使用形容词的用法 Sowjetzonal（苏占区的）。

4. 德国奥德—尼斯河以东的地区称为“目前外国治下的德国东部领土”（Deutsche Ostgebiet, zur Zeit unter fremder Verwaltung），简称为“德国东部领土”（Deutsche Ostgebiet）。

北部的东普鲁士地区称为“目前苏联治下的德国东部领土”（Deutsche Ostgebiet, zur Zeit unter sowjetischer Verwaltung），或者称为“苏联治下的东普鲁士”（Ostpreußen, zur Zeit unter sowjetischer Verwaltung）。

南部的东普鲁士和奥德—尼斯河以东的波莫瑞、勃兰登堡、西里西亚和萨克森，称为“波兰治下的德国东部领土”（Deutsche Ostgebiete, z. Z. unter polnischer Verwaltung）或者相应的领土名称（如目前波兰治下的波莫瑞〈Pommern, z. Z. unter polnischer Verwaltung〉）。

二、德国内部分界线的称呼

1. 德意志联邦共和国与德国苏占区之间的分界线称为“德国苏占区分界线”（Demarkationslinie zur sowjetischen Besatzungszone），简称为“Demarkationslinie zur SBZ”。在口语和边界线上的警示牌中不反对使用

“区域边界”（Zonengerenze）一词。

2. 德国苏占区与德国东部领土之间的分界线称为“奥德-尼斯河边界线”（Oder-Neiße-Linie）。

3. 波兰治下的与苏联治下的东普鲁士的分界线称为“东普鲁士的波兰-苏联分界线”（Polnisch-Sowjetische Demarkationslinie in Ostpreußen）。

4. 柏林和德国苏占区的分界线称为“柏林分界线”（Demarkationslinie um Berlin）。

5. 苏占区柏林和西柏林的分界线被称为“柏林分区线”（Sektorengrenze in Berlin），简称为“分区线”（Sektorengrenze）。

三、地名

在称呼德国国内的地方时，只能使用传统的德语名称。这只适用于德意志联邦共和国境内的通过联邦官方登记的乡镇名录和各州的官方地方名录。

对于苏占区以及柏林苏占区，使用官方已经确定的地名，除非出于政治的原因在 1945 年 5 月 8 日之后改变了名称。在一些情况下，对出于政治原因更改的地名，使用其新的名称，是不可避免的。

在外国治下的德国东部领土的德语官方称呼已列入“外国治下的德国东部领土地名列表”，该表已在 1965 年由联邦区域研究所（Bundesanstalt für Landeskunde）出版。在一些情况下，在德语地名旁边将目前使用的外语地名注明在括号中，是不可避免的。

本文件的称呼规则取代之前所有相关问题以及称呼的公告。此外，在地图和文本中名称的书写方式、领土和边界的称呼、德国边界的描述遵循 1961 年 2 月 1 日颁布的《地图指导方针》（《部会公报》，第 123 页）。

——《北莱茵-威斯特法伦州部长公报》，1965 年，第 1220 页

（林纯洁　译）

附录二　对学校教学中使用的教科书和地图涉及德国的表达与对德意志联邦共和国之外的城市和地点称呼的基本规定（1991年）⑦

（文化部长会议1991年11月8日决议）

在学校教学中使用的教科书和地图中对德国的描述必须从当前的政治和法律状态出发，同时有利于邻国的理解。

德意志联邦共和国各州的文化部长和委员就教科书和地图作品的批准问题达成以下基本准则：

1. 对统一的德国的介绍

1.1　关于德国的政治和法律状态的介绍，依据以下条约之规定：

——《德意志联邦共和国与德意志民主共和国关于德国统一的条约》（1990年8月31日）

——《关于德国的条约》（二加四条约）（1990年9月12日）

——《德意志联邦共和国和波兰共和国关于确认两国边界的条约》（1990年11月14日）

1.2　自1990年10月3日，德国包括德意志联邦共和国和之前德意志民主共和国的领土，以及柏林（以前的东柏林和西柏林）。

1.3　国号为德意志联邦共和国，在小比例尺地图中可以称为“德国”。

2. 地图中对1937年12月31日和从1945年5月8日到1990年10

⑦　Grundsätze für die Darstellung Deutschlands und die Bezeichnung außerhalb der Bundesrepublik Deutschland gelegener Städte und Ortschaften in Schulbüchern und kartographischen Werken für den Schulunterricht, Beschluß der Kultusministerkonferenz vom 8.11.1991. https://www.kmk.org/themen/allgemeinbildende-schulen/weitere-themen/lehr-und-lernmittel.html 访问时间：2020年11月6日

月 2 日德国边界的描述

1937 年 12 月 31 日德意志国的边界仅在相关主题地图上展示，这一边界具有基于地图主题的含义。这也适用于 1945 年 5 月 8 日至 1990 年 10 月 3 日德国的边界，包括西柏林和东柏林的划分。这些边界被视为特殊种类的边界。

3. 对德意志联邦共和国之外城市和地点的称呼

关于在 1990 年 10 月 3 日德意志联邦共和国边界之外的城市和地点，在德国学校使用的地图中按照国际惯例，使用传统的和通用的德语名称，并附注当地的称呼。

例如：Mailand（米兰）　(Milano)

Warschau（华沙）　(Warszawa)

Straßburg（斯特拉斯堡）(Strasbourg)

Danzig（但泽）　(Gdansk)

为了清楚起见，可以省略当地的名称。

（林纯洁　译）

后　　记

自从开始学习德语，研习德国历史文化，就接触到很多以“德意志”开头的词汇，如德意志民族、德意志精神、德意志道路、德意志文化、德意志帝国……这些词汇用汉语读出来，铿锵有力，同时又显得含义深邃，耐人寻味，这与“德意志”在汉语中的字面意思“道德”与“意志”有关。

国内以“德意志”为名的书籍更是数不胜数，足见国人对“德意志”一词的喜爱。我也不例外，在2016年出版过一本专著《德意志之鹰：纹章中的德国史》，从纹章的角度来梳理和解读了德国的历史。

那么，Deutsch这个词原本是什么意思？在历史发展过程中如何具有了语言、民族、地理、文化和政治等多个层面的含义？Deutsch又是如何被翻译为“德意志”这一饱含褒义的名字的呢？这些问题引起了我的好奇心。为了弄清楚这些问题，我从2019年底开始搜集资料，在2020年撰写了论文《德意志之名：德国国名的起源与国号的演变》（发表于《史学集刊》2021年第1期）和《从“日耳曼”到“德意志”：德国国名汉译考》（发表于《国际日耳曼学年鉴》〈*Jahrbuch für Internationale Germanistik*〉2021年第2期）。在这两篇论文的基础上，我继续搜集资料，深入研究，撰写了此书，力图对这些问题进行系统的阐述。

在撰写论文和专著过程中，我要感谢我的博士生导师朱孝远教授、我的同事谭渊教授、我的博士班同学李文杰博士和童欣博士、我的学生王玉珏、徐聪、马博磊、刘祺、赵友松、王伊丹等人为我提供或帮我从国内和德国、美国等地图书馆搜集的宝贵资料，以及谭渊教授和童欣博士阅读我的论文和书稿后提出的宝贵修改建议。

本书的出版，还要感谢华中科技大学外国语学院和华中科技大学学术前沿青年团队“变异学研究”（2017QYTD15）项目的资助。

从2001年我考入武汉大学德文系学习德语，继而投身于研究德国历史与文化，至今已有20年的时间了。本书研究的中心主题Deutsch，正是20年前的起点。本书的出版，是对以往20年青春岁月的纪念，在此，我还要感谢长期以来所有帮助过我的老师、同学、朋友和陪伴我的家人。尤其是我女儿林辰羲，自从她跟我学会Deutsch一词后，便经常“督促”我早日完成该书的写作。本书是德意志研究系列著作的第二部，也是一个新的开始。

本书难免存在不足之处，请读者朋友们批评指正！

林纯洁

2021年11月15日

三印后记

感谢武汉大学出版社第三次印刷本书。借此机会，我做了少量的修订和增补。在此要感谢我的同学陈文龙博士、曹流博士提供的新资料和北外吴江教授提供的新线索，感谢谢群英和邓喆两位编辑老师的大力支持和精心编辑，让本书更加完善。

2022年，正值中国与联邦德国建交50周年，此次印刷重点增补了1972年中国与联邦德国建交谈判时关于国号翻译的争论。这次争论与联邦德国国内的名称规范有着直接关系。可以看出，德国国名国号与其汉译是一个相互联系的镜像关系，德国的自称、他称和国号的变化或争议会直接反映在汉译上，两者可相互印证和解释。“德意志”这一译名诞生于1861年，是最美、最典雅的汉译国名之一，是中德文化交流日益深入的见证，也是汉语送给德国的一份珍贵礼物，影响至今。

本书还有不足之处，欢迎读者朋友批评指正！

林纯洁

2022年12月